U0853559

21 世纪高职高专规划教材 ◆ 市场营销系列

营销心理学

YINGXIAO XINLIXUE

主 编 李海凤 单浩杰 刘清华
副主编 刘亚钊 张 薇

中国人民大学出版社
·北京·

图书在版编目（CIP）数据

营销心理学/李海凤，单浩杰，刘清华主编．—北京：中国人民大学出版社，2018.1
21世纪高职高专规划教材．市场营销系列
ISBN 978-7-300-24445-7

Ⅰ.①营… Ⅱ.①李…②单…③刘… Ⅲ.①市场心理学-高等学校-教材 Ⅳ.①F713.55

中国版本图书馆CIP数据核字（2017）第116099号

21世纪高职高专规划教材·市场营销系列
营销心理学
主　编　李海凤　单浩杰　刘清华
副主编　刘亚钊　张　薇
Yingxiao Xinlixue

出版发行	中国人民大学出版社		
社　　址	北京中关村大街31号	**邮政编码**	100080
电　　话	010－62511242（总编室）		010－62511770（质管部）
	010－82501766（邮购部）		010－62514148（门市部）
	010－62515195（发行公司）		010－62515275（盗版举报）
网　　址	http://www.crup.com.cn		
经　　销	新华书店		
印　　刷	涿州市星河印刷有限公司		
开　　本	787 mm×1092 mm　1/16	**版　　次**	2018年1月第1版
印　　张	13.25	**印　　次**	2023年9月第8次印刷
字　　数	327 000	**定　　价**	32.00元

版权所有　侵权必究　　　印装差错　负责调换

前　言

营销心理学是把心理学应用于市场营销理论与实践而形成的一门综合性应用管理学科，以消费者的心理现象和活动规律作为主要研究对象。以消费者为中心的理念已经成为当今市场发展的趋势，消费者的心理活动和行为表现越来越受到人们的关注，因此准确、客观地把握消费者的心理，成为营销活动成败的关键。

党的二十大报告指出："深入实施人才强国战略。培养造就大批德才兼备的高素质人才，是国家和民族长远发展大计。"本教材按照高职高专人才培养的目标，从职业岗位分析入手，以注重培养学生实践技能为目的，确定课程结构体系，以必需、适用、够用为目的，确定课程内容系统，将心理学的基本理论与市场营销理论及实践相结合，对职业岗位所需知识和能力结构进行了恰当的设计。本教材的特点主要体现在以下两个方面：

第一，本教材以党的二十大报告精神为指引，充分考虑了高职高专人才培养目标及高职学生的特点，从职业岗位分析入手，以掌握实践技能为目标，在内容的难易程度和表现形式上进行控制，用浅显易懂的语言表达深奥的专业知识，用丰富的内容激发学生学习的兴趣，将理论教学内容与实训教学内容结合起来，增强教学效果。

第二，本教材中既有深入浅出的理论分析，又有具体生动的营销案例，融理论性、实用性与操作性于一体。每一项任务都有案例导入，激发学生的学习兴趣；在知识探究中还穿插了一些资料链接，拓展学生的视野；在每一项目后还安排了实训练习，增强学生对所学理论知识的灵活运用能力。

本教材以营销心理学理论基础知识为基础，围绕着营销活动的重点展开论述，内容主要包括认知营销心理学（营销心理学的产生和发展、研究对象与内容）、消费者的心理活动过程（认识过程、情感过程、意志过程）、消费者的需要与购买决策（消费的需要、购买动机、购买决策）、社会因素对消费心理的影响（社会因素与消费心理、消费习俗与消费心理、消费流行与消费心理）、群体与消费心理（参照群体、社会阶层、家庭对消费者心理的影响，消费者群体的心理特征）、商品与消费者心理（新商品、商品的名称、商标、包装与消费心理）、消费者的价格心理（价格心理与价格判断、运用消费者心理制定和调整价格）、营销信息沟通与消费心理（广告心理、公关心理、推销心理）、营销场景与消费心理（商场类型与选址心理、营销场景心理、营销服务心理）、网络消费者心理（网络消费者购买心理与行为）等。

本教材由李海凤、单浩杰、刘清华任主编，刘亚钊、张薇任副主编。具体章节的分工如下：内蒙古财经大学李海凤负责项目三和项目四的编写；内蒙古财经大学单浩杰负责项目一和项目二的编写；内蒙古财经大学刘清华负责项目七和项目八的编写；北京农学院刘亚钊负责项目九和项目十的编写；内蒙古农业大学张薇负责项目五和项目六的编写。

本教材在撰写的过程中参阅了有关著作和论文，吸收了国内外有关方面的研究成果，得到了有关部门及学校领导、专家和教师的大力支持，在此一并致谢！由于编者能力有限，书中差错在所难免，恳请广大读者批评指正，希望各位专家不吝赐教。

目录

项目一
认知营销心理学

问题引入

问题：俗话说："日有所思，夜有所梦。"同学们有过这样的经历吗？你赞同这样的观点吗？能利用心理学的知识说说其中的缘由吗？

学生讨论、回答问题，教师点评。

学习目标

知识目标：掌握心理学的概念，了解营销心理学的发展历程，掌握营销心理学的概念、研究对象及研究内容，了解研究营销心理学的原则，重点掌握研究营销心理学的方法，了解研究营销心理学的意义。

能力目标：通过对本章内容的学习，学生要熟练掌握各种研究营销心理学的方法，并能够根据调查的需要选取适当的调查方法。

任务 1　了解心理学的产生和发展

案例导入

延迟的满足

发展心理学研究中有一个经典的实验，称为"迟延满足"实验。实验者发给 4 岁被试儿童每人一颗好吃的软糖，同时告诉孩子们：如果马上吃，只能吃一颗；如果等 20 分钟后再吃，就给吃两颗。有的孩子急不可待，马上把糖吃掉了；而另一些孩子则耐住性子、闭上眼睛或头枕双臂做睡觉状，也有的孩子用自言自语或唱歌来转移注意、消磨时光以克制自己的欲望，从而获得了更丰厚的报酬。研究人员进行了跟踪观察，发现那些以坚韧的毅力获得两颗软糖的孩子，到上中学时表现出较强的适应性、自信心和独立自主精神；而那些经不住软糖诱惑的孩子则往往屈服于压力而逃避挑战。在后来几十年的跟踪观察中，也证明那些有耐心等待吃两颗软糖的孩子在事业上更容易获得成功。

资料来源：http：//xinli. yjbys. com/shenghuo/157352. html，2017-03-20.

问题与思考：通过上面的实验说说自我控制能力会对人生带来怎样的影响。

知识探究

心理要素对人们的购买行为产生重要影响，谁能更好地把握消费者心理，谁就能在一定程度上预测其行为。学好心理学不仅能让消费者买到称心如意的商品，也能给企业创造无限的利润。到底什么是心理学？

一、 心理学的概念

心理学是研究人的心理现象及其活动规律的科学，心理现象也就是平时我们所说的“心理”，心理现象是人们对客观现实的主观反应，具体包括心理过程和个性心理，如图1－1所示。

- 心理现象
  - 心理过程
    - 认知过程：感觉、知觉、注意、记忆、思维、想象
    - 情感过程：心境、热情、激情
    - 意志过程
  - 个性心理
    - 个性倾向性特征：需要、动机、兴趣、态度
    - 个性稳定性特征：气质、性格、能力

图1－1 人的心理现象

（一）心理过程

心理过程是指心理活动的动态过程，即人脑对客观现实的反映过程，主要包括认识过程、情感过程和意志过程，它们彼此区别，又互相联系，是一个统一的不可分割的整体。认识过程是人的最基本的心理活动过程，是人脑对客观对象的属性及其规律的反映，由感觉、知觉、记忆、思维、想象等一系列认识环节所构成。情感过程是人们情绪情感的发生与体验过程，人在认识世界和改造世界的实践活动中，不但认识了周围的事物，同时还会出现快乐、悲伤、恐惧、愤怒等心理现象，这就是各种形式的情绪和情感。意志过程是人们面对困难有意识地支配和调节自己行动的心理过程，在认识和改造世界过程中，会遇到种种风险和困难，在风险和困难面前，有的人心里打起了退堂鼓，有的人心里犹豫不决，有的人信念坚定、不屈不挠，人们这种面对困难有意识地支配和调节自己行动的心理过程，就是意志过程。例如，当我们来到八达岭长城面前，通过我们的视觉对它的外部轮廓有所认识，再听到导游的讲解后了解了长城的历史，甚至会对当时修筑长城的场面有所想象，这是一个认识的过程，在认识的基础上激发了我们对古代工匠的工艺有所钦佩的情感，在爬长城的过程中会比较劳累，但是旅游者为了实现自己旅游的目的会坚持爬到长城的顶端，这是一个意志的过程。

（二）个性心理

个性心理实际上是一个人在心理活动中所表现出来的比较稳定的和经常的特征，是一个人带有倾向的、稳定的心理特点的总和，包括个性倾向性特征和个性稳定性特征（又称个性心理特征）两大部分。

个性倾向性特征是指个人在社会生活中逐渐形成的思想倾向。集中体现在需要、动机、兴趣、态度等方面。需要是个体生理或心理的匮乏状态及由此产生的平衡驱动力在头

脑中的反映，是人们匮乏感及由此产生的平衡驱动感的总和。需要一旦产生就会使人产生紧迫感，迫使人寻找满足需要的对象，这一对象可以是实物也可以是无形的，例如对亲情的需要、对尊重的需要。动机是个体发动和维持其行动并导向某一目标的直接内在驱动力，动机会驱动人去活动，并把活动引向一定目标。兴趣是人们积极探索、认识和掌握某种事物的一种心理倾向，这种心理倾向主要表现为对某种事物特加注意并持积极态度。态度是行为的准备状态，即个体用一种赞成或不赞成的方式去对待和评价对象优劣、思想正误和人们好坏的一种心理倾向。例如，很多人在购物时喜欢用现金支付，而不喜欢用银行卡支付，他们认为用银行卡支付会给自己带来一定的资金风险，这就是人们对支付方式的一种态度。

个性稳定性特征是指个人稳定的心理特点。集中体现在气质、性格、能力等方面。气质就是人们平常所指的性情或脾气，反映的是一个人心理活动在强度、速度、稳定性和灵活性等动力方面的特征。例如，人们常说有的人活泼好动，有的沉默寡言；有的性急，有的则是慢性子；有的暴躁，有的性情温和，等等，这里说的就是个人的气质特点。性格是一个人在对现实的态度和与之相适应的习惯化了的行为方式上表现出来的稳定的心理特征，人的性格是后天获得的，是现实社会关系在人脑中的反映。能力是一个人顺利完成某种活动的潜在力量，它是在人的先天素质的基础上形成和后天的生活实践活动中发展起来的，人们要顺利地完成某种活动，常常需要有各种能力的结合。

总之，心理现象和每个人都密切相关，无论从事什么样的活动都伴随着各种心理现象，心理现象也指引着人们产生各种各样的行为。

资料链接

经典的四种气质类型

多血质：这种人活泼、好动、敏感、反应迅速、喜欢与人交往、注意力容易转移、兴趣和情感易变换等。

黏液质：这种人平静，善于克制忍让，生活有规律，不为无关事情分心，埋头苦干，有耐久力，态度持重，不卑不亢，不爱空谈，严肃认真；但不够灵活，注意力不易转移，因循守旧，对事业缺乏热情。

胆汁质：这种人热情，直爽，精力旺盛，脾气急躁，心境变化剧烈，易动感情，具有外倾性。

抑郁质：这种人一般表现为行为孤僻、不太合群、观察细致、非常敏感、表情腼腆、多愁善感、行动迟缓、优柔寡断，具有明显的内倾性。

不同的气质类型的人在不同的情景中会做出不同的举动，根据我们前面讲授的内容分析一下右图中所展现的四种场景可能是哪种气质类型的人的反应。

（[丹麦]皮特斯特鲁普）

资料来源：http：//image. baidu. com/i? ct，2017-04-02.

二、 心理学的起源与发展

（一）心理学的起源

自有人类以来，就有心理现象，但心理学成为一门独立的学科仅有一百多年的历史。“哲学是一切科学之母”，人们对心理问题的研究早在几千年前就有了，但那个时候的研究也仅限于在哲学范围内，在研究时凭主观的想象去分析遇到的心理问题，没有形成系统的理论和科学的方法。直到1879年德国的哲学家、心理学家威廉·冯特在莱比锡大学创办了第一个心理学实验室，采用科学的方法对人的心理进行科学的研究，心理学从哲学范围内脱离出来成为一门独立的学科。因此，人们将威廉·冯特称为心理学之父。

心理学的产生标志着人类对自身心理现象的认识的深化和发展。由于现代科学技术的发展，心理学的发展也日新月异，出现了应用心理学（心理学在各个领域的应用），如：教育心理学、发展心理学、服务心理学、消费心理学、变态心理学等，这些应用心理学在各自的领域中得到了广泛的应用，对人类的社会生活、企业的经营管理起着越来越重要的作用。

（二）心理学的发展

心理学自成体系后，虽然历史不长，但形成了众多的流派，在众多的流派中，最著名的是西方的三大流派：

1. 精神分析心理学流派

精神分析心理学产生于1900年，创始人是奥地利的精神病医生、心理学家弗洛伊德，受职业影响弗洛伊德的研究对象主要是针对病态人的研究，他认为，人会得心理疾病是因为他的本能欲望被压抑，人之所以去做各种各样的事情是受原动力（本能欲望的冲动）的支配，当人们觉得自己的冲动严重地违背了做人的原则，不被社会或道德所认可，他就会压抑这种冲动，压抑的结果使这种冲动表面上看已经没有了，其实它存在于自己的内心深处。弗洛伊德认为这种冲动和对冲动压抑之间的矛盾是导致心理失常的病因，人只有在梦中才不会压抑这种冲动，要治好病人的病必须要了解人的本能欲望是什么，主张通过分析梦来寻求治疗方法。但同时弗洛伊德也认为对人的本能欲望加以控制是必要的，如果人类毫无控制地放纵自己，只能是自取灭亡，他认为，压抑人的本能欲望会使人不快，最好的解决办法是“升华”，也就是要把做坏事的心理能量用来做好事。

2. 行为主义心理学流派

行为主义心理学产生于20世纪初的美国，行为主义心理学分为旧行为主义心理学和新行为主义心理学。

旧行为主义心理学产生于1913年，创始人是华生，他将心理学列入行为科学，心理学的目的是寻求预测和控制行为的途径。认为心理学的研究应该研究人的行为，而不应该研究人的意识，并提出人的行为的基本因素是刺激和反应。华生认为人类的行为都是后天习得的，环境决定了一个人的行为模式，无论是正常的行为还是病态的行为都是经过学习而获得的，我们可以通过寻找环境刺激与行为反应之间的规律性关系，达到预测并控制动物和人的行为的目的。

新行为主义心理学是以斯金纳为代表，提出了操作性的条件反射（斯金纳箱实验），人们能产生各种行为不是由刺激产生的，为什么有的行为能够巩固下来形成习惯，有的没有？是在于这种行为是否得到奖励。例如：在工作岗位上努力工作，得到奖励，努力行为会继续，反之，行为会停止。斯金纳的理论是有局限性的，在我们的生活中有一些人在遇到困难时百折不挠，最终战胜困难。

资料链接

斯金纳箱实验

斯金纳关于操作性条件反射作用的实验，是在他设计的一种动物实验仪器即著名的斯金纳箱中进行的。箱内放进一只白鼠或鸽子，并设一杠杆或键，箱子的构造尽可能排除一切外部刺激。动物在箱内可自由活动，当它压杠杆或啄键时，就会有一团食物掉进箱子下方的盘中，动物就能吃到食物，对动物的操作行为给予强化，从而使动物按压杠杆的动作反应概率增加。斯金纳认为，这种先由动物做出一种操作反应，然后受到强化，从而使受强化的操作反应的概率增加的现象，是一种操作性的条件反射。

资料来源：http：//baike. baidu. com/view/296609. htm？wtp=tt，2017-04-04.

3. 人本主义心理学流派

人本主义心理学是由美国心理学家马斯洛在 20 世纪 50 年代末 60 年代初建立的，他认为本能是人和动物所共同具有的，潜能是人所特有的，研究人的心理不应该从人的本能出发，而应该从人的潜能出发，他认为人的本性是善良的，与弗洛伊德相反，人有自我实现的需要和巨大的心埋潜能，这些潜能与人的本能相比脆弱得多，只有在适当的环境中，人才会完善自己，发挥自己的潜能，在恶劣的环境中很容易被摧残。马斯洛所说的人所特有的潜能如爱的潜能、创造的潜能、智力的潜能都是善的，不是像弗洛伊德所说的那样是恶的。弗洛伊德是对病态人的研究，而马斯洛是对健康人的研究。

资料链接

潜能创造不可能

这是一个发生在日本的真实故事。一天，一母亲上街购物，把 4 岁的孩子单独留在家中。她购物返回，走至自家楼房的马路边，突然发现儿子正爬在阳台上。在她看见儿子的同时，儿子也惊喜地发现了她。她下意识地摆摆手示意儿子赶紧爬下阳台，离开危险地段。可儿子却错误地理解了她手势的意思，做了一个拥抱的姿势向她扑来，儿子一脚踩空，从 12 层楼上跌了下来。“儿子——”在那一瞬间，一声尖利呼喊撕破人的耳膜。人们似乎都看见了她儿子所处的绝境，有人痛苦地闭上眼睛，有人眼睁睁地看着她儿子倒栽跟头跌下来，人们知道那个场面惨不忍睹，个个都低下了头。

但谁也没有想到，就在他们闭上眼睛的一刹那，有一道黑色的旋风不顾一切地从他们跟前呼啸而过，穿过熙攘的人群，绕过川流的车辆，飞越过一条十几米宽的马路，向她儿子坠落的地方冲去。等到人们回过神来的时候，发现她正跌坐在地，儿子在她怀里哇哇大哭，儿子安然无恙，她却脸色惨白。

事后，人们做过一次次模拟实验：从 12 楼窗口扔下一个枕头，让最优秀的消防员和世界短跑冠军从相同距离飞身来救，试验了很多次，始终差得远。人们可能永远都看不见那个真实的坠落过程，却能看到母亲的速度，它超越生命极限，不为获得世界冠军，仅仅为自己的孩子的生命。生命的潜能足以震惊生命本身。

资料来源：http：//wenku. baidu. com/link？url，2017-04-23.

任务 2 认知营销心理学

案例导入

去日本买只马桶盖

赴日本旅游抢购商品一直是网络热门话题，2014 年中，一篇名为《去日本买只马桶盖》的文章在网络热传，文内提到，中国游客到日本疯狂购买带杀菌除臭、加热、冲洗等功能的马桶盖，使日本免税店卖到缺货，工厂也来不及生产，对中国观光客的购买力不敢小觑。游客称日本制造的马桶盖非常好用，又符合卫生原则。有网友甚至发布了如何自行安装马桶盖的教学视频。中国游客到日本购买的还不仅仅是马桶盖，还有其他的一些日用品，例如电饭煲、吹风机、电动牙刷、菜刀、保温杯等。

问题与思考：请从心理学的角度分析一下中国游客的购物行为。

知识探究

营销心理学是市场学体系中一门独立的学科，是基础心理学的一个分支，是把基础心理学的研究成果和研究方法应用到营销领域而产生的一门应用科学。具体而言，营销心理学是研究市场营销过程中的人的行为与心理活动规律，以及心理沟通的一门科学。

一、 营销心理学的形成

营销心理学随着资本主义商品经济的发展而出现。工业革命之后，劳动生产力水平大大提高，市场上的商品无论在质量上还是在数量上都得到了很大提升，商品长期处于供过于求的境地。随着心理学、广告学、市场学等学科的发展，营销心理学也逐渐出现。20 世纪 30 年代到 60 年代，随着消费者行为研究的发展完善，营销心理学开始在企业中大规模地应用起来。20 世纪 70 年代以来，随着计算机科学、经济数学广泛应用于消费者行为研究，营销心理学开始从行为描述，发展为定性分析与定量分析相结合。信息处理方法的运用以及消费者购买行为模型的建立，标志着消费者行为理论的研究发生了根本性的变化，从而使消费者购买行为的分析研究建立在更加科学、完善的理论基础上，使营销心理学成为现代经济科学中最重要的学科之一。进入20世纪80年代后，随着社会生产、科学技术的迅猛发展，有关消费者心理与行为的研究也在不断地发展、深化，门类也越来越多，如商业心理学、消费心理学、广告心理学等。营销心理学正面临着新的挑战，它还需要不断地探索、发展和完善。

二、营销心理学的研究对象

企业能否将商品销售给消费者，能否让消费者在购买的过程中得到愉悦的消费体验，关键在于商品本身及销售服务能否满足消费者的需求，企业只有充分了解并掌握消费者的需求偏好、消费习惯，掌握消费者的购买心理及其变化规律，才能在复杂多变的市场销售活动中占据主动地位，通过不断创造新产品，扩大产品销路，采取灵活多样的经营服务方式，争取更多的消费者，求得企业的生存和发展。因此，研究消费者心理是搞好市场销售活动的主要内容，并由此决定了营销心理学的主要研究对象是市场销售活动中消费者的各种心理现象及其发展规律，具体表现在以下几个方面：

（一）消费者心理

一切的销售活动都是以满足消费者需要为前提的，没有了消费者，销售活动就都失去了目标和意义，消费者是销售活动能够存在的前提和基础，所以，销售活动必须以消费者为中心，最大限度地满足消费者的需要。

消费者需要的满足程度是由两方面因素决定的：一是由企业为消费者提供的商品或服务的内容和质量所决定的，这也是引起消费者消费行为最重要的影响因素，直接决定着消费者的需要能否得到满足；二是由消费者的心理状态所决定的，这是决定消费者需要满足程度的主观因素，是消费者获得满足的重要条件。销售者提供的商品或服务，不仅要能够适应消费者在生理上的需要，同时也要满足消费者在心理上的需要。

消费者的心理活动是看不见的，企业只能依靠消费者行为去推断消费者的心理状态，即根据消费者的“所作所为”去探究消费者的“所思所想”。心理学认为，人的行为受心理活动支配，不同的心理活动就有可能产生不同的行为。消费者在消费过程中的偏好和选择等各种不同的行为方式无一不受其心理活动的支配。例如，消费者是否购买某种商品，购买哪种品牌、款式，何时何地购买，采用何种购买方式等，都和消费者的性格、气质、价值观念、思维方式以及相应的心理反应密切相关。这种在消费过程中发生的心理活动就叫作消费心理。这种心理活动在不同的消费者身上又有不同的反映，这就是心理差异。例如，有的消费者选购商品时注意商品的内在质量，以求心理上的安全感；有的消费者对商品外观造型很敏感，以求心理上的愉悦感；有的消费者则讲究商品品牌，以求心理上多方位的满足感等。消费者这种心理活动的差异，反映了他们不同的消费需要，并导致了不同的消费行为。

（二）营销过程心理

无论是消费者还是销售者在销售过程中的心理活动都是处在不断变化的过程中的，这种变化可以是由主观原因造成的，也可能是由客观原因造成的，销售人员要能够利用心理学的知识洞察消费者的心理变化，调整自己的服务策略，为客人留下一个愉快的消费经历。例如消费者准备去超市买一些打折商品，他对这次消费充满了期待，当怀着兴奋的心情来到超市时，发现打折商品已经卖完了，消费者此时的心理状态就由一开始的兴奋变为后来的无奈或者气愤的心理状态，改善这种消极的心理状态就需要调整服务策略。消费环境和销售人员的服务也会引起消费者在消费过程中的不同的心理表现，例如当他置身于具有现代气息、环境整洁、灯光明亮、空气清新、商品满目的购物环境中时，就会感到舒适愉悦；当他走近柜台、受到销售人员的热情接待时，就会感到十分亲切；当他看到自己想购买的商品时，又会感到十分高兴；如果觉得商品价格过高，他就会产生犹豫心理，考虑是否需要对不同品牌的同类商品作一番比较，甚至考虑是否要去其他商店选购等。消费者在选购商品的整个过程中出现的观察、思考、体验、下决心购买等各种感受，都是一个动态的过程。

（三）营销人员心理

消费者的购买行为离不开消费者，也离不开销售者，销售者在向消费者销售商品的过程中也会发生各种各样的心理活动。可以这样说，销售活动的效果如何，与销售人员的心理品质和心理状态有着十分密切的关系。

销售者是一个比较宽泛的概念，一般说来，它包含组织管理人员和直接面对客人的营销人员等。他们分别处于销售活动的不同岗位，面对不同的工作对象，完成相应的工作任务。对于企业的管理人员来说，能否根据员工的心理状态和特点，进行有效的组织协调工作，激发每一位员工的责任感和事业心，调动他们的工作积极性，直接关系到整个销售活动效率和企业的效益。这就要求组织管理人员自身具有良好的心理素养和品质，能够与员工进行心理沟通，从而在企业内部形成一个良好的心理环境，使企业具有吸引力和凝聚力，为企业有效地组织和开展销售活动提供可靠的组织保障。

营销人员是企业各项销售活动的具体执行者，他们处于销售工作的第一线，是代表企业与消费者进行直接接触的人员。这些人员的心理状态和素养，直接关系到他们的工作态度和服务质量，从而也关系到企业的声誉和企业在消费者心目中的形象。心理素质好的销售人员能够热情接待消费者，主动帮助消费者挑选商品、解答疑问，因此能够赢得消费者的好感；而心理素质差的销售人员，由于不能妥善处理与消费者的关系，则会引起消费者的反感，从而影响企业的声誉。由此可见，销售人员的心理素质，对于企业销售活动的优劣乃至成败，具有不可忽视的影响。

三、 营销心理学研究的内容

一个学科的研究内容与这门学科的研究对象是紧密联系的。营销心理学以消费者的心理现象和活动规律作为主要研究对象，而对消费者心理活动的探索与剖析，则构成该学科的主要研究内容。具体说来，营销心理学研究的内容可以分为以下三个方面：

（一）消费者心理

消费者心理是销售心理学研究任务中最主要的内容。销售观念从最初的以生产为中心的生产导向观念，转变为后来的以销售为中心的产品导向观念，最后又转变为现在的以消费者为中心的市场导向观念。企业一方面千方百计地满足消费者的物质需要和心理需要，另一方面采取一定的手段去激发消费者的需求，让其产生购买欲望。因此，营销心理学把研究消费者心理作为最主要的内容，不仅是以消费者为中心的最新营销观念的体现，也是市场对我们提出的要求。消费者心理研究的主要内容包括了消费者的一般心理过程，包括认知过程、情感过程和意志过程；消费者的个性心理特征，包括消费者的气质、能力、性格和兴趣；消费者的需要与动机；消费者的购买行为与决策心理；影响消费者心理的个体因素和社会因素，个体因素包括年龄、性别和家庭等，社会因素包括社会群体、社会阶层。一般来说，凡是与消费者购买行为有关的各种心理现象，均属消费者心理研究的范围。

（二）营销策略心理

营销策略心理也是营销心理学研究的重要内容。消费企业为了满足消费者的物质和心理上的需求，实现其经济效益，就要开展一系列的销售活动，制定各种销售策略，特别是要把握各种市场销售因素引起的消费者的心理反应，引起消费者的注意和兴趣，以达到销售活动的目标。这部分内容主要有新产品的设计和推广对消费者心理的影响；产品的价格对消费者心理的影响；产品的销售方式及消费环境对消费者心理的影响。

（三）销售者心理

这是营销心理学研究中不可缺少的内容。销售者作为销售活动的组织者和承担者，其心理活动对销售活动的作用和影响是不可忽视的，销售心理学也必须把对销售人员的心理活动的研究包括在内，其体系结构才是完整的，销售者包括间接对消费者提供服务的管理者，也包括直接为客人提供服务的一线销售人员。销售者心理的研究内容主要包括管理者如何了解员工的需要，激发员工的工作热情，管理者应该具备什么样的心理品质；一线销售人员的职业行为心理；营销人员的心理品质及其培养、营销服务中的人际交往心理和沟通心理等。

四、 研究营销心理学的基本原则

（一）客观性原则

所谓客观性原则，是指研究者要坚持实事求是的科学态度，按照心理现象的本来面目去反映、分析心理问题，而不附加任何主观的成分。按照这一原则的要求，研究者要保证获得真实的客观材料，要保证结论的内容确实反映对象自身的客观的真实联系，绝不能带着主观偏见去搜集证据，在研究中主观臆测。

营销心理学所研究的对象是特殊社会环境中个体或群体的心理现象，是客观存在的，由于其具有内隐性，这就使得研究过程和研究结果容易受到主观臆断的影响。因此，研究消费者的心理活动，一方面必须以消费者在消费过程中被观察到的表现作为研究资料，客观地分析行为背后所存在的心理现象，揭示其发生、发展、变化的规律；另一方面研究者必须运用正确的研究方法，坚持实事求是的科学态度，舍得花费时间和精力，收集尽可能多的资料和数据，进行科学的分析和推断，从而获得真实的客观材料，保证结论确实反映对象的真实情况。

（二）发展性原则

所谓发展性原则，是指用发展的眼光看问题，把心理现象看成是一个不断发展变化的过程，进行动态性的研究。按照发展性原则的要求，研究者在研究心理现象、揭示心理活动规律时，既要注意到研究对象稳定的特征，又要注意到研究对象所处的客观环境发生变化时，其行为和心理所发生的变化。

（三）系统性原则

所谓系统性原则是指用整体的观点看问题，把心理现象作为社会现象的一部分，用整体、系统、联系的观点进行分析研究。消费者在不同的营销环境中行为和心理状态都是处在不断的变化中的，同时影响消费者的行为和心理的因素也是多方面的，所以，必须把每个因素都置于整个大系统中去研究分析，从整体上进行把握，决不可只从个别因素和个别方面孤立地分析研究。例如职业素质要求销售人员要对自己的情绪要有很好的控制能力，尤其是对悲观情绪的控制，我们不能因为服务人员一次在客人面前失控，就断定其没有职业素质，有可能这位服务员遭遇了什么事情，才使其情绪失控，所以我们在分析问题时一定要从整体进行把握，全面地考虑。

（四）理论联系实际原则

营销心理学的研究有其理论目的，这就是探索消费者的心理变化规律，为了解消费者的行为提供依据。营销心理学的研究还有其实践任务，就是运用心理学的研究成果为销售行业的科学发展提供服务，为企业、消费者、工商行政管理部门提出的现实问题进行解答，使消费者的消费需要得到最大限度的满足。

五、 营销心理学的研究方法

营销心理学是心理学在销售领域的应用，其研究方法主要来源于心理学中已经非常成熟的研究方法，同时又会从营销心理学这一学科的特点出发，有选择地使用这些方法。

（一）观察法

观察法是在自然的情况下，有计划、有目的、系统地直接观察被研究者的外部表现，了解其心理活动，进而分析其心理活动规律的一种方法。例如，在客人消费的过程中，我们可以通过观察了解客人的消费偏好。观察法又分为自然观察和参与观察。自然观察是在自然情景中对人的行为进行观察，其主要特点是对观察的对象尽可能少地进行干预，这种观察由于观察对象很少被打扰，所以通过观察得到的信息往往更接近客观现实。参与观察是通过观察者和被观察者之间的互动，从中获取所需的信息，由于观察者参与其中，获取的信息更有针对性，但是被观察者的行为往往会受到对方的影响，从而使信息失去真实性。

运用观察法，首先应该有明确的目的，要制定研究计划，拟订详细的观察提纲。观察过程中要敏锐地捕捉各种信息，并详细、准确地记录下来，及时给予整理和分析，以利于科学结论的产生。观察法是进行营销心理学研究的最基本的方法，是在不改变通常的营销环境、不被消费者察觉的情况下进行的，所以获得资料比较真实。此外，运用观察法不需要控制或创设特定的条件，灵活方便，可以随时随地应用。但是由于观察者往往处于被动地位，只能等被观察的对象自然出现，不能在必要时反复观察，所以在观察所获得资料中很难区分哪些是偶然的、哪些是规律性的事实。此外，观察法对研究者的要求较高，表面上看起来观察法很简单，但实际上运用起来难度较大，只有经过严格训练的人才能有效地利用。

（二）实验法

实验法是有目的地严格控制或创设一定的条件，人为地引起某种心理现象产生，从而对它进行分析研究的方法。这种方法涉及在改变一个或多个变量的条件下，观察这种改变对另外一个变量的影响。在控制条件下改变的变量称为自变量，受自变量影响而改变的变量称为因变量。依据实验条件的不同，实验法可分为标准实验法和自然实验法。

标准实验法即在实验室内利用一定的设施进行实验研究的方法。进行标准实验时，要求对实验组和控制组进行全面的控制，防止其他因素干扰，以便观察实验因素对不同组别的作用。由于标准实验是在控制了其他因素的状态下进行的，又观察了现象变化的全过程，所以能够确定不同影响因素之间的关系。但这种实验也有一些不足，主要是实验情景太过人工化，往往会影响被实验者的行为，被实验者总想揣摩实验者的意图，不能如实做出反应。

自然实验法即在日常生活的自然条件下，有目的、有计划地创设和控制一定的条件进行实验研究的方法。进行自然实验时，研究人员既不严格控制实验条件，也不太多施加人为影响，而是在自然状态下观察某一因素对不同组别的作用，然后加以比较得出结论。这种实验能够观察到被实验者的真实状态，但由于无法全面控制环境而不能准确确定不同影响因素之间的关系。

（三）调查法

调查法是出于某一调查目的，用口头或者书面的形式向被调查的对象提问，让其回答，通过对其回答的内容进行分析来了解其心理活动的方法。用口头形式向调查对象提问，这种调查方法是访谈法；用问卷的形式向调查对象提问，这种调查方法是问卷调查法。

1. 访谈法

访谈法是研究者通过与调查对象进行口头交流来搜集信息资料的一种方法。访谈法又分为结构式访谈和非结构式访谈。所谓结构式访谈，是指由访谈者按照事先拟订好的提纲提出问题，调查对象按照问题的要求逐一回答，这种方法主要的优点是针对性比较强，调查的问题比较明确，节省时间，研究者可以将调查对象的回答内容控制在一定的范围内；缺点主要表现在调查对象往往出于某种顾虑对调查工作不配合，或采取敷衍的态度。非结构式访谈，是研究者事先不说出访谈的目的，而是围绕着总体目标进行自由的交谈，在谈话的内容中搜集研究所需要的资料。这种方法的谈话气氛比较轻松，调查对象可以坦诚地表达自己的真实想法，但是对研究者的要求较高，需要其具有一定的谈话技巧和较强的沟通能力，同时对搜集的信息资料进行区分和整理也比较难。

2. 问卷调查法

问卷调查法是由研究者根据调查的目的设计一份调查问卷，由被调查者进行填写，然后汇总调查问卷并进行分析研究的一种方法。问卷调查法要求被调查者回答问题明确、实事求是。这种调查方法的主要优点表现在可以同时进行大规模的调查，尤其是随着网络技术的发展，通过互联网发放调查问卷可以减少大量的人力成本，也给调查问卷的分析工作带来较大的方便；缺点主要表现在问卷回收难，研究者难以监督被调查者填写调查问卷的情况，难以把握问卷答案的真伪。问卷调查法是目前被应用得最为广泛的一种方法，被广泛地应用在消费心理学的研究领域，通过对调查问卷的分析我们可以了解消费市场的情况，消费者、企业及销售人员的各种情况，以便提供有针对性的销售服务。问卷调查法的使用，关键是调查问卷的设计，调查问卷一般由五部分构成：

（1）标题：对调查目的最简洁的说明。

（2）前言：说明调查目的、研究内容、研究的组织者和被调查者提供资料的保密承诺。

（3）指导语：怎样填写调查问卷的说明、注意事项。

（4）问题及备选答案：问卷的核心内容。

（5）结束语：对调查对象表示感谢。

六、研究营销心理学的意义

（一）有利于提高企业的经营管理水平

研究营销心理学有助于企业进行科学经营决策。随着经济体制改革的不断深入，企业更多地要依靠自己去谋求生产和经营的发展。而现在一些企业在生产经营中存在的突出问题，如生产结构不合理、产品销售率低、库存积压严重，从根本上讲，归结于经营决策问题。因此，深入系统地研究消费者的心理活动规律和行为方式，有助于企业科学地进行经营决策。如企业经营管理者可以利用人们消费行为的心理规律，应用广告、包装、价格、规格、商标等手段来刺激消费者的消费心理，运用心理学的规律洞察消费者心理来预测消费市场，从而达到用消费来引导生产的目的。

（二）有利于消费者需要的满足

对于消费者而言，其购买行为的主要目的是满足自己的需要，产品能够满足其需要的能力是消费者最在乎的因素，例如人们购买电视机，是为了通过看电视的行为满足其休闲娱乐、丰富知识等需要，那么哪种电视对其需要的满足程度高，就会让消费者产生一定的心理倾向，但会不会发生购买行为还受到其他条件的影响。通过企业的营销活动，可以使消费者正确地认识自己的需要，了解产品的属性，以便做出科学合理的消费决策。

随着社会生产力水平的提高和科学技术的发展，大量的新产品不断问世，许多消费者在购买过程中很难做出正确的选择，由于对商品的不了解、认知水平差、消费观念落后等原因造成盲目的消费，消费效果差甚至导致消费者利益受损的事件经常发生，例如在日本核泄漏事件后，消费者抢购食盐；中国游客到日本抢购马桶盖和电饭锅，等等，都在一定程度上说明了消费者消费的盲目性。另外，在部分消费者中时常可见心理的不成熟甚至存在某些畸形消费心理，比如讲排场、好铺张浪费、出于攀比心理的消费广泛存在。因此，加强消费者心理的研究对于消费者树立科学的消费观，改善其消费行为，实现其科学、文明的消费具有重要的意义。

（三）有利于提高营销人员的素质

企业的发展和服务质量的提高，主要依靠企业员工的共同努力，改善企业的经营管理方式，激发员工的工作热情，使员工将企业的目标作为自己工作的目标，只有这样企业员工才能形成一个富有战斗力的团队。随着国民经济的发展和国民文化素质的提高，要求企业的每一位营销人员都应该具有较高的文化水平和业务水平，要熟练掌握营销技能。营销心理学作为市场学领域的一门专业课程，是营销专业学生必须学习的内容，通过深入地学习这门课程，创造性地指导工作实践，对搞好营销工作十分重要。它可以帮助营销人员正确地认识工作对象，培养营销人员所需的心理品质，有效地开展营销工作。营销人员掌握了心理学的知识，具备良好的心理品质，就能在具体的工作中通过观察消费者的行为了解他们的购买心理，有意识地、恰当地做好心理对接，把整个销售过程变成一种心情舒畅和欢乐愉悦的情感交流过程，这是非常必要的。

（四）有利于增强企业的竞争力

在现代市场经济条件下，商品供应丰富，消费者选择的余地大，形成了供过于求的买方市场，企业要在竞争中取胜、征服消费者，首先要征服消费者的心。企业的生命力和商品市场占有率的高低就是由企业拥有消费者数量的多少和消费者购买力的大小决定的。企业要在竞争中取胜，就要加强市场的调研和市场的预测，了解消费市场的需求，研究消费者的心理及消费行为，提供满意的产品，制定相应的市场营销策略。新产品的研发要从消费者的需要出发，要适应消费者的偏好和需求上的变化，营销策略的制定要建立在消费者的心理特征和行为规律的基础上，顺应多样化的消费市场需求。只有这样才能够以需定产，按需经营和销售，促进产品的更新换代，扩大产品的销量，提高企业的应变能力和竞争力，只有这样企业才能在市场的竞争中处于主动地位。

项目小结

心理学是研究人的心理现象及其活动规律的科学，心理现象是人们对客观现实的主观反应，具体包括心理过程和个性心理。心理过程是指心理活动的动态过程，即人脑对客观现实的反映过程，主要包括认识过程、情感过程和意志过程。个性心理实际上是一个人在心理活动中所表现出来的比较稳定的和经常的特征，是一个人带有倾向的、稳定的心理特点的总和，包括个性倾向性特征和个性稳定性特征（又称个性心理特征）两大部分。个性倾向性特征是指个人在社会生活中逐渐形成的思想倾向，集中体现在需要、动机、兴趣、态度等方面。个性稳定性特征是指个人稳定的心理特点，集中体现在气质、性格、能力等方面。

1879年德国的哲学家、心理学家威廉·冯特在莱比锡大学创办了第一个心理学实验室，采用科学的方法对人的心理进行科学的研究，心理学从哲学范围内脱离出来成为一门独立的学科。心理学在发展的过程中形成了众多的流派，有代表性的有精神分析心理学、行为主义心理学和人本主义心理学。

营销心理学是研究市场营销过程中人的心理活动规律及心理沟通的一门科学，以消费者心理、营销过程心理、营销人员心理为主要研究对象。研究营销心理学应遵循客观性原则、发展性原则、系统性原则和理论联系实际原则。应用的研究方法包括观察法、实验法和调查法。研究营销心理学的意义在于有利于提高企业的经营管理水平、有利于消费者需要的满足、有利于提高营销人员的素质、有利于增强企业的竞争力等。

实训练习

一、选择题

1. 消费者的认知过程包括（　　）。

A. 感觉过程　　B. 知觉过程　　C. 想象过程　　D. 记忆过程

2. 研究营销心理学该遵循的原则包括（　　）。

A. 理论联系实际原则　　B. 发展性原则
C. 客观性原则　　D. 系统性原则

3. 营销心理学的研究对象包括（　　）。

A. 消费者心理　　B. 销售者心理　　C. 销售过程心理　　D. 目的地居民心理

二、实训

利用营销心理学的研究方法对大学生消费观念进行调查。

项目二

探索消费者的心理过程

问题引入

问题： 对于一切客观事物和社会现象的感悟都是从认知开始的，不同的认知结果会影响到人们的决策，你知道认知过程是怎样影响消费者的消费决策的吗？

学习目标

知识目标： 掌握感知、情绪情感、意志的概念；掌握情绪情感的分类；掌握感知的特点；了解消费者的认知过程。

能力目标： 通过对本章内容的学习，学生要能够利用所学的知识，正确分析消费者的认知过程，了解影响其认知的因素，满足消费者的心理需要。

任务1　探索消费者的认识过程

案例导入

是添还是切?

有一家切糕摊，老板卖糕时，故意少切一点儿，过秤后见分量不足，切一点添上，再称一下，还是分量不足，又切一点添上，最终使秤杆尾巴翘得高高的。如果你是一位顾客，见到这两添三过秤的一幕，就会感到确实量足秤实，心中也踏实，对卖糕人很信任。如果卖糕人不这样做，而是先切一大块上秤，再一下两下往下切，直到秤足你所要的分量时，你的感觉就会大不一样，眼见被一再切小的糕，总会有一种吃亏的感觉。

资料来源：http：//baike. baidu. com/link？url，2017-05-06.

问题与思考： 如何解释这种心理现象？

知识探究

消费者购买商品的心理活动是从对商品的认识开始的，认识程度的不同会对其消费行为产生重要影响。消费者的消费决策、对企业的印象、具体的消费活动及需求满足程度等，都与消费者的认识活动有密切关系。因此，只有了解消费者的认知特性及影响消费者认知的各种因素，才能把握消费者的心理活动规律，为更好地开展销售工作提供依据。

一、感觉与知觉

（一）感觉

1. 感觉的概念

人的认识过程首先是从感觉开始的。感觉是人脑对直接作用于感觉器官的客观事物的个别属性反映。感觉是一种最简单的心理现象。例如：人们看到颜色、听到声音、闻到气味、尝到酸甜苦辣、触摸到软硬或光滑等，这是视觉、听觉、嗅觉、味觉、触觉对有关事物个别属性的反映。虽然，每一个客观事物都有很多属性，不可能都成为感知的对象，但感觉在人们的心理活动中起着重要的作用，可以说感觉是人们关于世界一切知识的最初源泉，感觉到的事物的属性越丰富，对事物的认识程度也就越高。

在销售的过程中，消费者的消费体验是离不开感觉的，消费者通过其感官去感受产品的品质。例如：在购买商品时通过视觉去感受商品的外部形状、颜色；通过听觉去感受音质；通过嗅觉去感受商品的气味；通过味觉去感受商品的味道，等等。

2. 感觉的特征

（1）感觉的阈限性。

日常生活中，并非所有的来自外界的适宜刺激都能引起人的感觉，要想有感觉，这种刺激必须达到一定的强度并且持续一定的时间。例如：声音的感受频率是20～200 000Hz，超过这个范围人无法听到声音；落到桌面上的灰尘，只有达到一定量的时候才能看到；气味只有达到一定浓度的时候才能引起人们的注意。

差别感觉的阈限，即能使人感觉到变化的最小差别量。其数值是一个常数，如响度增加10%才能听到声音的变化，亮度增加1%才能感受到亮度的变化。差别感觉阈限原理对企业的经营有一定的意义，例如：旅游产品在旅游的淡旺季实行差别定价的策略。在旅游的旺季我们一般采取提高价格的策略，但是我们知道旅游产品的价格是影响需求的重要因素，价格升高销售量就会下降，所以我们在提高价格时为了避免引起旅游者的察觉，通常采取小步走的策略；在旅游销售的淡季，我们要多销售旅游产品，降价策略是首选，为了让旅游者看到这种优惠、引起他们的注意，我们一般采取大步走的策略。

（2）适应性。

刺激物对感觉器官持续作用，使得感官的敏感性发生变化的现象叫适应。例如：味觉和嗅觉的适应性比较敏感，如餐厅的厨师连续不断地做菜，菜就会越来越咸。视觉的适应也是比较明显的，并且有明适应和暗适应之分。从亮处到暗处，最初什么都看不见，经过几分钟就能看到周围的物体，这种对暗光的适应称为暗适应。反之，从暗处到明处，最初的强光几乎使人睁不开眼，但过一会就感觉不那么刺眼了，称为明适应。感觉的适应性往往成为饭店在进行设计时必须考虑的因素。例如：大厅里的灯光在白天应该亮一点，在晚上应该暗一点，就是这个道理。

（3）对比性。

感官在接受不同刺激时会产生感觉的对比现象。不同的背景对象给人们的感觉是不同的。红色在绿色的背景下会比在红色的背景下看起来更加鲜艳。这一特点也会被应用于营销活动中，例如在旅游景点，经常会用周围的环境去突出某个精致的情景。

资料链接

色彩对人心理的影响

感觉是认识的源泉，对视觉影响最大的则是色彩。人的行为之所以受到色彩的影响，是因为人的行为很多时候容易受情绪的支配。颜色之所以能影响人的精神状态，在于颜色源于大自然，蔚蓝的天空、碧绿的田野、金色的太阳……当人们看到这些色彩就会联想到与这些自然物相关的感觉体验，从而产生不同的感觉。在常见的色彩中，红、橙、黄等色被称为暖色，因为它们像太阳和烈火，能引起人们温暖的感觉。而蓝、绿、青、紫等被称为冷色，因为它们像碧空寒冰，让人们觉得冷。色彩对人的影响不仅仅是心理层面的，还会对人的生理产生一定的影响。

红色：刺激和兴奋神经系统，增加肾上腺素分泌，促进血液循环。

橙色：诱发食欲，帮助恢复健康和吸收钙。

黄色：可刺激神经和消化系统。

绿色：有益于消化和保持身体平衡，有镇静作用。

蓝色：能降低脉搏、调整体内平衡。

靛蓝：止血，影响视觉、听觉、嗅觉。

紫色：对运动神经和心脏系统有压抑作用。

黑色：精神压抑，导致疾病发生。

色彩对人心理的影响还与社会文化和个人理解有关，比如在我国，红色是吉庆、热情的象征；同时血是红色的，红色可引申为革命。绿色一般是生长中的植物的主色，因此绿色代表着活力、生长、青春。蓝色是天空和深水的颜色，所以能给人静止、平缓、安定、忧郁等感觉；同时因为冰常给人以浅蓝的错觉，蓝色也给人冰凉的感觉。黑色使人联想到对黑暗的体验，使人感到神秘、恐怖、空虚、绝望，有精神压抑感；同时一直以来人类对黑暗有所敬畏，所以黑色有庄重肃穆感。

资料来源：http：//zhidao. baidu. com/link？url，2017-04-02.

（二）知觉

同样一个物体，人们感觉到的属性相同，但往往人们对它的认识却有所不同。感觉是认识的开始，随着感觉的不断深入，经验逐渐积累，会不断形成有关属性和物体间关系的经验，以及物体属性间的关系经验。从而当某一物体作用于人的感觉器官的时候，便在大脑里将物体的各种属性按照其相互的联系和关系整合成一个整体，形成对该物体的整体印象。例如：学生对学校的认识，不同的学生对学校的认识是不同的。

1. 知觉的概念

知觉是指人脑对直接作用于感觉器官的客观事物的各种属性的整体反映。人脑对外界的刺激不是像照相机一样简单地把它记录下来，而是利用自己的相关经验对所接收的信息进行加工处理，形成对客观事物的整体认识。对客观事物属性了解越多，相关的经验越丰富，对对象的知觉也就越完整、越准确。

2. 知觉的特性

(1) 选择性。

人不可能清楚地感知到客观事物的全部，也不可能对所有的事物都做出反应，而总是选择少数的对象作为知觉的对象，对其知觉格外清晰，而对周围的事物的知觉比较模糊，这些模糊的事物就变成了背景，这种现象称为知觉的选择性。所以要想成为关注的对象就必须要突出对象的与众不同，例如：当大家都穿红颜色的衣服时，只有一个人穿绿颜色的衣服，他就更容易成为知觉的对象。所以作为企业，对于产品的宣传要抓住产品特色，将自己的产品与其他的产品区分开来，这样才能成为知觉的对象。对象和背景不是一成不变的，在一定的条件下可以相互转化。比如在看电视的时候，电视成为知觉的对象，周围的对象是这种对象的背景，如果这时突然门铃响了，你会把注意力转移到门铃上，门铃成为知觉的对象，电视成为背景的一部分。例如：在图 2-1 中你看到的是老人还是美女？在图 2-2 中你看到的是人脸还是烛台？

图 2-1

图 2-2

(2) 理解性。

人的知觉不是一个被动的过程，而是一个主动的过程。知觉是根据主体的知识经验，对感知的刺激物进行加工处理，并以概念的形式把它标示出来，这种特性叫理解性。理解性在消费者对客观事物的认知中起着重要作用。

其一，理解使消费者的知觉更加深刻。在知觉一个事物时，与这个有关的经验越丰富，对这个事物的认识就越深刻。例如：对于一个考古工作者，他对文物的认识要比一般人深刻；经常接触宝石的消费者，当一件玉器放在他面前时，他所了解到的不仅仅是玉器的形状、色泽、款式，还能了解到它的产地、加工工艺、成色、品种等感官所感受不到的信息。

其二，理解使消费者的知觉更加精确。例如：对于一般的消费者而言，在品尝茅台酒时，只能感受到它的口感，而对真伪的把握不一定准确，但对于专业人士而言，通过口感、气味、挂杯的程度、色泽等方面的信息，很容易就能判断出真伪。

其三，理解使消费者知觉的速度更快。例如：我们看一篇中文文章的速度比读英文文章的速度要快。

(3) 整体性。

知觉的对象是由刺激物的部分特征或属性组成的，但人们不把它感知为个别的独立部分，而是把它知觉为一个统一的整体。甚至当客观事物的个别属性和个别部分直接作用于人的时候也会产生这一事物的整体印象。当我们进到一家酒店，感受到的是酒店的环境，还有它的服务，但是酒店还有很多消费者没有接触到的信息，消费者对酒店的认识不会仅仅停留在对酒店的感官感受上，而是会根据自己所掌握的信息形成对酒店的整体评价。

（4）恒常性。

当知觉的条件在一定的范围内发生变化时，知觉的印象仍然保持不变。例如，经常见的人不会因为其化妆打扮了，就认不出来了；身材高的人不会因为距离远，就认为他变矮了；无论在什么样的光线下，都会认为雪是白颜色的。

3. 错觉

错觉是指不正确的知觉。人们在感知事物的时候，由于受到外部环境及认知主体的生理、心理等因素的影响，会产生各种错误的现象。这些错误的现象包括以下几种：

（1）图形错觉。

图形使我们产生视觉错觉的例子很多，在一定程度上影响着人们对客观事物的判断，进而影响人们的行为。如请同学们判断图 2－3 各条斜线是不是平行的呢？图 2－4 中各个小点是黑色的还是白色的？

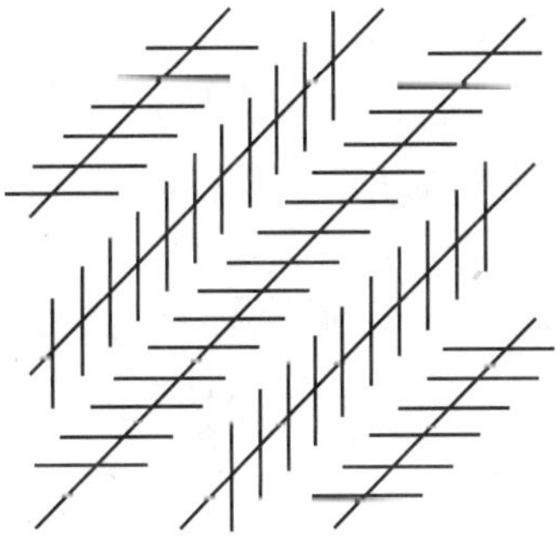

图 2－3

图 2－4

（2）时间错觉。

在生活中，当我们做一件自己愿意做的事情时总是感觉时间过得很快，当做一件不愿意做的事情时感觉时间过得很慢。例如：通常等人的时间很难熬，但如果你一边等人一边看书或听音乐，你就会发现时间过得挺快的，这是由于你在看书或听音乐时，分散了对时间的注意，实现了对时间由有意注意到无意注意的转移，从而造成了“时间过得快”的时间错觉。

（3）形重错觉。

例如：同等重量的铁和棉花，用手掂量时总感觉铁会更重一些。

（4）大小错觉。

例如：同样一个人在远处看起来比较小，在近处看起来比较大。

（5）运动错觉。

例如：我们坐在一辆静止的车辆上，当旁边的车前行时会感觉自己所坐的车在动。

在商品的销售过程中，我们要认识到错觉给消费者带来的不同心理感受。例如，如果商店的空间比较小，消费者难免会有一种压抑的感觉，也不愿意在此多停留，因此我们可以利用错觉，在商品的陈列中充分利用镜子、灯光之类的手段，这不仅能使商品显得丰富多彩，还能调节消费者的心情，也能使销售人员以更好的心情为消费者服务。

（三）消费者的社会知觉

个体在生活实践中对他人、对集体，以及对自己的知觉是影响人际关系建立和活动效果的重要因素。

1. 社会知觉的内容

（1）对他人的知觉。

其一，对他人表情的知觉：表情包含着十分丰富的内容，它是一个人心理状态的晴雨表，人们可以通过洞察别人的表情来了解对方的内心世界，调整自己的服务策略。例如，当看到客人眉头紧锁，代表着客人很困惑，正在思索，销售人员就要给客人及时解惑；当看到客人表现出愤怒的情绪，就要采取一定的策略安抚客人的情绪。为了更好地提供服务，销售人员要学会察言观色。

其二，对他人性格的知觉：通过对客人性格的深刻了解，可以预测客人在一定的情境中会发生什么样的反应。某人热心、讲义气，我们就可以预测在紧急情况下他会挺身而出；某人自私、冷漠，他在紧急的情况下就会退避三舍，甚至逃之夭夭。

其三，对他人角色的知觉：一是根据某人的行为判断他的职业，二是对有关角色行为的社会标准认识。如果一个人的言谈举止都特别文雅，我们会认为他是一个有知识的人；如果他谈论的话题是人体健康方面的问题，我们会认为他是一位医生。对于学生这样一个社会角色，他的言谈举止应该是文明礼貌，他的着装应该是得体大方。不同的社会角色，在消费上往往会有一定的差别。如果是知识分子，在选择产品时会比较注重产品的品质及文化内涵；如果是具有较高的社会地位或经济实力的人，往往会消费那些能够体现他身份的产品；如果是工薪阶层或者学生，他们看中的是物美价廉。我们在销售产品或者服务的过程中要考虑到角色的差异所带来的客人心理和行为上的不同。

（2）对人际关系的知觉。

对人际关系的知觉就是对人与人之间相互关系的知觉。任何一个社会人都要与其他人发生一定的关系，这种关系表现为接纳、拒绝、喜欢、讨厌等各种亲疏远近的态度，销售人员要尽快了解自己和客人之间的关系，以便利用这种关系搞好销售工作。在具体工作的过程中要保持和客人的距离，距离太远会给客人被怠慢的心理体验，距离太近又会引起客人的戒备心理。

（3）自我知觉。

自我知觉是一个人通过对自己行为的观察而对自己心理状态的认识。自我知觉是自我意识的重要组成部分，随着自我意识的发展，自我知觉经历着生理上的自我、社会上的自我和心理上的自我三个不同的发展阶段。生理上的自我表现在对自己身体（身体的健康情况）、衣着（颜色的搭配、款式的选择是否与环境相适应）、家庭（家庭成员的状况）及自己所有物的判断，从而表现出自豪和自卑的自我感情。社会上的自我表现在对自己在社会上的荣誉、地位、社会中其他人对自己的态度，以及自己对周围人的态度等方面的判断和评价，从而表现出自卑或自信的自我体验。心理上的自我表现为对自己的智慧、能力、道德水平等方面的判断和评价，从而表现出自我优越感等自我情感体验。

随着自我意识的发展，在社会进程的影响下，个体的自我知觉水平一般是遵循着生理上的自我—社会上的自我—心理上的自我这一进程。当然，由于受到各种主客观因素的影响，每个人的自我知觉水平也不一样。比如有人注重自己的身材容貌、物质欲望的满足，有人则偏重于社会地位、名誉等方面的追求，也有人重视追求高尚的情操、实现自我价值等。

消费者如果缺乏自我知觉，就可能无法对自己的消费行为做出科学的判断，导致消费体验满足不了自己的心理需求，进而产生消极的心理。销售人员如果缺乏自我知觉，就不能正确知觉销售活动中的客我关系，也就不能规范自己的行为。

2. 影响社会知觉的心理因素

社会知觉受很多因素的影响，如知觉的主体、客体及环境。对于知觉的主体而言，容易受到以下几个方面心理因素的影响：

（1）第一印象（首因效应）。

在人际交往中，第一印象起着十分重要的作用，并成为以后是否继续交往的依据。虽然人们都知道仅凭第一印象来判断往往会出现误差，可实际上每个人都不可避免地受到第一印象的影响。销售人员在与客人的短暂接触中，双方都来不及进行更多的了解，无法达到“路遥知马力，日久见人心”的境地。因此，销售人员要给客人留下良好的第一印象，赢得客人的信任，才能获得销售的成功。

（2）晕轮效应（光环效应）。

晕轮效应是指由对象的某个特征推及对象的总体特征，从而产生美化或丑化对象的现象，它的主要特点是以偏概全、以点概面。从内容上来说，晕轮效应是由于对对象的部分特征印象深刻，使这部分印象泛化为全部印象。例如：人们平时经常说的“一俊遮百丑”“一坏百坏”都是晕轮效应所致。晕轮效应既可以发挥积极作用，也会有消极作用，在销售的过程中要正确利用晕轮效应来获得销售的成功。例如，对于商品而言，好的包装往往给人以质量上乘的感觉，因此要重视包装，但不能过度包装，否则只会让客人觉得华而不实，产生负面的情感体验。

（3）刻板印象。

刻板印象是指社会上部分人对某类事物或人所持有的共同的、笼统的、固定的看法和印象。在销售工作中，消费者的经济实力、社会背景、文化程度、消费偏好存在很大的不同，当主客观环境发生变化时，也会引起消费取向的变化，因此要避免因刻板印象造成的错误认知。例如，我们常会认为有钱人就一定会买贵的东西，穿名牌的一定是有钱人，可现实生活中不都是这样，总有一些人的行为会偏离社会常模。

（4）期望效应（皮格马利翁效应）。

期望效应是指在生活中人们的真心期望会变成现实的现象。皮格马利翁是希腊神话中年轻的塞浦路斯国王，同时他也是一位手艺精湛的雕刻家。一次，他为雕刻一个美女石像倾注了全部心血，把她刻得活灵活现、栩栩如生，最后自己竟情不自禁地爱上了她。为此，他日思夜想，茶饭不思。最后爱神被他感动，把这个石像变成了真正的美女，满足了皮格马利翁的愿望。这个故事虽然只是一个美丽的神话，却说明了一个心理学的原理：在人际交往中，一方充沛的感情和较高的期望可以引起另一方微妙而深刻的变化。

资料链接

罗森塔尔效应实验

美国哈佛大学的著名心理学家罗森塔尔教授曾经做过一个教育效应的实验。他把一群老鼠一分为二，把其中一群（A群）交给一个实验员说："这一群老鼠是属于特别聪明的一类，请你来训练。"他把另一群（B群）老鼠交给另外一名实验员，告诉他这是智力普通的老鼠。两个实验员分别对这两群老鼠进行训练。一段时间后，罗森塔尔教授对这两群老鼠进行测试，测试的方法是老鼠穿越迷宫，结果发现，A群老鼠比B群老鼠聪明得多，都先跑出了迷宫。其实，罗森塔尔教授对这两群老鼠的分组是随机的，他自己根本不知道哪只老鼠更聪明。当实验员认为这群老鼠特别聪明时，他就用对待聪明老鼠的方法进行训练，结果，这些老鼠真的成了聪明的老鼠；反之，另一个实验员用对待笨老鼠的办法训练，也就把老鼠训练成了不聪明的老鼠。

于是罗森塔尔教授得到了启发，他想这种效应能不能也发生在人的身上呢？他又来到了一所普通中学，在一个班里随便走了一趟，然后就在学生名单上圈了几个名字，跟他们的老师说，这几个学生智商很高、很聪明。过了一段时间，他又来到这所中学，那几个被他选出的学生真的成了班上的佼佼者。罗森塔尔教授这时才对他们的老师说，自己对这几个学生一点也不了解，这让老师们很是意外。

在教育实践中，有些孩子在小时候偶尔犯过错误而被贴上了"不良少年"的标签，这种消极的期望引导着孩子们，使他们越来越相信自己就是"不良少年"，最终走向犯罪的深渊。因此，在教育的过程中要以表扬为主，孩子就会朝着所期望的方向发展。在工作中，管理者要对员工取得的成绩及时进行表扬，员工工作就会更加努力，会把组织目标的实现作为自己的工作目标。

资料来源：http：//wenda. so. com/q/1362757531067862，2017-04-23.

（5）经验效应（习惯定向）。

经验效应是指个人以习惯的方式应付某类问题，而不做经验以外的尝试，以至于形成机械的或者盲目的习惯反应倾向。人的习惯来源于经验的积累，当以某种行为方式去处理某类问题成功后，这种行为方式就会成为一种习惯，通常情况下处理问题是管用的，但是如果环境变化了，这种行为方式也就失灵了。

二、 消费者对商品的认识发展阶段

消费者对客观事物的认识，除了经历感觉、知觉心理过程，还要利用注意、记忆、想象、思维等心理过程。

（一）注意

1. 注意的概念

注意是指心理活动对客观事物的指向和集中。注意这种心理现象在认识的过程中普遍存在，注意的对象往往与人的需要密切相关，人们更倾向于注意那些满足需要的客观事物。如上课时学生为满足求知的需要要聚精会神地听讲；为满足安全的需要骑车要注意交通安全；为满足购物的需要而注意那些符合心理倾向的商品，等等。注意与感知、情感、意志等心理活动紧密相连，并贯穿于认识活动的全过程，没有注意，人的一切认识活动都无法进行。

2. 注意的特点

指向性和集中性是注意的两个特点。所谓指向，是指心理活动有选择地朝向一定事物。所谓集中，是指心理活动反映事物达到一定的清晰和完善的程度。指向的客观事物成为知觉的对象，其他的成为知觉的背景，消费者总是将自己的注意力集中在知觉的对象上，并对其的客观反映格外清晰。例如，消费者在选购商品时，其心理活动会指向某一商品并全神贯注于这一商品，同时又离开其他商品，这就是对这种商品发生了注意，从而对该商品获得清晰、准确的反映，并据此做出自己的购买决策。可见，注意是消费者消费过程中必不可少的心理活动，没有注意，消费者对商品的认识活动就无法进行，更谈不上引起购买行为。

3. 注意的分类

根据产生和保持有无目的和意志努力程度，注意可分为有意注意和无意注意。有意注意是指自觉的、有预定目标的，必要时还要做出一定意志努力的注意。无意注意是指事先没有预定的目标，也不需要做意志努力，不由自主地指向某一对象的注意。例如，消费者到商店想购买甲商品，浏览中无意看到乙商品，觉得不错，引起了对乙商品的注意，就属于无意注意。而消费者在嘈杂的商店里精心挑选自己想要的商品，就属于有意注意。从两者的关系来看，两者既相互联系，又相互转换。在消费的过程中有意注意引发的消费行为有一定的目的性，消费者在消费之前会进行充分的准备，整个消费过程更理性；而无意注意引发的消费行为是事先没有预期到的，经常会引发一些冲动性的购买。

注意在引发消费者消费需求方面发挥着重要作用，正确地运用和发挥注意心理功能，会激发消费者进行深入认识的兴趣。例如，茅台酒在博览会上获金奖，“注意”在这里立了头功。博览会开始阶段，各国评酒专家对其貌不扬、装潢简陋的茅台酒不屑一顾。博览会临近尾声的一天，中国酒商急中生智，故意将一瓶茅台酒摔碎在展厅地上，顿时酒香四溢，举座皆惊，从此，茅台酒名声大振，走向了世界。中国酒商的行为，符合了消费者需要强烈、新奇、鲜明的活动刺激，引起人们的无意注意，在提高商品知名度、引发消费需求上取得了成功。

（二）记忆

1. 记忆的概念

记忆是人的过去经验在人脑中反映。人们过去感知过的事物、思考过的问题、体验过的情感、实施过的行为都能以经验的形式在头脑中保存下来，并在一定条件下能够重新再现起来，这就是记忆过程。记忆是对过去的经验的反映，而感知是对当前事物的反映。例如，消费者到某家酒店消费过，当时的消费过程给他留下了深刻的印象，一旦再次有到这家酒店消费的需求，过去的印象便会重现出来，这种重现出来的记忆可以指导人们重新购买，成为是否再次选择这家酒店的依据，若记忆中的消费经历是愉悦的，就会激发重新购买的欲望。

2. 记忆的过程

记忆是一个复杂的心理过程，它包括识记、保持和再现三个基本阶段。

（1）识记。

识记是对事物反复感知，从而使客观事物的印迹在头脑中保留下来的心理活动。整个记忆的过程是从识记开始的，这是记忆过程的第一步。识记可以分为无意识记和有意识记。无意识记是事先没有明确的目的，也没有经过特殊的意志努力的识记，例如我们在看电视、上网、看杂志的过程中，一些信息成为注意的对象，并留下了印象，这是一个无意识记的过程。有意识记是指有预定的目的并且经过意志努力的识记，例如在学习过程中对知识的记忆，是通过意志努力使知识在脑海中留下印记，这是一个有意识记的过程。

（2）保持。

保持是记忆过的事物映象在头脑中留存和巩固的过程。巩固的过程不是机械的反复，而是对识记的资料进行进一步的加工、整理和储存的过程。随着时间的推移和后续经验的积累，识记信息的数量和质量会发生一定的变化。随着时间的推移一些识记的信息会被遗忘，在保持的过程中，会因为一些主客观条件的变化，引起对识记内容质量上的变化。例如，教授幼儿园的孩子们背诵《三字经》，孩子们起初只是能把它记下来，并不能深刻了解其中的内涵，但随着时间的推移、心智的成熟以及经验的积累，孩子们会对《三字经》有更深刻认识。

（3）再现。

再现是过去经历过的事物重新呈现在面前，感到熟悉并能确认它是过去经历过的。再现包括两种情况：凡是识记过的事物，当其重新出现在自己面前时，有一种似曾相识的熟悉之感，甚至能明确地把它辨认出来，称作再认。例如当我们去商场购物时，自己以前买过的东西再次出现在面前时，马上就能把它从众多商品中区分出来。凡是识记过的事物不在自己面前，仍能将它表现出来，称作重现。例如我们在购物的过程看到某种商品会想起以前的一些相关经历，并使其清晰地呈现在脑海中，这就是一个重现的过程。

记忆在消费者的心理和行为活动中具有重要作用，正因为有了记忆消费者才能把过去的经验作为表象保存下来。经验的积累推动了消费者心理的发展和行为的复杂化，如果离开了记忆消费者就无法形成经验，也就不可能有消费心理活动的高度发展，甚至连最简单的消费行为也无法实现。

（三）想象

1. 想象的概念

人们在生活实践中，不仅能够感知和记忆客观事物，而且还能够在已有的知识经验基础上，在头脑中构成自己从未经历过的事物的新形象，或者根据别人口头语言或文字的描述形成相应事物的形象，这就是想象。我国的《西游记》就是一部充满想象与创造的名著。在平时生活中，人们受到某种刺激物的影响，会不由自主地进行想象。在消费购买行为中，消费者看到一件款式新颖的衣服，会想象到穿在自己身上如何高雅时髦。

2. 想象的作用

想象能提高消费者购买活动的自觉性和目的性，对引起情绪过程、完成意志过程起着重要的推动作用。消费者在形成购买意识、选择商品、评价商品过程中都有想象力参加。如看到漂亮的布料，会想到漂亮布料制作出来的衣服，想到穿着漂亮的衣服受人喜欢的愉快与满足；买一台空调，消费者会想象拥有它能给家庭带来四季如春的感受，同时还起到美化家居的作用，等等。通过想象，消费者就能深入认识商品的实用价值、欣赏价值和社会价值，其结果是能增强商品对消费者的诱惑，激发其购买欲望。

（四）思维

1. 思维的概念

思维是通过分析、概括对客观事物的本质进行间接反映的过程。也就是说，人们对客观事物的认识不会停留在感知和记忆的水平上，而总是利用已经感知和记忆的材料，进行分析、综合、抽象、概括等思考活动，把感性认识升华到理性认识阶段，从而获得对事物的本质和内在规律的认识。

2. 思维的特点

（1）间接性。

所谓间接性是指借助已有的知识、经验来理解和把握那些没有直接感知过的或根本不可能感知到的事物。例如，消费者对大屏幕彩电的内在质量往往不是太了解，但可以对大屏幕彩电感知表象：图像是否清晰、色彩是否逼真、音响是否优美、信号是否灵敏等，再借助已有的知识经验，间接地认识它的内在质量性能。

（2）概括性。

所谓概括性是指通过对同一类事物的共同特性、本质特征或事物间规律性的联系来认识事物。例如，消费者在购买过程中多次感知价格与质量的联系，从而得出“便宜无好货”的概括性结论。在消费行为过程中，消费者也往往会得出“大商场的东西要比街头拐角处购得的东西质量可靠”的结论。因此，消费者要善于思考和总结，通过现象看本质，从而获得对商品内在性质的更为深刻的认识。

任务2　探索消费者的情感过程

案例导入

金子就在你的后花园

在美国，曾经有一段时间很流行到西部开采金矿。有一天，一个农场主也决定加入到浩浩荡荡的采金队伍中。因为他觉得，自己几十年都是在耕种、饲养，实在是无聊至极，他不想再这样日复一日做着同样的事，于是便将自己的农场卖了出去，只身前往了西部。当然，金子最后肯定是没有找到。五年之后，他回到了家乡，当他再次回到自己的农场时，发现这里大变样了。一个邻居兴冲冲地跑过来，对他说道：“啊！你终于回来啦，你不知道啊，你走后没多久，这里就发现了金矿，就在你家后面的那个花园里……”

资料来源：http：//xinli. yjbys. com/shenghuo/233252. html，2017-05-06.

问题与思考：农场主为什么没有挖到金子？其心理发生了怎样的变化？

知识探究

在社会活动中，消费者要接触自然界的万事万物，面对不同的事物和不同的人。各种事物不仅使消费者产生深浅不同的认识，而且还会伴随着不同的心理体验，有的对象使人产生喜欢、愉快、兴奋的心理体验；有的对象使人产生恐惧、忧愁、痛苦的心理体验；还有的对象使人产生惊奇、赞叹的心理体验，这些心理体验就是人们的情绪和情感。

一、情绪和情感

（一）情绪和情感的内涵

情绪和情感是指人们对客观世界的一种特殊的反应形式，是人对客观事物是否符合自己需要的态度体验。其内涵主要表现在以下两个方面：

其一，情绪和情感是人对客观现实的一种反映形式。客观现实与人们之间的关系是情绪与情感的源泉，人们同客观现实的关系不一样，所形成的情绪和情感也不一样。对于人们来讲只有那些和自己有关联的客观现实才会激发出情绪和情感，关系越密切，往往表现出的情绪和情感也就越强烈。例如我们在观看奥运会比赛时，看到中国选手拿到冠军的兴奋程度会更强一些。

其二，在接触的过程中，客观现实与人的需要形成不同的关系。有一些事物符合人的需要，使人们产生趋向于这些事物的态度，从而产生满意、愉快、喜爱的情绪情感。有一些事物不符合人的需要，人们产生背向于这些事物的态度，从而产生不满意、烦恼、厌恶的情绪情感。例如当我们逛街的时候，看到一款衣服比较符合自己的审美，就会产生喜爱的情绪情感。

（二）情绪情感的构成

情绪情感的构成包括三种层面：在认知层面上的主观体验；在生理层面上的生理唤醒；在表达层面上的外部行为。当情绪产生时，这三种层面共同活动，构成一个完整的情绪体验过程。

1. 主观体验

情绪情感的主观体验是人的一种自我觉察，即大脑的一种感受状态。人有许多主观感受，如喜怒哀乐爱惧恨等。人们对不同事物的态度会产生不同的感受，人对自己、对他人、对事物都会产生一定的态度，如对朋友遭遇的同情、对敌人凶暴的仇恨、对事业成功的欢乐、对考试失败的悲伤。这里我们要注意，不同的人针对同样的客观现实也会有不同的态度，进而产生不同的情绪情感，例如有人认为旅游就是花钱买罪受，有人认为旅游可以增长知识、愉悦身心，这是两种截然相反的态度，当他们投入到旅游实践中，所表现出的情绪状态也是不同的，前者表现得比较消极，后者表现得比较积极。这些主观体验只有个人内心才能真正感受到或意识到，如我知道“我很高兴”、我意识到“我很痛苦”、我感受到“我很内疚”等时，才会激发出一定的情绪和情感。

2. 生理唤醒

人在情绪反应时，常常会伴随着一定的生理唤醒。如激动时血压升高，愤怒浑身发抖，紧张时心跳加快，害羞时满脸通红。脉搏加快、肌肉紧张、血压升高及血流加快等生理现象，是一种内部的生理反应过程，常常是伴随不同情绪产生的。正因为情绪产生后会带来一定的生理变化，我们才能通过这些生理变化去推断人们所处的情绪状态，强度越大的情绪，产生的生理表现也就越明显。

3. 外部行为

在情绪产生时，人们还会出现一些外部反应过程，这一过程也是情绪的表达过程。如人悲伤时会痛哭流涕，激动时会手舞足蹈，高兴时会开怀大笑。情绪所伴随出现的这些相应的身体姿态和面部表情，就是情绪的外部行为，它经常成为人们判断和推测情绪的外部指标。但由于人类心理的复杂性，有时人们的外部行为会出现与主观体验不一致的现象。比如在一大群人面前演讲时，明明心里非常紧张，还要做出镇定自若的样子。

主观体验、生理唤醒和外部行为作为情绪的三个组成部分，在评定情绪时缺一不可，只有三者同时活动、同时存在，才能构成一个完整的情绪体验过程。例如当一个人佯装愤怒时，他只有愤怒的外在行为，却没有真正的内在主观体验和生理唤醒，因而也就称不上有真正的情绪过程。因此，情绪必须是上述三方面同时存在，并且有一一对应的关系，一旦出现不对应，便无法确定真正的情绪是什么，这也正是情绪研究的复杂性，以及对情绪下定义的困难所在。

（三）情绪情感的区别与联系

1. 情绪情感的区别

（1）情绪往往表现出两极性，如“喜爱与厌恶”“快乐与悲伤”“满意与不满意”等。另外，当主客观情况发生变化时，情绪是不断变化的，既有强度的变化，又有方向的变化，如从满意到非常满意、从快乐到悲伤。而情感一旦形成了就会比较稳定，并不会随着客观环境变化而马上发生变化，如友情不会因为暂时分离而马上消失。

（2）从发展的角度来看，情绪具有一定的先天性，而情感是后天形成的。人出生时会有情绪反应，但没有情感，情感是随着人的年龄增长而逐渐发展起来的。如孩子刚生下来时，会通过哭笑、肢体动作来表达自己的情绪，而道德感、成就感和美感等情感则是随着儿童的社会化过程（家庭环境和社会文化的影响、学校教育）而逐渐形成的。

（3）情绪和情感反映出来的特点有所不同。情绪具有情境性、激动性、暂时性、表浅性与外显性，情感具有稳定性、持久性、深刻性、内隐性。例如当我们遇到危险时会极度恐惧，但危险过后恐惧会消失；而大多数人不论遇到什么挫折，其民族自尊心不会轻易改变，体现了情感的深刻性与内隐性。

2. 情绪情感的联系

情绪和情感总是彼此依存，相互交融在一起。稳定的情感是在情绪的基础上形成的，同时又通过情绪反应得以表达，因此离开情绪的情感是不存在的。而情绪的变化也往往反映了情感的深度，而且在情绪变化的过程中常常饱含着情感。

二、 情绪情感的分类

（一）根据情绪情感的性质分类

1. 快乐

快乐是一种追求并达到目的时所产生的满足体验。例如，消费者在消费的过程中一切顺利，不仅买到了符合自己需要的产品，而且消费的经历也很愉悦，这时就会产生快乐的情绪。

快乐的强度与达到目的的难易程度或意外程度有关，当达到了比较难达到的目的时，有喜出望外的收获时，获得的快乐的情感也就越强一些。

2. 愤怒

愤怒是由于受到干扰而使人不能达到目标时所产生的体验。当人们意识到某些不合理的或充满恶意的因素存在时，愤怒会骤然发生。例如，当消费者在买到假冒伪劣产品时，就会产生愤怒的情绪。愤怒的程度取决于对妨碍达到目标的对象的意识程度，消费者意识到对象对自己目标实现的阻碍性越大，愤怒的情绪也就越高涨。

3. 恐惧

恐惧是企图摆脱、逃避某种危险情景时所产生的体验。引起恐惧的重要原因是缺乏处理可怕情景的能力与手段。例如，当我们单独处在一个非常陌生的环境中，就会产生恐惧的情绪，而单独在家里就不会感觉恐惧。消除恐惧这种情绪要靠镇静和勇敢，以及战胜恐惧的信念。

4. 悲哀

悲哀是在失去心爱的对象或愿望破灭、理想不能实现时所产生的体验。例如，当我们丢失了一件自己心爱的物品，或者本打算在黄金周外出旅游，结果单位加班，至使旅游的梦想破灭，这时就会产生悲哀的情绪。悲哀情绪体验的程度取决于对象、愿望、理想的重要性与价值，情绪的主体越重要、价值越大，产生的悲哀的情绪也就越强。例如，丢失1 000元钱远远比丢失1元钱所引发的悲哀的情绪要强。但是要注意，同样的事物往往对不同的人来讲重要性或者价值大小不同，所引发的情绪也就不同。例如，童年时期陪伴你成长的一件玩具，也许它不值钱，但它对你很重要，一旦丢失也会给你带来极大的悲哀。

5. 喜爱

喜爱是指对象满足需要时产生的情绪体验。喜爱表现为对满足需要的对象的接近、欣赏和获得。

（二）根据情绪情感发生的强度、速度、持续时间等分类

1. 心境

心境是一种比较微弱的、平静的而且持续一定时间的情绪体验。心境有弥散性的特点，所以一个人的心境在一段时间里影响着一个人的全部生活，使人的语言、行为及全部情绪都染上了这种色彩。当人处于某种心境时，会以同样的情绪体验看待周围事物，如人伤感时，会见花落泪、对月伤怀。心境体现了“忧者见之则忧，喜者见之则喜”的弥散性特点。心境的特点是不具有特定对象，即不是关于某一事物的特定的体验，它是具有弥散性的情绪状态。心境可以分为暂时的心境和主导心境。暂时的心境是由当前的情绪所产生的心境；主导心境是由于一个人的生活道路和早期的经验所造成的个人独特的、稳定的心境。一个人具有良好的心境，总是朝气蓬勃，具有乐观的情绪；一个具有不良心境的人，经常会表现出失望、忧郁、消沉的情绪。

心境产生的原因是多种多样的，个人生活中的重大事件、事业的成败、工作的顺利与否、与周围人关系的好坏都能引发心境，机体的健康程度、时令节气的变化也会引发人的心境的变化。

2. 热情

热情是强有力的、稳定的、深厚的情绪体验。热情是鼓舞人去行动的巨大力量，它使人长久地、坚持不懈地去从事某项活动，并对这种活动产生愉快、满意等积极肯定的情感体验。例如，学生有打篮球的热情，那他只要有时间，不管外边天气是否炎热、篮球场是否够现代化，都阻挡不了他打篮球的行为。热情的积极作用主要表现在能使人战胜各种困难，直到自己的需要得到满足。

3. 激情

激情是一种猛烈的、迅速爆发的短暂的情绪体验。激情发生时会伴有内部器官的强烈变化和明显的表情动作。激情有积极和消极之分。积极的激情能激励人克服艰险，成为动力。消极的激情对集体的活动具有抑制作用，会降低人的自制力。如在突如其来的外在刺激作用下，人会产生勃然大怒、暴跳如雷、欣喜若狂等情绪反应。在这样的激情状态下，人的外部行为表现比较明显，生理的唤醒程度也较高，因而很容易失去理智，甚至做出不顾一切的鲁莽行为。因此，在激情状态下，要注意调控自己的情绪，以避免冲动性行为。

（三）根据情绪情感的社会内容分类

1. 道德感

道德感是根据一定社会的道德标准，对人的思想、行为做出评价时所产生的情感体验。当自己或他人的言行符合道德规范时，对自己会产生自豪、自慰等情感，对他人会产生敬佩、羡慕、尊重等情感；当自己或他人的言行不符合道德规范时，对自己会产生自责、内疚等情感，对他人会产生厌恶、憎恨等情感。例如，当我们在电视上看到一些人勇于奉献，不求回报时，就会对其肃然起敬；当看到一些虐待老人、趁火打劫者，就会对其产生鄙视和愤怒的情感；当自己对需要帮助的人没有伸出援助之手，就会感觉很愧疚，这些都是道德感。道德感取决于复杂的情感对象是否符合我们的道德标准，它具有一定的稳定性。

2. 理智感

理智感是由客观事物间的关系是否符合自己所相信的客观规律所引起的。客观事物所呈现的关系如果与自己所相信的客观规律不相符，就会感觉到困惑，反之则表现为愉快的情绪体验。理智感是一种动力，推动个体去寻找真理、热爱真理，例如发现问题时的惊奇感、分析问题时的怀疑感、解决问题后的愉快感、对认识成果的坚信感等都属于理智感。

3. 美感

美感是根据一定的审美标准评价事物时所产生的情感体验。它是人对自然和社会生活的一种美的体验。如对优美的自然风景的欣赏，对良好社会品行的赞美，这些都属于美感。美感的产生受思想内容及个人审美标准的制约，不同人的审美标准不同，也会使不同个体的美感产生差异。丑陋的内涵即使加上漂亮的外表，也无法使品德高尚的人产生美感。

资料链接

情商

情商（EQ）又称情绪智力，是近年来心理学家们提出的与智力和智商相对应的概念。它主要是指人在情绪、情感、意志、耐受挫折等方面的品质。以往认为，一个人能否在一生中取得成就，智力水平是第一重要的，即智商越高，取得成就的可能性就越大。但现在心理学家们普遍认为，情商水平对一个人能否取得成功也有着重大的影响作用，有时其作用甚至要超过智力水平。那么，到底什么是情商呢？美国心理学家认为，情商包括以下几个方面的内容：一是认识自身的情绪。因为只有认识自己，才能成为自己生活的主宰。二是能妥善管理自己的情绪，即能调控自己。三是自我激励，它能够使人走出生命中的低潮，重新出发。四是认知他人的情绪。这是与他人正常交往，实现顺利沟通的基础。五是人际关系的管理，即领导和管理能力。情商水平不像智力水平那样可用测验分数较准确地表示出来，它只能根据个人的综合表现进行判断。

心理学家们还认为，情商水平高的人具有如下的特点：社交能力强，外向而愉快，不易陷入恐惧或伤感，对事业较投入，为人正直，富于同情心，情感生活较丰富但不逾矩，无论是独处还是与许多人在一起时都能怡然自得。专家们还认为，一个人是否具有较高的情商，和童年时期的教育培养有着密切的关系。因此，培养情商应从小开始。

资料来源：http：//baike. so. com/doc/5344533-5579978. html，2017-06-22.

三、 情绪情感的表达

表情是情绪表达的一种方式，也是人们交往的一种手段。人们除了言语交往之外，还有非言语交往，如表情。在人类交往过程中，言语与表情经常是相互配合的。同是一句话，配以不同的表情，会使人产生完全不同的理解。所谓的“言外之意”“弦外之音”就更多地依赖于表情的作用。而且，表情比言语更能显示情绪的真实性，有时人们能够运用言语来掩饰和否定其情绪体验，但是表情则往往掩饰不住内心的体验。表情可以分为三类，即面部表情、身段表情和言语表情。

（一）面部表情

面部表情是由面部肌肉和腺体变化来表现情绪的，是由眉、眼、鼻、嘴的不同组合构成的。如眉开眼笑、怒目而视、愁眉苦脸、面红耳赤、泪流满面等。面部表情是人类的基本沟通方式，也是情绪表达的基本方式。面部表情有泛文化性，同一种面部表情会被不同文化背景下的人们共同承认和使用，以表达相同的情绪体验。心理学家们经过研究发现，有七种表情是世界上各民族的人都能认出的，它们是快乐、惊讶、生气、厌恶、害怕、悲伤和轻视，不同文化背景的人们都能精确辨认这七种基本表情。面部表情识别的研究还发现，最容易辨认的表情是快乐、痛苦，较难辨认的是恐惧、悲哀，最难辨认的是怀疑、怜悯。一般来说，情绪成分越复杂，表情越难辨认。

（二）身段表情

身段表情是由人的身体姿态、动作变化来表达情绪。如高兴时手舞足蹈，悲痛时捶胸顿足，成功时趾高气扬，失败时垂头丧气，紧张时坐立不安，献媚时卑躬屈膝等。身段表情不具有跨文化性，并受不同文化的影响。研究表明，手势表情是通过学习获得的，在不同的文化中，同一手势所代表的含义可能截然不同。如竖起大拇指在许多文化中是表示夸奖的意思，但在希腊却有侮辱他人的意思。

（三）言语表情

言语表情是通过声调、节奏变化来表达情绪的，也是一种副语言现象，如言语中语音的高低、强弱、抑扬顿挫等。例如人们惊恐时尖叫；悲哀时声调低沉，节奏缓慢；气愤时声高，节奏变快；爱慕时语调柔软且有节奏。

总之，面部表情、身段表情和言语表情成为情绪的有效表达方式，它们经常相互配合，更加准确或复杂地表达不同的情绪。

四、 情绪情感对消费者的影响

（一）对消费动机的影响

情绪情感会对消费者的消费动机产生一定的作用。积极的情绪，如快乐、喜爱、自信等会提高人们的活动能力，对消费者的消费动机有一定的激发作用；而恐惧、痛苦、自卑等消极情绪则会降低人们活动的积极性，对消费动机有一定的抑制作用。而有些情绪同时兼具增力与减力两种动力性质，如悲痛可以使人消沉，也可以使人化悲痛为力量。情绪也可以作为衡量动机是否实现的指标，动机实现，消费者就会表现出积极的情绪，动机实现程度越强，表现出的积极情绪的强度也就越大。

（二）对消费者认知的影响

情绪情感对于人们的认知过程具有调控作用，有积极作用，也有消极作用。大量研究表明，适当的情绪情感对人的认知活动具有积极的组织功能，而不当的情绪情感对人的认知活动具有消极的瓦解功能。

良好的情绪情感会提高大脑活动的效率，提高认知操作的速度与质量。耶尔克斯—道森定律说明了情绪与认知操作效率的关系（如图 2－5 所示），不同情绪水平与不同难度的操作任务有相关关系。不同难度的任务，需要不同的情绪唤醒的最佳水平。在困难复杂的工作中，低水平的情绪有助于保持最佳的操作效果；在中等难度的任务中，中等情绪水平是最佳操作效果的条件；在简单工作中，高情绪唤醒水平是保证工作效率的条件。总之，活动任务越复杂，情绪的最佳唤醒水平也越低。我们了解了情绪与操作效率之间的关系，就能更好地把握情绪状态，使情绪成为我们认知操作活动的促进力量。

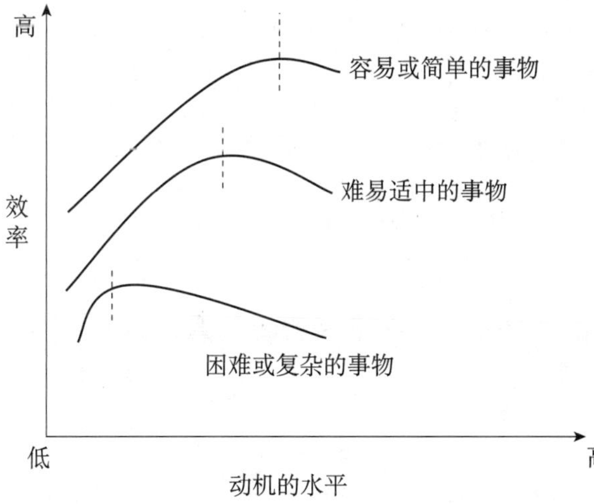

图 2－5

情绪对认知操作的消极影响，主要体现在不良情绪对认知活动功能的瓦解上。一些消极情绪，如恐惧、悲哀、愤怒等，会干扰或抑制认知功能。恐惧情绪越强，对认知操作的破坏就越大。考试焦虑就是一个典型例子，考试压力越大，考生考砸的可能性越大。一般来说，中等程度的紧张是考试的最佳情绪状态，过于松弛或极度紧张都会瓦解学生的认知功能，不利于考生正常水平的发挥。当一个人悲哀时，会影响到他的工作或学习状态，导致注意力不集中，易分神，思维流畅性降低等。

（三）对消费者身心健康的影响

人对社会的适应是通过调节情绪来进行的，情绪调控的好坏会直接影响到身心健康。常听人们叹息“人生苦短”，在一般人的情绪生活中，常是苦多于乐。在喜怒哀乐爱惧恨中，正面情绪占 3/7，负面情绪占 4/7。情绪对健康的影响作用是众所周知的。积极的情绪有助于身心健康，消极的情绪会引起人的各种疾病。我国古代医书《内经》中就有“怒伤肝，喜伤心，思伤脾，忧伤肺，恐伤肾”的记载。有许多心因性疾病与人的情绪失调有关，如溃疡、偏头痛、高血压、哮喘、月经失调等，有些人患癌症也与长期心情压抑有关。一项长达 30 年的关于情绪与健康关系的追踪研究发现，年轻时性情压抑、焦虑和愤怒的人患结核病、心脏病和癌症的比例是性情沉稳的人的 4 倍。所以，积极而正常的情绪体验是保持心理平衡与身体健康的条件。

资料链接

有趣的情绪实验

古代阿拉伯学者阿维森纳，曾把一胎所生的两只羊羔置于不同的外界环境中生活：一只小羊羔随羊群快乐地生活；而在另一只羊羔旁拴了一只狼，它总是看到自己面前那只野兽的威胁，在极度惊恐的状态下根本吃不下东西，不久就因恐慌而死去。医学心理学家还用狗做了嫉妒情绪实验：把一只饥饿的狗关在一个铁笼子里，让笼子外面的另一只狗当着它的面吃肉骨头，笼内的狗在急躁、气愤和嫉妒的负面情绪状态下，产生了神经症性的病态反应。实验告诉我们：恐惧、焦虑、抑郁、嫉妒、敌意、冲动等负面情绪，是一种破坏性的情感，长期被这些心理问题困扰就会导致身心疾病。一个人在生活中对自己的认识与评价和本人的实际情况越符合，他的社会适应能力就越强，越能把压力变成动力。

资料来源：http：//xinli. yjbys. com/shenghuo/245179. html，2017-06-25.

任务 3　探索消费者的意志过程

案例导入

苏秦锥刺股

战国时期，有一个人名叫苏秦，是出名的政治家。在他年轻时，由于学问不多不深，曾到好多地方做事，都不受重视。回家后，家人对他也很冷淡，瞧不起他。这对他的刺激很大。所以，他下定决心，发奋读书。他常常读书到深夜，很疲倦，常打瞌睡。他想出了一个方法，准备一把锥子，一打瞌睡，就用锥子往自己的大腿上刺一下。这样，猛然间感到疼痛，使自己清醒起来，再坚持读书。这就是苏秦“锥刺股”的故事。

资料来源：http：//wenda. so. com/，2017-06-27.

问题与思考：你知道苏秦追求的是什么吗？是什么心理因素让苏秦发奋图强？又是什么让苏秦一直坚持读书？

知识探究

意志过程是指人们在社会实践中，为达到预定目的而采取的自觉行动，包括自觉地确定行动的目的、有意识地支配和调节其行动以实现预定目的的心理现象。意志受情感的影响，也是认识过程进一步发展的结果，对人们的社会实践具有积极的促进作用。

一、意志的特点

（一）有明确的购买目的

消费者的意志是在有目的的行动中表现出来的，这个目的是自觉的、有意识的。有的消费者省吃俭用就是为了购买盼望已久的耐用消费品；有的消费者为了满足集邮的爱好，而把大部分工资用于购买邮票；准备结婚的青年男女大量购买结婚用品，等等。这些购买行为预先有明确的购买目的，并有计划地根据购买目的去支配和调节自己的购买行动，以期实现购买目的。

（二）是克服困难的过程

消费者的意志行动是有明确的目的的，而目的确定和实现是会遇到种种困难的，克服困难的过程就是消费者的意志行动过程。例如，在挑选商品时，面对几种自己都喜爱的商品，或遇到较高档的商品但经济条件又不允许，或者自己对商品的内在质量难以判断，就会导致购买信心不足。这时必须考虑选择和重新物色购买目标，或者克服经济上的困难，去实现自己的购买目的。当消费者选择好了满意的大件商品，而商店不送货上门时，就要考虑解决运输问题。总之，消费者的意志过程总是与克服困难相联系的。

（三）调节购买行为及情绪

意志对购买行为的调节，有发动和制止两个方面。发动是推动人去进行为达到预定目的所必需的行动；制止是阻止不符合预定目的的行动。意志对于心理的调节主要表现为可以调节人的认识活动和情绪活动，如在认识的过程中，我们会遇到很多不解的问题，意志能够使人排除干扰、专心学习，直到达到预定目的，这是意志对认知过程的调节；而遇到危险时，人难免会因情绪的影响而失去理智，意志可以使人保持冷静或者自我安慰，这就意志是对情绪的调节。

二、消费者意志过程

（一）采取决定阶段

采取决定阶段是意志行动的开始阶段，它决定着意志行动的方向和行动计划。任何消费行为都是由一定的需要、动机引起的。但在同一时间或期间内，消费者同时有多种需要，也就会同时产生多种购买动机。对于多数消费者来说，不可能在同一时间内满足所有需要，因而就会发生购买动机的冲突。意志活动的第一表现就是解决这种冲突，根据需要的轻重缓急，确定出最主要的购买动机。消费者在购买动机确定之后，还有一个具体购买对象的确定问题。因为同类商品会有牌号、质量、档次、价格等方面的差异。消费者选择、确定购买对象的过程，就是把市场上现有的商品与自己的要求进行比较的过程。消费者购买对象确定之后，还要制定购买行动计划，保证购买目标的实现。例如：购物时间的确定，购买场所的选择，经济开支有多少，所需物品哪些先购、哪些后购，这些都需要在意志活动的参与下进行。

（二）执行决定阶段

执行决定是消费者意志过程的完成阶段，它是根据预定的购买目的购买商品，把主观上的、观念上的东西变为现实的购买行动的过程。在执行过程中，仍然有可能遇到种种困难和障碍。所以，执行购买决定是真正表现意志的中心环节，它不仅要求消费者克服自身的困难，还要排除外部的障碍，为实现购买目的付出一定的意志努力。

（三）体验执行效果阶段

购买商品后，消费者在消费过程中的自我感觉和社会评价，是意志阶段的最后发展阶段。在购买商品后要进行消费，消费者要将消费后的感受与购买前的预想进行比较，来评判当初的决策是否正确，如果比较的结果是与消费前的预想一致，就会产生积极的情绪，下次还有可能购买；如果消费的结果不如消费前的预想，就会产生消极的情绪，下次不会进行购买；如果消费的结果远远超过消费前的预想，就会产生喜出望外的情绪体验。

项目小结

关于一切客观事物的认识活动是从感觉开始的，感觉是人脑对直接作用于感觉器官的客观事物的个别属性反映。在感觉客观事物的过程中体现出一定的阈限性、适应性和对比性。知觉是指人脑对直接作用于感觉器官的客观事物的各种属性的整体反映。知觉具有整体性、理解性、选择性和恒常性。消费者的知觉还包括社会知觉，社会知觉容易受到第一印象、晕轮效应、刻板印象、心理定势、期望效应的影响。消费者对客观事物的认识，除了经历感觉、知觉心理过程，还要利用注意、记忆、想象、思维等心理过程。

消费者的情绪情感是影响其消费的重要因素，是指人们对客观世界的一种特殊的反应形式，是人对客观事物是否符合自己需要的态度体验。情绪情感的发生要经历主观感受、生理的唤醒、外显行为三个过程，并通过面部表情、身段表情和言语表情体现出来。消费者的情绪情感在消费行为中发挥着重要作用，主要表现在对动机、认知、身心健康等方面的影响。

意志过程是指人们在社会实践中，为达到预定目的而采取的自觉行动，包括自觉地确定行动的目的、有意识地支配和调节其行动以实现预定目的的心理现象。在消费者意志的特点是：有明确的购买目的，是克服困难的过程，调节购买行为及情绪。消费者的意志经历了采取决定阶段、执行决定阶段和体验执行效果阶段。

实训练习

一、选择题

1. 知觉的特点有哪些？（　　）

A. 选择性　　B. 理解性　　C. 恒常性　　D. 整体性

2. 情绪情感的发生经历（　　）过程。

A. 生理的唤醒　　B. 主观感受　　C. 外显行为　　D. 感知

3. 意志具有（　　）等特点。

A. 目的性　　B. 发展性　　C. 克服困难的过程　　D. 感受性

二、实训

选择一个商场，观察消费者在购物的过程中情绪情感发生了哪些变化。

项目三
探究消费者的需要与购买决策

问题引入

问题：为什么会有购买行为？有哪些因素影响和决定着消费者的购买行为？要想弄清这些问题，就要了解消费的需要、购买动机及购买决策的过程。

学生讨论、回答问题，教师点评。

学习目标

知识目标：了解需要的概念、特点、类型及马斯洛需要层次理论；理解消费者需要的含义、特点、内容，以及影响消费者需要的因素；了解动机的概念、作用；理解消费者购买动机的含义、原则、具体的消费动机；掌握如何运用诱导消费者的动机促进销售；掌握消费者购买决策的过程。

能力目标：掌握需要层次理论在实践中的具体应用；能够分析消费动机的特点和类型，并根据消费动机的影响因素激发消费者的购买动机；能够根据消费者在购买决策环节中的心理采取相应的营销策略。

任务1　探究消费者的需要

案例导入

“疯狂”阿凡达

美国大片《阿凡达》于2010年1月4日在中国上映，并迅速攻占中国各大中城市电影院，中国观众的狂热程度和购买力大大超出预期，出现了一票难求的情形。在上海，想买到一张《阿凡达》IMAX电影票，意味着要在严寒中整夜守候，买到的还是3天后的场次。据上海当地媒体报道，1月8日早上8点，市中心的和平影都已经有约500人在排队买票，其中一些人已经排了12个小时之久。排队的影迷带上了棉被、零食等，此情此景让人联想到了中国春运时的火车站售票窗口。

《阿凡达》3D版电影票价格因影院和场次而异，从60元到120元人民币不等，与此同时，上海的“黄牛”们为 IMAX 版电影票喊出了 600 元人民币的高价。和平影都从 1 月 14 日起将 IMAX 版部分场次票价从原本的 150 元人民币上调为 200 元人民币。

《阿凡达》全球上映以来已经赚了 27 亿美元，中国票房约 14 亿元人民币，这当中极少有单位作为政治任务或年终福利购票发放，绝大多数是人们主动自觉甚至排队买票。

资料来源：陈思．营销心理学．广州：暨南大学出版社，2011：37-38.

问题与思考：为什么《阿凡达》会如此受欢迎呢？

知识探究

需要、动机、行为三者之间具有密切的关系。当人产生需要而未得到满足时，会产生一种紧张不安的心理状态，在遇到能够满足需要的目标时，这种紧张的心理状态就会转化为动机，推动人们去从事某种活动，去实现目标。目标得以实现就获得生理或心理的满足，紧张的心理状态就会消除。这时又会产生新的需要，引起新的动机，指向新的目标。这是一个循环往复、连续不断的过程。由此，需要是动机和行为的基础，人们产生某种需要后，只有当这种需要具有某种特定的目标时，需要才会产生动机，从而成为引起人们行为的直接原因。

一、需要

人的一生有各种需要，没有无需要的人，人没有无需要的时候。不同的人有不同的需要，不同社会和不同历史时期的人也有不同的需要。那么什么是需要呢？

（一）需要的定义

需要是个体感到某种缺乏而力求获得满足的心理倾向，它是有机体自身和外部生活条件的要求在头脑中的反映，是人们与生俱来的基本要求。需要就是人对某种目标的渴求或欲望，是人的行为的动力基础和源泉，是人脑对生理和社会需求的反映。

对于需要的定义，可以从以下几个方面来理解：

第一，需要是一种缺乏状态，这种缺乏状态是个体身体不断出现的内部状态。换言之，这种缺乏状态正是需要产生的原因。人的缺乏状态笼统地讲有两种，即生理上的缺乏和心理上的缺乏。

第二，需要是由缺乏状态引起的主体自动平衡的倾向。当人们缺乏某东西时就会产生的一种“想得到”的心理状态，通常以对某种客体的欲望、意愿、兴趣等形式表现出来。例如，饿了就需要食物，冷了就需要衣服，累了就需要休息。

（二）需要的特点

1. 对象性

人的需要不是空洞的，而是有目的、有对象的，而且也随着满足需要的对象的扩大而发展。人的需要的对象既包括物质的东西，如衣、食、住、行；也包括精神的东西，如信仰、文化、艺术、体育；既包括个人生活和活动，如个人日常的物质和精神方面的活动；也包括参与社会生活和活动，以及这些活动的结果，如通过相互协作带来物质成果，通过人际交往沟通感情、带来愉悦和充实；既包括想要追求某一事物或开始某一活动的意念，也表现为想要避开某一事物或停止某一活动的意念，这些意念的产生都是根据个人需要及其变化决定的。各种需要彼此之间的区别，就在于需要对象的不同。但无论是物质需要还是精神需要，都必须有一定的外部物质条件才能满足。例如，居住需要房子，出门要有交通工具……

2. 阶段性

人的需要是随着年龄、时期的不同而发展变化的。也就是说个体在发展的不同时期，需要的特点也不同。例如，婴幼儿主要是生理需要，即需要吃、喝、睡；少年时代开始发展到对知识、安全的需要；到青年时期又发展到对恋爱、婚姻的需要；到成年时，又发展到对名誉、地位、尊重的需要等。

3. 社会制约性

人不仅有先天的生理需要，而且在社会实践中，在接受人类文化教育过程中，发展出许多社会性需要。这些社会需要受时代、历史的影响，又受阶级性的影响。在经济落后、生活水平低下时期，人们需要的是温饱；在经济发展、生活水平提高的时期，人们需要的不仅是丰裕的物质生活，同时也开始需要高雅的精神生活。具有不同的阶级属性的人需要也不一样，资产阶级需要的是不劳而获、坐享其成；工人阶级需要的是自由、民主、温饱和消灭剥削。由此可见，人的需要又具有社会性和历史与阶级的制约性。

4. 独特性

人与人之间的需要既有共同性，又有独特性。由于生理、遗传因素、环境因素、条件因素不同，每个人的需要都有自己的独特性。年龄不同的人、身体条件不同的人、社会地位不同的人、经济条件不同的人，都会在物质和精神方面有不同的需要。

（三）需要的类型

人的需要是多种多样的，从不向的角度理解就会有不同的类型。例如，按需要的起源划分，可以分为自然需要和社会需要；按需要的内容划分，可以分为物质需要和精神需要；按需要的显现程度分，可分为现实需要和潜在需要，等等。

1. 自然需要和社会需要

自然需要也称为生理需要、本能需要。满足这种需要的对象是那些维持和延续生命不可缺少的物质因素。如衣、食、住、行等方面的因素。社会需要是在自然需要的基础上进一步形成的，是指人们在生产、生活和社会交往活动中产生的需要。如对劳动、社交、尊重、成就、自我实现等方面的需要等。社会需要源于人类的社会生活，并随着社会生活条件的不同而有所不同。社会需要也是个人生活所必需的，如果这类需要得不到满足，就会使个人产生焦虑、失望、挫折等情绪。

事实证明，人的生理需要与社会需要并不是截然分开的，人的生理需要不同于动物的生理需要，它的满足途径是受到社会性因素制约的。在科学技术发展、生产力提高和社会文明进步的今天，自然需要和社会需要的边界越来越模糊，人的某种需要往往同时具有生理特性和社会性特点。

2. 物质需要和精神需要

物质需要，是指人们对物质和物质产品的需要，如对衣、食、住、行等有形物品的需要。精神需要，是人们对精神生活和精神产品的需要，如对知识的需要、美的需要、享受的需要、尊重的需要、发展的需要等。这类需要不是由生理上的缺乏感，而是由内心里的缺乏感所引起的。

物质需要不能简单地等同于生理需要。人们追求物质产品不单纯是为了满足其生理需要，随着社会的发展和进步，人们越来越多地运用物质产品体现自己的个性、成就和地位，因此，物质需要实际上已越来越多地渗透着社会需要的内容。

3. 现实需要和潜在需要

现实需要是指具有明确的消费意识和足够的消费能力，已经或者即将实现的消费要求和欲望。潜在需要是指未来即将出现的消费需要。它主要表现为两种形式：一种是具有明确的消费意识，但目前缺乏足够支付能力的那部分需要；另一种是有足够的支付能力，但由于目前消费者的消费意识不大明确或市场上还没出现所期望的产品，所以还没有形成现实需要的那部分需要。

对需要的分类，只具有相对的意义。如为了满足求知的精神需要就离不开对书、笔等学习工具的物质需要；对食物的需要虽然是生理需要，但其对象的性质又是物质的。因此不同种类的需要之间是既有区别又密切联系的。

（四）需要的层次

美国著名的人本主义心理学家马斯洛认为，人的一切行为都是由需要引起的，他在1943年出版的《调动人的积极性的理论》一书中提出了著名的需要层次理论。马斯洛把人的多种多样的需要归纳为五大类，并按照它们发生的先后次序分为五个等级（如图3 1）。

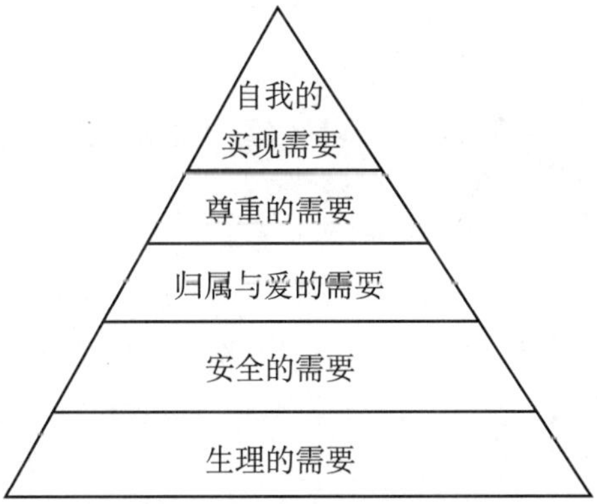

图3-1 马斯洛需要层次图

1. 生理的需要

这是人类最原始的也是最基本的需要，包括饥、渴、性和其他生理机能的需要，它是推动人们行为的最强大的动力。只有在生理的需要基本满足之后，高一层次的需要才会相继产生。

2. 安全的需要

当一个人生理的需要得到满足后，安全的需要就会产生。个人寻求生命、财产等个人生活方面免于威胁、孤独、侵犯，并得到保障的心理就是安全的需要。

3. 归属与爱的需要

这是一种社会需要，包括同人往来，进行社会交际，获得伙伴之间、朋友之间的关系融洽或保持友谊和忠诚，人人都希望获得别人的爱，给予别人爱；并希望为团体与社会所接纳，成为其中的一员，得到相互支持与关照。

4. 尊重的需要

尊重的需要包括受人尊重与自我尊重两方面。前者是希求别人的重视，获得名誉、地位；后者是希求个人有价值，希望个人的能力、成就得到社会的承认。

5. 自我实现的需要

自我实现的需要是指实现个人理想、抱负，最大限度地发挥个人的能力的需要，即获得精神层面的真、善、美至人生境界的需要。马斯洛认为：为满足自我实现的需要所采取的途径是因人而异的。例如，如有人表现在体育上，还有人表现在绘画或发明创造上。

人类的需要层次，马斯洛是按照三条原则加以安排的。首先，人类基本的需要必先得到满足，然后才会进一步追求较高层次需要的满足。其次，人类需要与个体生长发展密切相关。人出生时，最主要是满足生理需要，然后逐渐考虑到安全、归属与爱、尊重的需要，最后才追求自我实现的需要，因此，个人的需要结构的发展过程是波浪式的演进，各种需要的优势由一级演进至另一级。最后，人类需要的高低与个体生存有关。马斯洛认为，一个理想的社会，除了应该满足人们的基本的生理需要外，还要使人们满足较高层次的需要，并鼓励个人去追求自我实现。我们认为，一个人只有把个人的需要和国家的需要及社会发展的需要联系起来，才能有永不衰竭的动力，才能充分发挥个人的潜能，达到最大限度的自我实现。

资料链接

完整的七级马斯洛需要层次理论

第一级：基本生理需要（求得生存）：饮食、睡眠、居住。

第二级：基本刺激需要（感觉到自己生理、心理上的活力）：探索、性活动、感官刺激。

第三级：基本安全需要（对自己的现在和将来有安全感）：健康护理、工作、储蓄。

第四级：基本社会需要（感到为人所爱、为人需要）：团体、家庭成员、与他人的交流。

第五级：自尊需要（尊重自己并受到他人的尊重）：为社会所推崇的能力的实现、成功的象征。

第六级：自我实现需要（发现并实现人的一切潜力）：帮助人类的使命感、道德、民主、高峰体验、创造性。

第七级：超验需要（把个人和整个人类联结起来）：宗教和神秘体验，意识的交替状态。

注：有些介绍把第一级和第二级需求统称为生理需求。

资料来源：https：//www.douban.com/note/331669709/，2017-06-18.

二、 消费者需要

（一）消费者需要的含义

消费者需要，是指消费者生理和心理上的匮乏状态，即感到缺少些什么，从而想获得它们的状态。个体在其生存和发展过程中会有各种各样的需要，如饿的时候有进食的需要，渴的时候有喝水的需要，在与他人交往中有获得友爱、被人尊重的需要等。

人们购买产品和服务，都是为了满足一定的需要。一种需要满足后，又会产生新的需要。因此，人的需要绝不会有被完全满足和终结的时候。正是需要的无限发展性，决定了人类活动的长久性和永恒性。

需要虽然是人类活动的原动力，但它并不总是处于唤醒状态。只有当消费者的匮乏感达到了某种迫切程度，需要才会被激发，并促动消费者有所行动。比如，我国绝大多数消费者可能都有住上更宽敞住宅的需要，但由于受经济条件和其他客观因素制约，这种需要大都只是潜伏在消费者心底，没有被唤醒，或没有被充分意识到。此时，这种潜在的需要或非主导的需要对消费者行为的影响力自然就比较微弱。需要一经唤醒，可以促使消费者为消除匮乏感和不平衡状态采取行动，但它并不具有对具体行为的定向作用。在需要和行为之间还存在着动机、驱动力、诱因等中间变量。比如，当饿的时候，消费者会为寻找食物而活动，但面对面包、馒头、饼干、面条等众多选择物，到底以何种食品充饥，则并不完全由需要本身所决定。换句话说，需要只是对应于大类备选产品，它并不为人们为什么购买某种特定产品、服务或某种特定品牌的产品、服务提供充分解答。

（二）消费者需要的特点

生活中，人们的消费需要丰富多彩、纷繁复杂，并随着社会经济的发展而不断丰富。人们的消费需要具有一定的规律，具体表现为：

1. 消费需要的多样性与差异性

由于消费者在年龄、性格、职业、民族、宗教信仰、生活方式、生活习惯、文化水平、经济条件、兴趣爱好、情感意志等方面存在不同程度的差异，消费者需要的对象与满足方式也是纷纭繁杂的，表现为消费者需要的多样性和差异性。如我国人多地广，消费习惯多种多样。以吃来说，处于牧区的蒙古族、维吾尔族、藏族等习惯食奶制品，如奶豆腐、奶干、奶酪、酸奶等，品种十分丰富。

营销人员面对消费者千差万别、多种多样的需要，应根据市场信息和自身能力，确定市场目标，尽可能向消费者提供丰富多彩的商品类型。如果能“百货迎百客”、巧调众口，同时重视倡导符合国情、文明健康的消费观念和消费形式，消费者需要的多样性才有可能实现。

2. 层次性与发展性

消费需要的内容从静态上看是具有多样性与差异性的；从动态上看是由低到高、由简到繁，不断向前推进的，是具有层次性与发展性的。马斯洛的需要层次理论很好地解释了这个问题。经济的发展和精神文明的提高，心理需要会不断地产生新的对象，消费者的某项需要一旦满足以后，就不再受该项需要激励因素的影响，而渴望并谋求其他更高一级的需要，并不断向新的需要发展。需要的发展，与客观现实刺激的变化有很大的关系，社会经济与政治体制的变革、道德风尚的变化、生活或工作环境的变化乃至宣传广告的改变，都可促使消费者产生需要的转移和变化。从“三大件”的历史变迁，可以看出人们消费需要的发展性。20世纪70年代，中国百姓将手表、自行车、缝纫机视为家庭“三大件”。跨入80年代，新的“三大件”成为彩电、冰箱、洗衣机。到了90年代，中国人注重提高生活质量，此时的“三大件”是什么呢？有人概括为空调、电脑、电话，有人说是私人住宅、小轿车和现代通讯设备，更多的人则认为，中国人消费走向了多元化，很难再对“三大件”做出一致的判定。回顾家庭耐用消费品发展变化的轨迹，我们可以看到这样一个事实：短短30年间，中国城镇家庭消费走完了从“旧三件”到“新三件”的历程，正在全力追求更有质量和品位的生活。“三大件”这种烙有年代印痕的俗称也会从人们的记忆中消失。

营销人员应认识到消费者需要的这一特征，在生产经营中须以消费者需求发展的程度和趋势为标准，提供性能更好、质量更高、成本更低和用途更多的商品。如果商品的款式和功能几年、十几年甚至几十年一贯制，就阻碍了消费需要的正常发展。

3. 可变性与可诱导性

消费者需要的层次性与发展性决定了需要具有可变性的特征，也就是说消费者决定购买什么样的商品，满足自己哪个层次的需要，既受到思想意识的支配，还受周围环境、社会风气、人际交流、宣传教育、文学艺术等因素的影响。可能由一种需要向另一种需要转移；也可能由潜在的需要变成现实的需要；由微弱的欲望变成强烈的欲望。因此，消费者的需要可以因引导、调节而形成，也可以因外界的干扰而消退或变换。

营销人员不仅应当满足消费者需要，而且应当启发和诱导消费者需要，即通过各种有效的途径，用科学的价值观、消费观引导消费者需要的发展变化，使其愈加合理，改变落后的消费习惯，使物质消费与精神消费协调统一，逐步达到消费结构和需求结构的优化。

4. 伸缩性与周期性

伸缩性表现在消费者对心理需要追求的高低层次、项目多寡和强弱程度。在现实生活中，消费者的需要，尤其是以精神产品满足的心理需要，具有很大的伸缩性，可多可少，时强时弱。当客观条件限制了需要的满足时，需要可以抑制、转化、降级，可以滞留在某一水平上，也可以是以某种可能的方式同时或部分地兼顾满足几种不同性质的需要。在有些情况下，人还会只满足某一种需要而放弃其他需要。如高考复习阶段的学生，为了能学好知识迎接高考，放弃了旅游，看电影、电视、小说，运动等需要。

消费者有一些需要在获得满足后，在一定时间内不再产生。但随着时间的推移还会重新出现，显示出周而复始的特点。如女性围巾，多少年来总是在长方形、方形、三角形的式样间变化。这种周期性往往和生物有机体的功能及自然界环境变化的周期相适应，也同商品寿命、社会风尚、购买习惯、收入等相关联。如许多商品的销售淡旺季循环变化是由自然季节决定的；商店业务忙闲与消费者的工作日、发薪日相关形成周期；服装流行周期与社会风尚变化相呼应，等等。

因此，研究需要的伸缩性与周期性，对企业加强生产、经营的计划性有着重要意义。营销人员可以根据需要周期的发展变化规律，安排好销售商品种类、销售时间、销售方式、销售对象及销售地点等。

5. 互补性与互替性

消费需要是具体的，有着比较明确的指向性，然而，满足某项具体消费需要的商品、劳务或手段是多种多样的。由于社会经济、科技的进步及在生产的广泛应用，满足某项具体需要的商品可能有多种，或者需要几种商品同时消费才能满足同一项消费需要，这就产生了商品之间的互补性和互替性。比如，买打印机就要买打印纸，买皮鞋就要买鞋油，这就是商品的互补性。再比如，洗衣服和肥皂是可以互替的，空调和电风扇是互替的。

(三) 消费者需要的基本内容

1. 对商品使用价值的需要

商品的使用价值主要包括商品的基本功能、外观、质量、品种、规格、安全性能及方便程度、商品供应的数量等。使用价值是商品的物质属性，也是消费者需要的基本内容。消费者的需要无论是物质需要还是心理需要，都离不开特定的物质作为载体，而且这种物质载体必须有一定的使用价值。

2. 对商品社会象征性的需要

商品的社会象征性是人们赋予商品的社会性，是指消费者要求商品体现和象征一定的社会意义，使得购买、拥有某种商品得到某些心理上的满足。例如，通过拥有商品获得身份、地位、财富、个性、时尚等心理需求，从而获得心理上的满足。一般来说，想满足社会象征性需要的消费者，对商品的实用性、价格等往往要求不高，而特别看重商品所具有的社会意义。

3. 对高质量服务的需要

服务不仅是一种交换手段，而且是商品的基本内容和条件，贯穿于商品流通的全过程。消费者要求在购买和使用商品的全过程中得到良好的服务。服务质量的好坏是消费者选择、购买商品的主要依据。

4. 对商品审美及时代性的需要

消费者对于消费对象的审美的追求及时代性的需求是一种普遍并且持久性的存在。在消费活动中，人们要求商品不仅在工艺设计、造型、色彩搭配、式样风格等方面具有美感，而且要体现时代特性。

三、 影响消费者需要的因素及消费需要的发展趋势

(一) 影响消费者需要的因素

消费者的需要受到许多因素的影响，除了消费者自身的因素之外，还有许多客观因素，这些主客观因素综合地影响着消费者在购买活动中的需求心理。这里先做简单的分析，在以后的有关章节里，还将做详细的阐述。

1. 消费者个体因素的影响

(1) 年龄因素。

年龄因素对消费需求的影响很大，婴幼儿、青少年、中年和老年对消费品均有不同的需要和指向。

(2) 性别因素。

消费者性别差异也会带来需要的不同。男女消费者对某些商品的需求是有区别的，由于女性的特殊需要，很多地方设立了女性用品专卖商店或柜台；男性消费者对某些商品的

需求，女性就没有。

（3）文化和职业因素。

不同文化水平的消费者，在购买中表现出不同的情趣和审美标准；不同职业的消费者，由于教育程度、生活与工作条件不同，对商品的式样、设计、包装、质量、数量等需要也不尽相同。

（4）个人经济因素。

个人收入多少也是影响消费者需要的重要因素。在商品经济条件下，实现消费需要是以购买能力为基础的，一个低收入的消费者对于昂贵的消费品是不敢问津的。

（5）个性心理因素。

消费者的气质、性格和能力等个性心理特征，是消费者需求差别的主要心理基础。

2. 外界因素的影响

（1）社会因素。

消费者需要的内容和满足需要的方式，都受到当时的社会生产力水平和生活条件的制约。制约可以表现在：其一，只有当生产出某种产品，消费者消费该产品时，消费者的消费需要才能逐步产生；没有某种消费品，就没有相应的消费需求。这也是前面所讲的生产决定消费。其二，不同的生产力水平形成不同的产品门类、品种、数量和质量，人们的消费需要也不断变化。

（2）地区因素。

我国人多地广，各个地区特定的自然条件、生产力水平、历史文化传统等因素形成了许多不同的消费习惯，构成了许多不同的消费需求。如广州人讲究吃的消费习惯使当地聚集了诸多名菜、美食，各酒家的烹调工艺精美，采用的原料、辅料考究，飞禽、走兽、鱼虾经大师制作，皆成美味佳肴，并且酒家、小食店网点密、品种多，十分方便，因此也就有了“吃在广州”的美名。

（3）人际因素。

任何消费者都不可能孤立地存在，都会或深或浅地与他人发生联系，产生交流，互相影响。表现在消费需要上也是这样，当他觉得别人的消费习惯、方式比自己先进、优越时，就可能吸收和采纳，逐步变成自己的消费需要。如果一个消费者的同事和邻居都装上了空调，这一事实本身就会刺激他对空调的需要。这种影响可以发生在个人、家庭、民族，甚至各个国家之间。如在少数民族与汉族杂居地区，很多少数民族长期以来受汉族影响，消费习惯、消费方式已逐步向汉族靠拢，连日常着装都普遍穿汉族服装。

（4）宗教因素。

由于宗教信仰和所属民族不同，消费者的需要在婚丧、服饰、饮食、居住、节日、礼仪等物质和文化生活上各有自己的特点，这些都影响着他们消费需求的形成。据统计，目前在世界上有60%的人信仰宗教，我国信仰宗教的人数在总人口中比例不高，但绝对数比较大。由于宗教的教义、宗教的节日有种种规定，极大地制约着教徒的消费心理和习惯。还有些不信教的人，生活在教徒周围，也会受到一些影响。据说，中国的豆制品、面筋制品及素食烹调技术的发展与佛教徒主张吃素的饮食习惯有关。

（5）家庭因素。

家庭是一个消费单位。中国的家庭里，家庭成员之间尊老爱幼、团结和睦，在平等关系的基础上养育子女和侍奉双亲。家庭主持人购买消费品考虑全家成员的需要，家庭各成员之间在生活消费上相互依存的关系比较明显。由于这些原因，家庭的经济状况及家庭人口的多少都直接制约着消费者的需求水平和需求结构。刚刚结婚的两口之家和正在抚育婴儿的家庭，对商品的需求就可能很不一样，前者可能在文化娱乐、家用电器等方面消费多一些，后者对婴儿食品、婴儿服装等方面需要大一些。

（二）消费者需要的发展趋势

1. 消费需要结构趋向高级化

随着人均收入和消费水平的提高，消费者的需求结构将逐步趋于高级化。这一趋向在处于高速增长阶段的发展中国家表现得尤为突出。今后一段时间，城镇居民消费需求将从小康走向更宽裕的过渡时期，人们的消费观念、方式、内容及消费品市场供求关系都将发生重大变化。衣食等一般性消费在总消费中的比重将进一步下降，住、行、通信、教育、旅游等服务及享受类消费将大幅度增加。而且，随着世界经济贸易的增加和各国文化间相互渗透，国内消费的国际化趋势开始显现。

2. 高情感消费需要与感性消费趋向

随着经济活动的高度市场化和高科技浪潮的迅猛发展，引起了人们生活方式的剧烈变化。快节奏、高竞争、高紧张度取代了平缓、稳定、闲散的工作方式；互联网的普及，拉近了人们之间的距离，“地球村”的味道越来越浓厚。与全新的生活方式相对应，人的情感需要也日趋强烈。正如美国著名未来学家奈斯比特所说：“每当一种新技术被引进社会，人类必然产生一种要加以平衡的反应，也就是说产生一种高情感，否则新技术就会遭到排斥。技术越高，情感反应也就越强烈。”作为与高技术相抗衡的高情感需要，在消费领域中直接表现为消费者的感性消费趋向。

3. 消费与生活方式相统一的趋向

所谓生活方式，是指人们为满足生存和发展需要而进行的全部活动的总体模式和基本特征。由于人们的心理和行为活动是十分复杂的，社会联系和关系也是多方面的，所以，人们的生活方式必然是多方面、多层次的。具体包括劳动生活方式、消费活动方式、家庭生活方式、社会交往生活方式、文化生活方式、闲暇生活方式等。其中，消费生活方式不仅是生活方式总系统的重要组成部分，而且与其他生活方式分系统有着密切的联系。

当前，人们在充分享受高度发达的物质文明所带来的高层次物质享受的同时，逐渐意识到高消费并不意味着生活的快乐和幸福。因为，人的需要是社会性的，其快乐源于多个方面，仅靠物质享受难以使人得到真正的满足。因此，消费和人的幸福之间并不直接相关。决定生活快乐的最主要因素是对家庭生活的满足，其次是有满意的工作，能自由自在地发挥才干和建立融洽的友谊关系。基于这样的认识，现代消费者越来越倾向于把消费与生活方式的其他方面统一、协调起来，从整体上把握、评价生活方式，注重提高生活方式的整体质量。

4. 消费与环境保护一体化的趋向

这一趋势是指消费者要求自身的消费活动要有利于保护人类赖以生存的自然环境，维护生态平衡，养活和避免对自然资源的过度消耗与消费，实现永续消费。在可持续发展观越来越深入人心的背景下，现代消费者的环保意识日益增强。各国消费者开始认识到，地球的资源是有限的，过度消费留下的不仅仅是成堆的垃圾、对环境的破坏，还将导致人类的自我毁灭。为此，不同国家的消费者把保护自然资源和生态环境视为已任，将消费与生存环境及社会经济发展联系起来，自觉地把个人消费需求和消费行为纳入环境保护的规范之中，“绿色消费”观念开始深入人心。

5. 生活共感、共创、共生型消费趋向

在更加注重和追求精神消费的过程中，现代及未来的消费者将不再把消费视为一种对商品或服务的纯消耗活动，也不再安于被动地接受企业经营者单方面的诱导和操纵，从生产厂商设计和提供的有限种类、式样中选购商品，而是要求作为参与者，与企业一起按照消费者的新的生活意识和消费需求，开发能与他们产生共鸣的“生活共感性”商品，开拓与消费者一起创造新的生活价值观和生活方式的“生活共创型”市场。在这一过程中，消费者将充分发挥自身的想象力和创造性，积极主动地参与商品的设计、制作和再加工，包括精神产品和物质产品，通过创造性消费来展示独特的修改，体现自身价值，获得更大的成就感和满足感。

总之，随着时代的发展和社会环境的变化，现代消费者的需求结构、内容和性质也在不断发展变化。只有及时分析了解消费者需要的变化动态和趋向，才能从整体上把握消费者心理与行为发展的基本趋势。

任务 2　掌控消费者的购买动机

案例导入

旅游九重天

网络上有人将旅游的境界分为以下九重：

第一重：奔有名的景点、大城市，如北京八达岭长城或巴黎凡尔赛宫。

第二重：奔略微偏僻的一些小地方，但交通便利，如周庄。

第三重：奔自然风景、山山水水，如武夷山。

第四重：奔边远地区，如西藏、新疆。

第五重：徒步穿越或骑自行车长途穿越，超过1 000千米以上者。

第六重：洲际环游，如穿越非洲、南北美。

第七重：花费2 000万美元上太空。

第八重：文化底蕴深厚时，融入当地生活。

第九重：坐家中，执《鹿鼎记》，阅之甚欢，乃忘所在。

资料来源：http：//www. docin. com/p-361411510. html，2017-06-25.

问题与思考：如何从动机的角度理解旅游者的“旅游九重天”？

知识探究

人们因为需要而去购买，但是为什么在众多的同类商品中选择其中某一个商品呢？即使购买了同一种商品的顾客，他们的具体的购买目标会不会有差异？怎样才能让消费者青睐某一产品并满足消费者的心理需求？要想回答这些问题，就必须了解消费者的购买动机。

一、 动机

（一）动机的含义

动机是引起个体活动，维持并促使活动朝向某一目标进行的内部动力。动机是用来解释人为什么有这样或那样的行为的。每个人的行为和活动都是由一定动机所驱使的，也就是说，动机是行为的直接动力，行为是动机的外在表现。

（二）动机的作用

动机在人类行为中起着十分重要的作用，动机在刺激和反应之间提供了清楚而重要的内部环节。动力和方向被认为是动机概念的核心。人类动机是个体活动的动力和方向，它既给人的活动以动力，又对人的活动的方向进行控制，人类的动机可以看作汽车的发动机和方向盘，既提供动力又指引方向。具体地说，人类动机对活动具有引发、指引和激励的功能。

1. 引发功能

动机对活动具有引发功能。人类的各种各样的活动总是由一定的动机所引起的，没有动机也就没有活动。动机是活动的原动力，它对活动起着始动作用。

2. 指引功能

动机像指南针一样指引着活动的方向，它使活动具有一定的方向，朝着预定的目标前进。

3. 激励功能

动机对活动具有维持和加强作用，强化活动以达到目的。不同性质和强度的动机，对活动的激励作用是不同的。高尚的动机比低级的动机更具有激励作用，动机强化比动机弱化具有更大的激励作用。

资料链接

赌钱的动机

契诃夫在小说《儿童》里有这样一个情节：“爸爸、妈妈、娜嘉姑姑都不在家。葛里夏、阿尼雅、阿辽夏、索尼雅和厨娘的儿子安德烈在赌钱，赌注是一个戈比。葛里夏的脸上充满了兴奋，他打牌完全是为了钱。阿尼雅也想赢，钱倒不是问题，关键是面子问题。索尼雅是为了玩牌而玩牌，纯属为了消磨时间。阿辽夏与其说是为了玩儿，不如说是为了看人家吵架，有人吵架他就高兴。安德烈是为了那牌上的数字。”

二、 购买动机

（一）购买动机的含义

购买动机是直接驱使消费者实行某种购买活动的一种内部动力，反映了消费者在心理、精神和感情上的需求，实质上是消费者为达到需求采取购买行为的推动力。

消费者动机理论要研究的中心问题，是消费者行为中的“为什么”问题。例如，消费者为什么需求某种商品或劳务？为什么从多种商品中选购了某种品牌的商品？为什么消费者对商品广告有截然不同的态度？为什么消费者经常惠顾某些零售商店？等等。回答消费者行为的“为什么”的问题，是最重要、最中心的问题，也是最难理解、最难以调查的。这个问题解决了，消费者动机的根源就找到了。同时，对消费者行为现象的解释和说明也就有了坚实的基础。

消费者购买动机的研究，主要围绕三方面问题而展开：第一，消费者被激发的个人内在能量问题，也就是消费者的个人内在能量、行为的源泉是怎样产生的。第二，消费者反应的目标定向问题，也就是消费者从许多具有不同性质的行为中选择什么。第三，消费者行为系统定向问题，也就是消费者的行为是怎样维持的。

（二）购买动机的特点

1. 迫切性

购买动机的迫切性是由消费者的高强度需求引起的。如有人对骑自行车本身不感兴趣，但搬到新家后，上班远了，乘车又不方便，看到邻居骑车上下班很方便，就会产生迫切需要一辆自行车的想法。

2. 内隐性

购买动机的内隐性是指消费者出于某种原因而不愿让别人知道自己真正的购买动机的心理特点。如过去在某些尚未用上电的农村，一些姑娘结婚时，非要让男方买电视机，美其名曰以后使用，实质上其真正的购买动机可能是为了显示自己的身价及富有程度，满足自己的虚荣心。

3. 可变性

在消费者的诸多消费需求中，往往只有一种需求占主导地位（即优势消费需求），同时还具有许多辅助的需求。占主导地位的消费需求将会产生主导动机，辅助性的需求将会引起辅助性动机。主导性的动机能引起优先购买行为。一旦消费者的优先购买行为实现，优势消费需求得到满足，或者消费者在购买决策过程或购买过程中出现新的刺激，原来的辅助性购买动机便可能转化为主导性的购买动机。

4. 模糊性

有关的研究表明，引起消费者购买活动的动机有几百种，其中最普遍的是多种动机的组合作用。有些是消费者意识到的动机，有些则处于潜意识状态。这往往表现在一些消费者自己也不清楚自己购买某种商品到底是为了什么。这主要是由人们动机的复杂性、多层次和多变性等造成的。

5. 矛盾性

当个体同时存在两种以上消费需求，且两种需求互相抵触、不可兼得时，内心就会出现矛盾。这里人们常常采用“两利相权取其重，两害相权取其轻”的原则来解决矛盾。只有当消费者面临两个同时具有吸引力或排斥力的需求目标而又必须选择其一时，才会产生遗憾的感觉。

（三）购买动机的类型

消费者的购买动机是复杂多样的。从大的方面来看，有生理性购买动机和心理性购买动机。生理性购买动机是由先天的、生理的因素所引起的，为满足、维持、保持、延续和发展生命等需要而产生的各种购买动机；心理性购买动机主要是由后天的社会性或精神需要所引起的为满足维持社会生活，进行社会生产和社会交际，在社会实践中实现自身价值等需要而产生的各种购买动机。但是可以说，在人的购买行为中，往往既有生理性购买动机又有心理性购买动机，二者相互交织在一起，这就需要更具体地加以研究。具体说来，消费者的购买动机主要有：

1. 求实动机

这是以注重商品或服务的实际使用价值为主要目的的购买动机。消费者在购买商品或服务时，特别重视商品的实际效用、功能质量，讲求经济实惠、经久耐用，而对商品的外观造型、色彩、商标、包装等不大重视。一般而言，消费者在购买基本生活资料、日用品的时候，求实动机比较突出；而在购买享受资料、较高档次的和价值大的消费品时，求实动机不太突出。

2. 求新动机

这是以注重商品的新颖、奇特和时尚为主要目的的购买动机。消费者在购买商品时，特别重视商品的外观、造型、式样、色彩和包装等，追求新奇、时髦和与众不同。在购买时受广告宣传、社会环境和潮流导向影响很大。具有这种购买动机的消费者一般来说观念更新较快，容易接受新思想、新观念，追求新的生活方式。

3. 求美动机

这是以注重商品的欣赏价值和艺术价值为主要目的的购买动机。消费者购买商品时特别重视商品对人体的美化作用、对环境的装饰作用、对其身体的表现作用和对人的精神生活的陶冶作用，追求商品的美感带来的心理享受。购买时受商品的造型、色彩、款式和艺术欣赏价值的影响较大，强调感受，而对商品本身的实用性要求不高。这样的消费者往往文化素质和生活品位较高。

4. 求廉动机

这是以注重商品价格低廉，希望付出较少的货币而获得较多的物质利益为主要特征的购买动机。价格敏感是这类消费者的最大特点。在购买时不大看重商品的外观造型等，而是受处理价、优惠价、大特价、清仓价、“跳楼价”等的影响较大。一般而言，这类消费者收入较低或者经济负担较重，有时也受对商品的认识和价值观的影响。

5. 求名动机

这是一种以追求名牌商品或仰慕某种传统的名望为主要特征的购买动机。消费者对商品的商标、商店的名气等特别重视，喜欢购买名牌产品。在购买时受商品的知名度和广告宣传等影响较大。一般而言，青年人、收入水平较高的人常常具有这种购买动机。

6. 显耀动机

这是一种以显示地位、身份和财富为主要目的的购买动机。消费者在购买商品或从事消费活动时，不太重视消费支出的实际效用，而格外重视由此表现出来的社会象征意义，通过购买或消费行为体现出有身份、权威或名流的形象。

7. 求同动机

这是一种以求得大众认可为主要特征的购买动机，也叫从众动机。消费者在购买商品时以大众化为主，跟上潮流即可，人有我有，不求创新，也不要落后。这类消费者在购买时受购买环境和别人的经验、介绍推荐影响较大。

8. 求便动机

这是一种以方便购买、便于使用维护为主的购买动机。在购买价值不高的日用品时，消费者常常具有这种购买动机。

9. 偏爱动机

这是一种以偏爱购买某种商品、某个商标和某个企业的商品为主的购买动机，也称为惠顾动机。消费者由于经常使用某类商品的某一种，渐渐产生了感情，对这种商品、这个商标的商品或这个企业的商品产生了偏爱，经常指名购买。企业注重服务，善于树立产品形象和企业形象往往有助于培养、建立消费者的偏爱动机。

三、诱导消费者的购买动机

激发并诱导消费者的购买动机，就是要调动消费者购买的积极性，刺激消费者的兴趣与需要，促使潜在消费者积极地参与到购买活动中去。

（一）购买动机的可诱导性

购买动机的可诱导性是指营销人员针对消费者购买主导动机的指向，运用各种方法和手段，向消费者提供有关商品的信息资料，对商品进行说明，使消费者购买动机得到强化，对该商品产生喜欢的倾向，进而采取购买行为。

（二）诱导的方式

如何对消费者的购买动机进行诱导，进而影响其购买行为呢？一般而言，要围绕着影响消费者购买的环境因素进行诱导，也要根据影响购买行为的主要动机类型进行诱导。

1. 品牌强化诱导

消费者对于购买某种物品已经做出了决定，但是挑选哪个品牌好心里没底，在购买现场会表现为这个品牌的情况问一问、那个品牌的说明书也拿来看一看，可还是下不了决心。此时运用品牌强化诱导方式，售货员可以突出介绍一个品牌，详细说明它的好处，以及其他消费者对这个品牌的认识、感受，就可以促进消费者的购买。而如果这个品牌介绍一下、那个品牌也介绍一下，最后，消费者还是不知选哪一个好。

2. 特点补充诱导

当消费者对选择某一品牌已有了信念，但是对其产品的优缺点还不能一时做出判断时，采用特点补充诱导方式，在消费者重视的属性之外，再补充说明其他一些性能特点，可以通过品牌之间的比较进行分析，帮助消费者进行决策，比如消费者在购买冰箱时，重视外观的好看与否、容量的大小、噪声的高低，但在对这些因素进行了比较之后还不能决定时，可以提示消费者××牌的冰箱环保性能优越、可以左右开门、方便在不同地点使用等来补充产品的优点，刺激其购买。

3. 利益追加诱导

消费者对产品带给他的利益是感性的、有限的，这就使得消费者对商品的评价具有局限性，此时应利用利益追加诱导方式，增加消费者对某一品牌、某一品种商品的认识，提高感知价值。还以冰箱为例，某消费者已对某品牌三门冰箱表示了浓厚兴趣，对于品牌、容量都比较满意，但是对于中间的门的作用认识不足，这时厂家推销员介绍：中间的门里面有个温度控制开关可以把温度调高，扩充冷藏室的容积（空间），也可以把温度调低，扩充冷冻室的容积（空间），可以随您的需要进行调整。还有一个更重要的作用，一般而言冷冻室温度过低，把生肉等食物放进去以后会迅速冷冻，使得味道变差一些，但可以保存较长时间，中间的门里放进熟食、熟肉，两三天内食用绝对不会改变味道，又不用拿出来化冻，可以作为熟食的专用柜。这个消费者一听，马上就下定了购买的决心。

4. 观念转换诱导

消费者对某一品牌的印象不深，往往是由于这个品牌的商品在消费者认为比较重要的属性方面还不突出，不具有优势。此时可以采用观念（信念）转换诱导方式，改变消费者对商品的信念组合，这也是心理再定位的方法。比如购买冰箱时，消费者把质量放在第一位，价格放在第二位，容量放在第三位，××牌的冰箱价格高而容量大，使得顾客在购买时难以下决心。如果此时告诉消费者，容量比价格更重要，容量选择过小以后要改变就很难了。这样就会改变消费者对该冰箱价格高而容量大的不好的看法，认为容量大比较适合需要，进而对价格也就不那么敏感了。

5. 证据提供诱导

有时消费者对于选择什么样的商品、选择什么品牌的商品已确定了，但是还没有把握，担心有风险而犹豫不决。此时运用证据提供诱导方式，告诉消费者什么人买了、有多少人买了这种商品，强化从众购买动机，消除消费者的顾虑，也可以促成购买行为的产生。有效的诱导，除了方式方法之外，还要掌握好时机。一个人说话的内容不论如何精彩，如果时机掌握不好，也无法达到应有的效果。因为听者的内心往往随着时间的变化而变化，要对方听你的话或接受你的观点、建议，都要把握住适当的时机。

要想使诱导取得成功，还要注意克服一些不利因素的影响。比如消费者对推销员、售货员的不信任，会造成对产品的不信任，对介绍内容的不信任；销售现场的环境也会影响诱导的效果。

任务3　探索消费者的购买决策

案例导入

喜欢就会买吗?

1985年，可口可乐公司宣布已有99年历史的可口可乐配方被封存于银行的保险柜中，而以新的可口可乐配方取而代之。这一消息使美国消费者大为震惊。虽然市场调查表明这种比以前更甜一点的新可口可乐比百事可乐更受欢迎，但老可口可乐的拥护者们并不买账。他们抱怨“一个伟大的美国传统遗失”，甚至有人制定计划、组织行动来反抗可口可乐公司。结果可口可乐公司不得不放弃花了400万美元辛辛苦苦研制出来的新配方，重新启用原来的老配方。

由此，可口可乐公司“买”到了一个昂贵的教训。虽然消费者在蒙眼测试中更喜欢新可乐的味道，但成千上万的消费者对老可乐有着很强的“情感投入”，他们中的很多人就是喝着可口可乐长大的，可乐已经成为他们过去的一部分，他们说：“你们没有权利这样做，把它拿回来!”

资料来源：刘志友，聂旭日．消费心理学．大连：大连理工大学出版社，2007：67.

问题与思考：消费者为什么没能接受口味上具有优势的新可乐?

知识探究

了解了消费者的需要和购买动机之后，还要弄清消费者购买决策的过程，才能了解消费者购买心理的全过程，从而采取相应的营销措施。

一、 消费者购买决策的含义与特点

(一) 消费者购买决策的含义

消费者购买决策是指消费者为了满足某种需求，在一定的购买动机的支配下，在可供选择的两个或者两个以上的购买方案中，经过分析、评价、选择并且实施最佳的购买方案，以及购后评价的活动过程。它是一个系统的决策活动过程，包括需求的确定、购买动机的形成、购买方案的抉择和实施、购后评价等环节。

从消费者购买决策的含义可以看出，消费者的购买决策决定其购买行为是否发生，规定了购买的方式、时间和地点，同时决定了消费者对购买行为的满意程度。因此，消费者的购买决策在消费者的整个购买行为中占有重要的地位，起着支配和决定其他环节的作用。

(二) 消费者购买决策的特点

1. 目的性

消费者进行决策，就是要促进一个或若干个消费目标的实现，这本身就带有目的性。在决策过程中，要围绕目标进行筹划、选择、安排，就是实现活动的目的性。

2. 过程性

消费者购买决策是指消费者在受到内、外部因素刺激，产生需求，形成购买动机，抉择和实施购买方案，购后经验又会反馈回去影响下一次的消费者购买决策，从而形成一个完整的循环过程。

3. 需求个性

购买商品行为是消费者主观需求、意愿的外在体现，受许多客观因素的影响。除集体消费之外，个体消费者的购买决策一般都是由消费者个人单独进行的。随着消费者支付水平的提高，购买行为中独立决策特点将越来越明显。

4. 复杂性

心理活动和购买决策过程有复杂性。决策是人大脑复杂思维活动的产物。消费者在做决策时不仅要开展感觉、知觉、注意、记忆等一系列心理活动，还必须进行分析、推理、判断等一系列思维活动，并且要计算费用支出与可能带来的各种利益。因此，消费者的购买决策过程一般是比较复杂的。

5. 情景性

影响决策的各种因素不是一成不变的，而是随着时间、地点、环境的变化不断发生变化。因此，同一个消费者的消费决策具有明显的情景性，其具体决策方式因所处情景不同而不同。由于不同消费者的收入水平、购买传统、消费心理、家庭环境等影响因素存在着差异性，所以，不同的消费者对于同一种商品的购买决策也可能存在着差异。

二、 消费者购买决策的内容

（一）购买主体（who）

即购买者，是执行购买决策、从事购买行为的人。购买主体根据年龄、性别、职业、收入等不同划分为不同的类型。

（二）购买原因（why）

即购买动机，也就是为什么购买商品的决策问题，消费者购买商品的原因，反映了消费者的需要和动机。

（三）购买目标（what）

即购买对象，也就是买什么的决策问题，这是决策的核心问题。消费购买某种商品的决策，一方面受到该商品自身特性如型号、款式、包装等因素的影响，另一方面也受到市场行情、价格服务等方面的影响，同时还受消费者个人购买能力、个性特征等因素的影响。

（四）购买地点（where）

也就是决定去什么地点购买的问题。购买地点是由多种因素决定的，如路途远近、可挑选的品种数量、价格及服务等，同时还受到消费者的购买动机的影响，如求实动机、求廉动机、求便动机等。

（五）购买时间（when）

也就是决定什么时候购买的问题。决定购买的时间一般与消费者需要的紧迫程度、生活习惯、个性特点、空闲时间等有关，也同商品的存货状况、商品的季节性及营业时间有关。

（六）购买方式（how）

也就是决定如何购买的问题，是消费者取得商品的途径。购买方式包括：到店选购、邮购、代购；使用现金支付还是信用卡支付；一次性付款还是分期付款，等等。选择何种购买方式取决于消费者的购买目的、购买商品、购买地点和购买时间等因素。

三、 消费购买决策的原则

（一）最大满意原则

就一般意义而言，消费者总是力求通过决策方案的选择、实施，取得最大效用，使某方面需要得到最大限度的满足。按照这一指导思想进行决策，即最大满意原则。遵照最大满意原则，消费者将不惜代价追求决策方案和效果的尽善尽美，直至达到目标。最大满意原则只是一种理想化原则，现实中人们往往以其他原则补充或代替之。

（二）相对满意原则

该原则认为，当今社会，消费者面对多种多样的商品和瞬息万变的市场信息，不可能花费大量时间、金钱和精力去搜集制定最佳决策所需的全部信息，即使有可能，与所付代价相比也绝无必要。因此，在制定购买决策时，消费者只需做出相对合理的选择，达到相对满意即可。贯彻相对满意原则的关键是以较小的代价取得较大的效用。

（三）遗憾最小原则

若以最大或相对满意作为正向决策原则，遗憾最小原则立足于逆向决策。由于任何决策方案的后果都不可能达到绝对满意，都存在不同程度的遗憾，所以消费者通常要估计各种方案可能产生的不良后果，比较其严重程度，从中选择情形最轻微的作为最终方案。

（四）预期满意原则

有些消费者在进行购买决策之前，已经预先形成对商品价格、质量、款式等方面的心理预期。消费者在对备选方案进行比较选择时，与个人的心理预期进行比较，从中选择与预期标准吻合度最高的作为最终决策方案，这时他运用的就是预期满意原则。

四、 消费者购买决策的过程

消费者购买决策的过程是消费者购买动机转化为购买产品或服务的过程。一般认为，消费者的购买决策过程包括五个环节：认识需要、搜寻信息、评价方案、购买决策、购后评价。

（一）认识需要

消费者认识到自己有某种需要时，是其决策过程的开始，这种需要可能是由内在的生理活动引起的，也可能是受到外界的某种刺激引起的。因此，营销者应注意不失时机地采取适当措施，唤起和强化消费者的需要。

（二）搜寻信息

消费者在购买决策之前主要收集以下一些信息：产品或服务的内容及价格、购买方式、购买时间、购买地点、产品保证等一系列问题。一般来说，信息来源主要有四个方面：

（1）个人来源，如家庭、亲友、邻居、同事等，这类信息来源影响较大。

（2）商业来源，如广告、销售人员、分销商、商品陈列等途径获得的信息，这类信息来源广泛、信息量大。

（3）大众来源，如大众传播媒体、消费者组织等，这类信息往往具有导向作用，并和树立品牌有关。

（4）经验来源，如操作、实验和使用产品的经验等，这类信息比较直接可靠。

（三）评价方案

消费者得到的各种有关信息可能是重复的，甚至是互相矛盾的，因此还要进行分析、评估和选择，这是决策过程中的决定性环节。在消费者的评估选择过程中，有以下几点值得营销者注意：

（1）产品性能是购买者所考虑的首要问题；

（2）不同消费者对产品的各种性能给予的重视程度不同，或评估标准不同；

（3）多数消费者的评选过程是将实际产品同自己理想中的产品相比较。

（四）购买决策

消费者对商品信息进行比较和评选后，已形成购买意愿，然而从购买意图到决定购买之间，还要受到两个因素的影响：

（1）他人的态度：反对态度愈强烈，或持反对态度者与购买者关系愈密切，修改购买意图的可能性就愈大；

（2）意外的情况：如果发生了意外的情况，如失业、急需、涨价等，则很可能改变购买意图。

（五）购后评价

消费者做出购买决策之后，即进入购买过程和商品消费阶段，同时进入购后评价过程。

消费者会通过自己的使用及他人的评价，对其购买决策进行检验，形成购后感受。评价的内容主要包括购后的满意程度和购后的活动。消费者购后的满意程度取决于消费者对产品的预期性能与产品使用中的实际性能之间的对比。购买后的满意程度决定了消费者的购后活动，决定了消费者是否重复购买该产品，决定了消费者对该品牌的态度，并且还会影响到其他消费者，形成连锁效应。

消费者购买决策过程的五个环节是环环相扣的，在实际的购买活动中，并不是每一个被认知的需要都会转化为购买行动，实际是在每一个购买决策的阶段消费者都有可能放弃购买，造成购买决策过程的提前终止。同时，由于商品的特点、用途及购买方式的不同，决策的难易程度不同，也并不是所有购买决策都必须经过完整的五个阶段。

项目小结

需要是个体感到某种缺乏而力求获得满足的心理倾向，它是有机体自身和外部生活条件的要求在头脑中的反映，是人们与生俱来的基本要求。人的需要是多种多样的，从不同的角度理解就会有不同的类型。马斯洛把人的多种多样的需要归纳为五大类，即生理的需要、安全的需要、归属与爱的需要、尊重的需要、自我实现的需要。消费者需要，是指消费者生理和心理上的匮乏状态，即感到缺少些什么，从而想获得它们的状态。消费者需要具有多样性与差异性、层次性与发展性、可变性与可诱导性、伸缩性与周期性、互补性与互替性等特点。消费者需要包括：对商品使用价值的需要、对商品社会象征性的需要、对高质量服务的需要、对商品审美及时代性的需要等内容。消费者个体因素如年龄、性别、文化、职业、收入，以及客观外界因素如社会、地区、人际、宗教、家庭等影响着消费者的需要。

动机是引起个体活动，维持并促使活动朝向某一目标进行的内部动力。动机对活动具有引发、指引和激励的功能。购买动机是直接驱使消费者实行某种购买活动的一种内部动力，反映了消费者在心理、精神和感情上的需求，实质上是消费者为达到需求采取购买行为的推动者。购买动机具有迫切性、内隐性、可变性、模糊性、矛盾性等特点。消费者的购买动机是复杂多样的，既有生理性购买动机也有心理性购买动机，还包括各种各样的具体动机。购买动机具有可诱导性，可以通过品牌强化诱导、特点补充诱导、利益追加诱导、观念转换诱导、证据提供诱导。

消费者的购买决策就是为了实现购买目标，对购买最佳方案做出决定的过程。消费者需要对为什么买、买什么、买多少、在哪买、何时买、如何买等问题进行决策，而且会遵循一定的原则进行决策。消费者购买决策的过程包括认识需要、搜寻信息、评价方案、购买决策、购后评价五个环节。

实训练习

一、选择题

1. 按需要的起源划分，可以分为（　　）。

A. 自然需要　　B. 物质需要　　C. 现实需要　　D. 潜在需要

2. 消费者会遵循（　　）原则进行决策。

A. 最大满意原则　　B. 相对满意原则　　C. 遗憾最小原则　　D. 预期满意原则

3. 购买动机具有（　　）等特点。

A. 迫切性　　B. 内隐性　　C. 可变性　　D. 模糊性

E. 矛盾性

二、实训

以最近或印象比较深刻的一次购买活动为例，详细分析消费者购买决策的过程。

项目四 了解社会因素对消费心理的影响

问题引入

菲利普·科特勒在《营销管理》中提到："一个美国人需要食品，想要得到一个汉堡；需要衣服，想要得到一件皮尔卡丹上装；需要被人尊重，则会购买一辆奔驰汽车。而在另一个社会中，这些需要可用不同方式来满足：巴厘人用芒果充饥，在腰上缠布来满足他们的衣着需要，用贝壳项圈来满足他们被人尊重的需要。"

请同学们思考：为什么不同社会的人满足同一种需要会有不同的方式？

学生讨论、回答问题，教师点评。

学习目标

知识目标：了解政治因素、经济因素、文化因素对消费者心理产生的影响；掌握消费习俗的特点、种类及对消费心理的影响；掌握消费流行的含义、类型、方式；理解消费流行的阶段，掌握消费流行与消费心理的相互作用。

能力目标：能够根据所学内容分析消费习俗对消费者心理的影响，能够对消费流行现象进行心理分析。

任务1 明确社会因素对消费心理的影响

案例导入

数字也疯狂

世界各地的人们对数字有着不同的认识和讲究，例如日本人不喜欢数字4，西方人不喜欢数字13。在我国香港地区，人们最讲究吉利的数字，从1到9，吉利的数字有4个，其中以8最为吃香，8即"发"，是发财致富的吉兆，自然格外得宠，其余的吉利数字为9（意为"久"）、6（意为"禄"和"溜"）、7（意为"得"）。而这些数字经过不同的排列组合之后，意义便会千变万化，香港人从中生出千奇百怪的喜怒哀乐来。

加拿大航空公司看中了香港作为国际金融贸易中心的经济地位，专门开辟了到香港的远东航线，并拨出两架巨型客机专飞香港。但在航线开通之后，却发现香港乘客一直不予理睬。经当地人指点后才如梦方醒，原来问题竟然出在两架飞机的编号上：一架编号为“858”，粤语为“发唔发”，即“发财吗？不发”；另一架编号为“859”，粤语为“发唔久”，即“发财吗？发不久”。病因找到，洋老板也只好入乡随俗，两架客机立即改号，一架编号改为“888”，即“发发发”；另一架编号则改为“889”，即“发发久”。自此之后，加拿大航空公司生意顿见红火，出现了争先恐后抢订机票的局面。由此可见，消费习俗在市场营销中起着十分重要的作用。

资料来源：柳欣，李海莹．消费心理学．辽宁：大连理工大学出版社，2015：50.

问题与思考：为什么不同国家和地区的人们对相同的数字有着不同的理解？在营销活动中，针对消费习俗企业应该注意哪些问题？

知识探究

社会是由具有共同物质条件而互相联系的人群组成的。人们出于不同的目的在各种活动过程中相互交往，产生政治的、经济的、文化的联系和错综复杂的社会关系。由此构成社会的文化性格，而这种文化性格又通过生活在社会中的人的行为来体现。可以说人的整合构架了社会及其文化性格，而社会又反过来影响和约束着社会中人及人群的行为和心理。社会因素具体包括政治因素、经济因素、文化因素等。

一、 政治因素与消费心理

政治因素是指影响消费心理的政治形势和状况，以及国家方针政策的变化对消费心理带来的或可能带来的影响。政治因素是影响消费心理的基础性因素，良好的政治环境是消费者正常消费的前提，也是消费信心的保障。

（一）政治局势

政治局势是指企业营销所处的国家或地区的政治稳定状况。一个国家的政局稳定与否，会给消费者带来重大的影响。如果政局稳定，人们安居乐业，会使消费者的心里踏实，为消费行为创造良好的环境；相反，如果政局不稳，社会动荡，秩序混乱，会影响经济发展和市场的稳定，这种政局的不稳定会给消费者带来极大的不安，丧失消费信心，从而抑制消费行为。

（二）方针政策

各个国家在不同时期，根据不同需要会颁布一些有关经济发展的方针政策，这些方针政策会对消费者的心理取向、消费信心产生直接或间接的影响。例如扩大内需政策是政府通过财政政策，调整国民收入的分配和再分配、调节货币的投放和利率水平等作用于消费者，从而间接地引导消费者的心理意识。这种影响包括：有利于增加消费者的消费信心；促进消费者传统消费观的改变，形成新的消费观念和消费方式。

（三）社会保障制度

我国的社会保障制度处于新旧交替阶段，消费者对各项新的保障政策、保障制度心存疑虑。预期支出即未来购买住房、用于医疗保健的支出，以及子女目前和未来的教育支出的大幅度增加，加剧了人们对未来支出预期的不确定性。

二、　经济因素与消费心理

经济因素包括经济发展状况、收入水平、消费结构等。

（一）经济发展状况

消费心理受到一个国家或地区的整个经济发展水平的影响，它从总体上制约着消费心理活动的范围。不同的经济发展水平直接影响着消费品的供应数量和质量，形成不同的生活环境，在此基础上的消费心理也不同。经济发展水平高的国家和地区的消费者，强调产品的款式、性能和特色；经济发展水平较低的国家和地区的消费者，注重的则是产品的功能和实用性。

随着我国GDP的迅速增长、经济发展水平的不断提高，人们的生活水平也不断提高，消费心理和消费结构层次也不断发生变化。具体而言，我国经济持续快速的发展对消费者心理的影响主要表现在以下几个方面：

1. 消费观念和消费模式的变革

科学技术迅速推广，新产品更新换代速度大大加快，从而引发了消费方式和消费内容的不断更新，使得人们的消费层次、消费观念都得到了发展。

2. 个性化消费突出

个性化消费是指由于消费者收入水平和知识水平的提高、商品与服务的日益丰富而使得消费者的行为更加成熟，消费需求更加复杂，消费心理更加稳定；消费者购买商品不再只是满足对物质的需求，而主要是看重商品的个性特征，希望通过购物来展示自我，达到精神上的满足。个性化消费时代的到来要求企业的经营原则必须与之相适应。企业要从大批量生产制式产品走向大规模定制产品；手工操作走向衰退，智能化手段日益兴起；企业的各生产经营要素要适应个性化消费。

3. 电子商务正在改变人们的消费方式

移动互联网的快速发展，使得电子商务这一概念不再“高大上”，而是老百姓口中的日常用语了。电子商务成了时下经济生活中一个不可绕开的话题，也正在改变着人们的生活消费方式。电子商务对消费者生活消费方式的影响主要表现在：信息获取方式的改变、购物方式的改变、教育方式的改变、休闲娱乐方式的改变等方面。

4. 对绿色及公共产品的需求增加

随着社会发展和科学技术进步，人们对生活质量的要求越来越高，同时也越来越关注食品安全、资源消耗等问题，使生态消费逐渐成为一种消费趋势。消费观念和行为正在发生转变，在个人消费方面，环保产品和绿色产品越来越成为消费者首选的对象。除此之外，人们对公共产品的消费需求也越来越大。

资料链接

金融危机对我国消费者的心理影响

席卷全球的金融危机，给包括中国在内的世界经济带来严重影响，人们的消费心理和行为也在悄然发生变化。对于我国消费者来说，金融危机造成的消费影响主要表现在：

中国人传统的“节俭”意识被“激活”

大部分中国人习惯在花钱上“量入为出”，可最近十多年，“花明天的钱，办今天的事”成为一些人的追求，于是出现了不少贷款买房、买车的人。但是由于金融危机的到来，人们对未来的收入预期变得不确定，很多人捂紧了钱袋，“价格合理”成为很多人购物的重要砝码，“能省就省”也自然成为一些人的“口头禅”，中国人传统的“节俭”意识被重新“激活”。

对价格的偏好有所改变，经济及心理压力增加

消费者在经济压力下对价格的偏好主要表现在两个方面：首先，消费者价格的敏感性提高。消费者在购买决策前会以价格为基础，同时比较产品的功效、性能、耐用性等因素，甚至很多消费者会进行多轮讨价还价后实施购买行为。其次，消费者对促销活动的偏爱增强。由于消费者对商品价格更加敏感，消费者对于促销活动的偏爱也有所增强，诸如抽奖、赠品等促销活动对消费者具有较大吸引力。

消费者对产品形式的关注增强

在经济危机情况下，消费者对于产品形式更为敏感。这种敏感性的增强一方面表现在消费者更倾向于购买单价较便宜的小包装产品；另一方面表现在更倾向于购买本国企业生产的产品。

“宅生活”推动互联网发展

越来越多的人放弃外出机会，是为了省钱，于是，很多人就名副其实地成为“宅女”和“宅男”，开始少出门的生活。相应的，“宅经济”就兴起了，SNS 网站、游戏网站、博客、论坛、网络视频访问量逐渐增加，人们开始将自己关在屋子里享受经济危机下的生活，互联网在这个经济危机背景下迎来前所未有的发展机遇。

资料来源：http：//wenku. baidu. com/view/，2017-05-23.

（二）收入水平

消费者的收入水平是决定消费者购买力的最直接的因素。消费者的收入状况对消费者心理的影响表现为：一方面，当消费者的收入水平越高、越稳定时，消费者的消费欲望随之增长，消费心理随之活跃，他们对生活的稳定感、安全感就越强，在日常生活中，对消费品的购买与选择就越表现为求新、求名、求美的心理欲望。另一方面，当消费者收入水平越低、收入来源越不稳定时，消费者的消费欲望越低，消费心理活动越低沉，对生活的稳定感、安全感也就越淡薄，在日常的生活中，对消费品的购买与选择就越表现为突出的求廉、求实心理。

（三）消费结构

消费结构是在一定的社会经济条件下，人们在消费过程中所消费的各种不同类型的消费资料的比例关系。其有实物和价值两种表现形式。实物形式指人们消费中的各种消费资料及其数量。价值形式指以货币表示的人们消费中的各种不同类型的消费资料的比例关系。在现实生活中具体的表现为各项生活支出。

产业结构的调整引起了人们消费结构的变化。特别是快速发展的服务行业，对消费者心理和行为产生了较大的影响，甚至改变了他们的消费方式。主要变现在：

1. 服务消费的需求增加

随着我国经济的发展、产品的日益丰富、人们收入水平的提高，以及节假日的增加和消费者开放意识的增强，消费者希望享受更高层的生活消费，从而使教育、文化、社交、旅游、娱乐等服务消费量增加。各种文化、技术、教育等智能型服务的消费提高了消费者的科学文化素质；医疗保健、娱乐休闲、旅游、体育等消费提高了消费者的身心素质；家政服务、餐饮服务等让消费者从传统的家务劳动中解脱出来；各类服务网点日益增多、服务设施不断完善又为消费者增加社会服务消费创造了条件。这种相互促进使消费者对各种服务的需求增加，依赖程度越来越大。

2. 更加注重精神消费

在生活节奏不断加快的时代，社会化的服务为消费者实现自我、完善自我提供了时间保证，同时也为他们增强社会活动能力和创造能力提供了条件。劳动时间的缩短、闲暇时间的增多，必然使消费者滋生全面发展的要求，让他们可以在消费中从事自己爱好的活动，进行各种享受和创造活动。

三、 文化因素与消费心理

文化是一个复杂的融合，其中包括知识、信仰、艺术、道德、风俗习惯，以及人作为社会成员一份子所获得的任何观念与习惯。在不同的国家、民族或地区，文化之间的区别要比任何其他生理特征更为深刻，它决定了人们独特的生活方式和行为习惯。总之，文化环境不仅建立了人们日常行为的准则，也形成了消费者态度和购买动机的取向模式。所以，要求企业在营销活动中“入乡随俗”，注意不同国家、不同地区的文化环境对企业经营方式的影响。

（一）文化与亚文化

1. 文化

文化是一种社会现象，它是由人类长期创造形成的产物，同时又是一种历史现象，是人类社会与历史的积淀物。广义文化是指凝结在物质之中又游离于物质之外的，能够被传承的国家或民族的历史、地理、风土人情、传统习俗、生活方式、文学艺术、行为规范、思维方式、价值观念等，它是人类相互之间进行交流的普遍认可的一种能够传承的意识形态，是对客观世界感性上的知识与经验的升华。狭义文化是指社会的意识形态以及与其相适应的文化制度和组织机构。

文化具有以下特征：

（1）精神性。这是文化最基本的特征。所谓精神性是指文化必须是与人类的精神活动有关的，与人类精神活动无关的物质就不能称之为文化，如山河湖泊、天体运行就不属于文化范畴。

（2）社会性。文化具有强烈的社会性，它是人与人之间按一定的规律结成社会关系的产物，是人与人在联系的过程中产生的，是在共同认识、共同生产、互相评价、互相承认中产生的。没有人与人之间的关系就不会有文化。

（3）集合性。这是指文化必须是在一定时期、一定范围内的许多人共同的精神活动、精神行为或它们的物化产品。它是由无数的个体组成的集合，任何个人都无法构成文化。

（4）独特性。文化是构成一个民族、一个组织或一个群体的基本因素。这些民族、组织、群体的差异性就形成了不同的文化。因此文化带有独特性，不可能有两个完全相同的文化存在于两个民族或组织和群体中。

（5）一致性。这是指在一个民族、一个组织或一个群体中，文化有着相对一致的内容，即共同的精神活动、精神性行为和共同的精神物化产品。这种一定时期、一定范围内的相对一致性是构成一种文化的基础。正是有了这种一致性，各种文化才有了它们各自的内涵。

2. 亚文化

亚文化又称集体文化或副文化，指与主文化相对应的那些非主流的、局部的文化现象，指在主文化或综合文化的背景下，属于某一区域或某个集体所特有的观念和生活方式，一种亚文化不仅包含着与主文化相通的价值与观念，也有属于自己的独特的价值与观念[①]。

亚文化是整体文化的一个分支，是由各种社会和自然因素造成的各地区、各群体文化特殊性的方面。如因阶级、阶层、民族、宗教及居住环境的不同，都可以在统一的民族文化之下，形成具有自身特征的群体或地区文化即亚文化。罗伯逊将亚文化分为人种的亚文化、年龄的亚文化、生态学的亚文化等。如年龄亚文化可分为青年文化、老年文化；生态学的亚文化可分为城市文化、郊区文化和乡村文化等。

（二）文化、亚文化与消费心理

1. 我国传统文化与消费心理

中国五千多年的历史形成了中国人独特的传统文化，其基本精神可以概括为“讲究中庸、注重伦理、好面子、重义轻利”，在这种文化背景下繁衍生息的中华民族，其价值观念、消费观念、行为方式等方面也都具有独特性。

（1）中国文化注重家庭伦理关系。

中国文化非常重视伦理关系，即重视人与人的关系，而在人与人的关系中又特别注重家庭伦理关系。相比较而言，西方人则更重视人与神、人与自然、人与物的关系。现在虽然家庭核心化，三世或四世同堂的现象有所减少，但传统的家庭伦理观念仍然保持着，亲子之间的相互依存关系很明显。中国人的家庭往往就是一个消费单位，个人的消费行为常常与整个家庭的行为活动息息相关。因此在中国，个体的消费行为不仅要考虑自身的需要，而且要顾及整个家庭的消费需要，消费心理及行为受家庭成员影响较大。

（2）中国文化重视人情关系。

中国传统文化的主要特征之一，就是注重情义，注重人与人之间的情义和精神价值，强调人与人之间的感情和道义。这点与西方文化有较大差别，西方文化注重个人的能力与价值的实现，人与人之间的感情比较淡漠。重义轻利在消费行为中的表现就是人情消费盛行，比如“送礼就送脑白金”成功的原因就在于很好地利用了人情消费的契机。同时，受这种文化影响，中国人注重人情往来，即凡有婚丧嫁娶之类的事情，都要赠送礼品或现金，比如在一些包装精致的商品上印有“馈赠佳品”，即是这种倾向的反映。

---

① http：//baike. baidu. com/view/100846. htm？ fromtitle＝亚文化 &fromid＝741436&type＝syn，2017-05-20.

（3）中国文化讲究中庸之道。

中庸之道的思想精髓是“和”，是权衡之后的一种微妙平衡、一种和谐。就个人而言，中国人往往竭力遵守群体规范，力求在言行举止上与大家一致，避免突出个人风头。这种文化意识反映在消费心理上表现为求同和从众心理，尽量取得他人的认同和接受，比较容易接受大众化的商品。此外，儒家文化追求精神境界，讲求道德的贤者风范，注重通过个人品质的修炼达到完美的人格，节制个人欲望被视为一种美德，从消费上表现为注重商品的实用性和耐用性。

（4）中国的“面子”文化。

由中国传统文化中的“礼”演变出了中国的“面子”文化，经过几千年的发展后，时至今日人们对面子更加看重。中国人比较注意通过印象整饰和角色扮演在他人心中有一个好印象，获得一个众人赞誉的好名声。所以，中国人注重给别人和自己留面子。反映在消费心理和行为中，中国人看重体面的消费，看重与自己身份一致、与周围人相一致的求同心理和人情消费。中国人爱面子是多方面的，亲朋好友来访，倾其所有，热情招待，花费越大、规格越高，说明主人越热情，客人越有面子。为了面子，有的人宁可举债，结婚也要讲排场，比阔气；甚至有的人可以节衣缩食数月，就是为了买一件名牌商品，出现“死要面子活受罪”的不良消费行为。

2. 亚文化与消费心理

若干个社会成员因民族、宗教信仰、职业、地域等方面具有共同特征而组成一定的社会群体或集团。同属一个群体或集团的社会成员往往具有相同的价值观念、生活习惯和消费理念，从而构成了社会群体特有的亚文化。由于社会成员一般都归属于不同的群体，亚文化对其心理和行为的影响更为直接和具体，比主文化的影响力更强。对消费者心理影响较大亚文化主要有：

（1）民族亚文化。

民族亚文化是一个社会中各个民族所特有的文化。大多数国家都不是由单一民族构成的，我国就是一个多民族国家，各民族在长期的生存和繁衍过程中，形成了本民族特有的、稳定的亚文化，并在生活方式、消费习俗和崇尚禁忌中得以体现，从而形成该民族特有的消费心理与行为。例如，蒙古族人喜欢吃牛羊肉，喝奶茶，饮烈酒，穿蒙古袍等。

资料链接

民族性格与行为

有这样一个有趣的故事：一家旅馆着火了，里面住的美国人、英国人、中国人和日本人纷纷想办法逃命。火势一起，美国人立刻打开窗户往外逃，英国人则顺着楼梯往下跑，日本人忙着招呼同伴，而中国人先去救他的父母。

这个故事说明了不同民族文化的特点。美国人的性格中具有务实与注重自我的特点，所以在这种情况下，他们会打开窗户自己先跳下去；英国人比较传统保守，循规蹈矩，注重经验，所以他们会顺着楼梯往下跑；日本人重视“人群”关系，讲究合作，具有集体主义精神，所以他们不会忘记招呼自己的同伴；中国人看重血缘关系和家族关系，讲究孝道，所以他们会先去救父母。

资料来源：申纲领．消费心理学．北京：电子工业出版社，2010：92-93.

（2）地域亚文化。

由于地理条件和自然环境的不同，形成了地域亚文化。地域亚文化对人们的衣、食、住、行消费影响明显，对生活在不同地理环境中人们的消费心理具有约束和决定的作用。山区与平原、沿海与内地、热带与寒带的人们在生活方式上有很大的差别。

（3）宗教亚文化。

宗教是支配人们日常生活的外在力量在人们头脑中幻想的反映。随着人类历史的发展，宗教在不同民族里又经历了极为不同和极为复杂的人格化，它是一种有始有终的社会历史现象。有着不同宗教信仰和宗教感情的人们，就有不同的文化倾向和戒律，存在着不同的信仰性消费习俗和禁忌性消费习俗。例如佛教严禁宰杀生灵，主张吃素。

（4）职业亚文化。

由于人们所从事的职业的性质、劳动环境和要求的知识技能的不同，形成了消费心理与行为的差异。各种专业性较强的职业都要求经过一些专门的训练，有专门的职业术语、职业道德、职业习惯等，不同职业形成了不同的职业亚文化。在不同的职业亚文化中的消费者有不同的消费心理和行为，而在生活方式、装束、言谈举止等方面有明显的区别。如同是购买上班穿的服装，白领选择的标准可能是美观、有档次与得体；而从事体力劳动的消费者可能更倾向于结实耐穿、物美价廉的服装。

除了上述几种主要类型外，还有更多的亚文化类型，例如性别亚文化、年龄亚文化、籍贯亚文化、节日亚文化等，这里我们仅是对主要类型进行分析。总之，消费心理与行为不仅带有某一主文化的基本特征，同时还带有所属亚文化群的特性，而与主文化相比，亚文化往往更易于识别和界定。

任务 2 分析消费习俗对消费心理的影响

案例导入

可口可乐的包装

可口可乐是一家善于在瓶身包装设计上释放善意、讨好消费者的公司。为鼓励人们分享，可口可乐曾在中国市场将包装中白色涡形丝带设计成两只因为分享而无限靠近的手。在拉丁美洲市场，则变成了两只不同肤色的手的亲密接触。

可口可乐在进入中东市场时，仍采用一贯的红色包装，却遭到阿拉伯国家人民的一致反对。后经过缜密细致的调查，才知道红色与伊斯兰教的教义相违背，犯了忌讳。得知这个情况后，可口可乐公司马上换了包装，变红色为绿色，同时又进行了一系列的公关活动，终于成功地进入了中东市场。

在伊斯兰历中，每年的第九个月为斋月，这对于信仰伊斯兰教的民族来说是一个重要时刻。为了号召人们关注世界范围内的民族歧视问题，可口可乐发起了一项“这个斋月，去掉标签”（Remove the labels this Ramadan）活动。在去掉了瓶身的“Coke Cola”品牌标志与原料说明之后，罐装可口可乐的新包装上只留下了一条弧度优美的涡形白色丝带。这既可以象征穆斯林女性的传统头饰，也可以说是对可口可乐弧形瓶线条的经典保留，让人还是能够一眼识别出这是可口可乐。瓶身上还写有一行字“只有罐子上才有标签，人不应该有”。可口可乐公司这样做的原因是希望在伊斯兰教的斋月期间，呼吁人们不要再对中东地区的少数民族抱有成见。

问题与思考：

如何理解可口可乐公司的善用包装，以及其在中东地区的一系列包装措施?

知识探究

人们在日常生活消费中，由于自然的、社会的原因，形成了各具特色的消费习俗，消费习俗一旦形成，不但对日常生活消费产生直接的影响，而且对消费心理也有一定的影响。

一、 消费习俗

（一）消费习俗的含义

习俗就是指风俗习惯。消费习俗是人们社会生活习俗的重要习俗之一，是指一个地区或民族的人们在长期的经济活动与社会活动中由于自然的、社会的原因所形成的独具特色的消费习惯，主要包括人们的饮食、婚丧、节日、服饰、娱乐等物质与精神产品的消费。它是人们在长期的消费活动中形成的一种消费风俗习惯。

一种消费习惯如果适合大多数人的心理和条件，那就会迅速在广大的范围里普及，成为大多数人的消费习惯。消费习俗一经形成便具有历史继承性及相对稳定性，就不易消失。消费习惯所引起的消费需求具有一定的周期性。这里所指的是消费心理和消费行为的统一，如人们对某一消费品引起注意，产生兴趣，于是购买，通过消费，感到满意，逐步形成习惯性的兴趣、购买和消费。反复的消费行为加强了对某种消费品的好感，而经常的好感、购买，必然促使某种消费行为成为习俗。所以，消费习俗就是基于习惯心理的经常性消费行为。消费风气不是消费习俗。消费风气是以商品为中心，以该商品生命周期完结为结束。而消费习俗是以社会活动为中心，习俗一旦出现，就会在相当长的时期内不断重复出现。如“过年”是一个全民辞旧迎新活动。

（二）消费习俗的特点

1. 长期性

一种习俗的产生和形成，要经过若干年乃至更长时间，而形成了的消费习俗又将在长时期内对人们的消费行为发生潜移默化的影响。

2. 社会性

某种消费活动在社会成员的共同参与下，才能发展成为消费习俗，是社会生活的组成部分，因而消费习俗具有社会性的特点，其中某些具有较强社会性的消费习俗，由于受社会环境、社会形态、社会意识的影响，也会随着社会的进步与发展而不断地发展变化。

3. 地域性

消费习俗通常带有浓厚的地域色彩，是特定地区的产物。少数民族地区的消费习俗，更是他们在长期的生活中形成的民族传统和生活习惯。消费习俗的地域性使我国不同地区形成了各不相同的地方风情。

4. 非强制性

消费习俗的形成和流行不是强制发生的，而是通过无形的社会约束力量发生作用。约定俗成的消费习俗以潜移默化的方式发生影响，使生活在其中的消费者自觉或不自觉地遵守这些习俗，并以此规范自己的消费行为。

资料链接

蒙古族的习俗

蒙古族主要从事畜牧业生产，也有一部分从事农业。在牧区，蒙古族多住圆形毡房，俗称“蒙古包”。蒙古包的门朝南开，炉子设在毡房正中的天窗底下。蒙古族喜欢吃乳酪、奶干、奶皮子、奶油等奶制品，以及牛羊肉和面食，喜欢喝酸奶子、奶酒、奶茶。蒙古族的传统服饰很有特色，男女都喜欢穿镶边的蒙古袍子，腰扎红黄绿彩色缎带，脚穿皮靴和毡靴，头缠红蓝布。如今，除老人外，蒙古族人大多只在节日或喜宴时才穿蒙古袍。妇女不论冬夏都喜欢穿裙子或连衣裙，用各色头巾包头。蒙古族热情好客，招待客人时，首先摆上奶酪、奶油，各种面制干粮和奶茶，喝完奶茶后还要敬酒。随后端上手抓羊肉，贵客则上整羊。主人把羊的荐骨连着尾巴放在盘子里，上面放上不带面颊的羊头，把小刀递给客人。客人把羊头的一只耳朵割下来，再切一块肉吃下，然后把刀还给主人，主人才动手切肉，请客人动手随便吃。为了表示对客人的尊敬和热情，主人要把自己酒杯里的酒让在座的每个人都尝一尝。蒙古族特别尊敬教师和长辈，“巴格西”（教师）历来被作为贵客迎送招待；无论何时，对年长的人都称“您”，进门、入座、喝茶、吃饭、敬酒等都让年长的人优先。

二、 消费习俗的分类

消费习俗的形成与沿袭，既有政治、经济、文化的原因，也有消费心理的影响，因此不同国家、不同地区、不同民族的人们，在长期的社会生活和经济生活中形成了多种多样的消费习俗。其中，与营销工作关系最为密切的是物质消费习俗和社会消费两大类。

（一）物质消费习俗

物质消费习俗主要是由自然、地理、气候等因素影响而形成的消费习俗，而且这种消费习俗主要涉及物质生活范畴。主要包括：

1. 饮食消费习俗

饮食方面的消费习俗，既有以民族传统为基础形成的消费习俗，也有以地区生活习惯为基础的消费习俗，其内容广泛、丰富具体。在我国，主要的饮食习俗除了“南甜北咸、东辣西酸”外，还有北方人喜面食、南方人喜大米的饮食习惯等。

2. 服饰消费习俗

服饰方面的消费习俗，既有以气候、环境、生活交往的差异为基础形成的消费习俗，也有以民族传统差异为基础形成的消费习俗。我国地缘辽阔，气候差异很大，产生了不同的服饰消费习俗。同时，我国人口众多，是个多民族的国家，由于各民族的传统不同，在服饰方面也表现出强烈的民族特色，形成不同的消费习俗。例如蒙古族的蒙古袍、维吾尔族的四楞小花帽、海南黎族顾念的短裙，无一不表现出独特的习俗。

3. 住宿消费习俗

受不同地区生活环境及经济发展水平差异性的影响，居民住房建造方式与住所方式也有很多不同。比如，在草原牧区，人们习惯住蒙古包；在陕北地区，人们习惯把住房建成窑洞式。

（二）社会消费习俗

社会消费习俗特指受社会的、经济的、文化的传统影响而形成的非必需的物质消费方面的习俗，包括喜庆类、纪念类、宗教信仰类和文化类等方面的消费习俗。社会消费习俗具有比物质消费习俗更强的稳定特征。

1. 喜庆类消费习俗

喜庆类消费习俗是人们为了表达各种美好的感情、实现某种美好的愿望而引起的某种具有特定意义的消费活动习惯。这种消费习俗的形成时间长，覆盖的地域范围也比较广。例如我国的春节就是人们为了庆祝春天的到来，愿春天播种能带来丰收的果实，使人们丰衣足食，而经历世代实践形成的内容丰富多彩的盛大节日。其他诸如我国的元宵节、国庆节，国外的圣诞节、狂欢节等，都是喜庆类消费习俗的标志。喜庆类消费习俗大多数以节日为表现形式，节日期间都有各种寓意深刻的消费活动，购买并消费节日用品。

2. 纪念类消费习俗

纪念类消费习俗是人们为了纪念某些人物或事件而引起的某种消费需求的消费习俗，纪念类消费习俗也是一种比较普遍的消费习俗的类别。纪念类消费习俗大多与重大事件有关，具有较强的地域性、民族性的特点。例如，我国的端午节习俗，就是为了纪念伟大的爱国诗人屈原；美国的母亲节是经过安娜•贾维丝的倡议和努力而形成的纪念母亲、向母亲致敬的节日；感恩节是北美人们为纪念印第安人在17世纪对早期移民的救助而形成的节日。

3. 文化类消费习俗

文化类消费习俗是由于社会文化发展到一定水平而形成的具有深刻文化内涵的消费习俗。例如流行在我国不同地区的戏剧演出，北京的京剧、河北的河北梆子、东北的二人转、安徽的黄梅戏都属于文化类消费习俗。

三、消费习俗对消费心理的影响

从消费习俗的种类可以看出，消费习俗所涉及的内容非常广泛，虽然随着生产的发展、社会的进步，新的消费方式给消费习俗带来了冲击，但其固有的特点仍然对消费心理产生一系列的影响。

（一）消费习俗促成了消费者购买心理的稳定性和购买行为的习惯性

消费习俗具有相对稳定的特点，消费者长期受习俗的影响，自然会对符合消费习俗的商品产生偏爱，因此会经常购买这些商品，从而形成稳定的消费心理，在购买产品时往往会形成习惯性心理。比如，临近中秋节就会购买月饼，迎接春节就会购买大量的喜庆性的节日用品。因此，消费习俗使得某些商品具有明显的规律性。

（二）消费习俗强化了消费者的消费偏好

在特定地域消费习俗的长期影响下，消费者形成了对地方风俗的特殊偏好，并有一种自豪感，这种感觉强化了消费者的一些心理行为。这种偏好会直接影响消费者对商品的选择，并不断强化已有的消费习惯。例如，各民族人民对本民族服饰的偏好、各地区人们对本地饮食文化的喜爱。

（三）消费习俗使消费者心理与行为的变化趋缓

在人们的消费生活中，有一些消费习俗是符合时代潮流的，但是有些消费习俗是落伍的。当新的生活方式产生后，由于遵从消费习俗而导致的消费活动的习惯性和稳定性，将大大延缓消费者心理及行为的变化速度，人们的消费心理会倾向于消费习俗，对新的生活方式有所抵触。这对于消费者适应新的消费环境和消费方式会起到阻碍作用。

任务 3　研究消费流行对消费心理的影响

案例导入

SPA 生活馆

“SPA”一字源于拉丁文 Solus Por Aqua，Solus＝健康，Por＝经由，Aqua＝水，其实就是“经由水来产生健康”的意思。

位于欧洲比利时所属阿德南丝（Ardennes）森林区中有个小镇叫 SPA，古罗马时，居民发现此处涌出了许多自然泉水，且盐分极低，无矿物杂质，不管是饮用还是泡浴对人体均有很大的益处，这就是最早的 SPA 美容概念。

随着城市工作、生活压力与日俱增，SPA 的概念也在不断发展与演化，尤其是到了 21 世纪，越来越多的爱美女性开始追求“回归自然”，并将其应用到美容当中。而 SPA 作为舒缓美容的方式之一，越来越受到女性的青睐，并在欧美以不可阻挡之势风行起业，并迅速传到东南亚及中国。

SPA 美容的要求非常专业，要想进行 SPA 美容的女士，需到专业的“SPA 生活馆”，在非常放松的环境里，在专业美容师的帮助下，进行理疗与美容，如放松、泥浴、水疗等。国内某些“SPA 生活馆”自开办以来生意火爆，要提前预约才能享受到专业的 SPA 美容服务，虽然价格高昂，但还是引来了大批高收入阶层的追捧，SPA 一度成为一部分消费者中最流行、最前卫的美容概念。

问题与思考：试分析“SPA 生活馆”在中国流行兴起的原因。

知识探究

流行，又称时尚，是一种普遍的社会心理现象，指社会上一段时间内出现的或某权威人物倡导的事物、观念、行为方式等被人们接受、采用，进而迅速推广以至消失的过程。这种社会现象古今中外常常发生，流行的内容涉及社会生活各个领域，包括衣饰、音乐、美术、娱乐、建筑、语言等。流行的事物、观念、行为方式等不一定是新出现的，有的可以是在以前就出现或已经流行过的，只是在新的一段时间又流行起来。

一、 消费流行的含义与类别

（一）消费流行的含义

消费流行是社会流行的一个重要组成部分，是指在一定时期和范围内，大部分消费者呈现出相似或相同行为表现的一种消费现象。具体表现为多数消费者对某种商品或时尚同时产生兴趣，而使该商品或时尚在短时间内成为众多消费者狂热追求的对象。此时，这种商品即成为流行商品，这种消费趋势也就成为消费流行。

消费流行的出现，具有多方面的原因：一方面，某些消费流行的发生是出于商品生产者和销售者的利益。他们为扩大商品销售，努力营造出某种消费气氛，引导消费者进入流行的潮流之中。另一方面，有些流行现象是由于消费者的某种共同心理需求造成的。大部分消费者在这一共同心理的影响下，主动追求某种新款商品或新的消费风格，从而自发推动了流行的形成。

（二）消费流行的类型

消费流行涉及的范围十分广泛。从性质上看，有吃、穿、用的商品的流行；从范围上看，有世界性、全国性、地区性和阶层性的消费流行；从速度上看，有一般流行、迅速流行和缓慢流行；从时间上看，有短期季节流行、中短期流行和长期流行等。

1. 按照消费流行的内容分类

（1）食品消费流行。

食品消费流行的内容比较广泛，种类也比较多，而且流行的时间长、地域广。流行食品的价格，往往要高于一般食品的价格。如二十世纪五六十年代高热量食品、高蛋白食品曾经在一些国家十分流行。二十世纪七八十年代以来，健康无公害食品、天然食品在一些国家形成消费流行。

（2）用品消费流行。

某些生活用品由于能给生活带来巨大的便利而产生消费流行，如电视机丰富了人们的生活，使人们足不出户而知天下事，坐在家里就能欣赏戏剧、音乐，观看电影、电视剧。电冰箱具有食品保鲜、冷冻的功能，人们不必天天采购商品，可以节约时间。用品引起的消费流行往往是性质相近的几种商品，流行的时间与商品的生命周期有关，流行的范围比较广泛，时间也较长。

（3）服饰品消费流行。

服饰品消费流行往往不是由于商品本身具有的性能，而是由于商品附带特性而引起消费者的青睐。如时装的面料、款式、颜色往往成为引起时装流行的基本原因。服饰品消费流行的时间往往较短，其价格在流行期内要大大高于非流行品，而周期一过价格又会大大下跌。

2. 按照消费流行范围分类

（1）世界性的消费流行。

这种流行范围大、分布广，一般来源于人们对世界范围一些共同问题的关心。如绿色商品的流行，来源于人们对生存环境的关心和担忧。世界性消费流行往往首先在发达国家形成，具有流行范围大、分布广的特点。

（2）全国性的消费流行。

全国性消费流行一般来源于经济发达地区、沿海城市，流行的商品受我国的经济发展水平和生活条件的影响，这类商品一般符合我国人民的消费习惯和消费心理。

（3）地区性的消费流行。

从现象上看，这种消费流行是最普遍、最常见的。从实质上看，这种消费流行有的来源于全国性的消费流行，有的纯粹是一种地区性的流行。其特点是流行起源于大中城市、经济发达地区，流行的商品相同或相似，流行的原因不完全反映商品在该地区的消费特点。

（4）阶层性的消费流行。

按照市场细分化的原理，有高、中、低档收入阶层的市场，有婴儿、儿童、青年、中年、老年人市场，有大学、中学、小学、低文化程度消费者阶层的市场，有工人、农民、职员、知识分子市场等。

3. 按消费流行速度分类

可分为迅速流行、缓慢流行和一般流行。商品流行的速度和商品的市场生命周期有关，也和商品的分类和性质有关。

资料链接

消费流行“自讨苦吃”

吃苦瓜、喝苦茶、拔火罐、刮痧……现代生活中花钱买点“苦头”吃，正悄悄成为消费时尚。乐于此道者称，这是健康生活方式的一种新选择。

现如今，人们吃惯了大鱼大肉，开始追求饮食质量和营养搭配，热衷素食、野菜和绿色食品，不知不觉间，不少人开始了对苦味的追求。苦瓜、苦菜、苦丁茶……以“苦”取胜的饮食品种数不胜数。特别是以往无人问津的瓜菜中的“苦味之冠”——苦瓜，近年来身价日高，一些原先吃不惯苦味的人们竟然吃上了瘾，苦味菜肴成了餐桌上的新宠，将“口苦”变成“口福”。

现代人的保健项目越来越多，人们在这方面的消费能力也越来越强，花钱买健康成为流行时尚。但不难看出，与“苦”相关的项目备受青睐，如拔火罐、刮痧等。在2016年里约奥运会上，游泳名将菲尔普斯满身的火罐印让东方的火罐着实火了一把。

人们打发休闲时光也流行“自讨苦吃”。如今流行的休闲项目多数与舒服过不去，如探险、攀岩、漂流、蹦极……无不与吃苦有关。

苦也罢、累也罢，“自讨苦吃”的生活让人们乐在其中，这种流行是对当今健康生活的新诠释。

资料来源：柳欣，李海莹．消费心理学．辽宁：大连理工大学出版社，2014：60-61.

二、 消费流行的方式和阶段

在现实生活中，各种消费流行并不是分散孤立的，而是交叉重叠在一起的，它们相互渗透、互相影响，并通过一定的方式和阶段扩展开来。

（一）消费流行的方式

1. 滴流

即自上而下依次引发的流行方式。具体情况有两种：一是以权威人物、名人的消费行为为先导，而后由上而下在社会上流行开来。如中山装、列宁装的流行等。二是统治阶级或政府颁布法令或规定，对人们的某种消费活动进行鼓励，引起消费流行。该种消费流行方式的主要特点是速度快，范围广，来势凶猛，不仅对某些企业或行业的生产经营活动产生影响，甚至会对整个社会风气产生影响。

2. 横流

即社会各阶层之间相互诱发横向流行的方式。具体表现为，某种商品或消费时尚由社会的某一阶层率先使用、领导，而后向其他阶层蔓延、渗透，进而流行起来。如近年来，外资企业中白领阶层的消费行为经常向其他社会阶层扩散，从而引发流行。

3. 逆流

即自下而上的流行方式。它是从社会下层的消费行为开始，逐渐向社会上层推广，从而形成消费流行。该种消费流行方式的主要特点是流行速度缓慢，但持续时间较长。如牛仔服原是美国西部牧牛人的工装，现在已成为下至平民百姓、上至美国总统的流行服装；领带源于北欧渔民系在脖子上的防寒布巾，现在则成为与西装配套的高雅服饰。

流行不管采取何种方式，其过程一般是由"消费领袖"带头，而后引发多数人的效仿，从而形成时尚潮流。引发流行除了上述榜样的作用外，还有商品的影响、宣传的影响、外来文化与生活方式的影响等。

（二）消费流行的阶段

消费流行的形成大都有一个完整的过程。这一过程通常呈周期性发展，其中包括酝酿期、高潮期、普及期、衰退期四个阶段。

1. 酝酿期

流行商品由于其特色和优越的性能，开始引起具有创新意识的顾客的注意，进而演变为某种由心理因素形成的兴趣，直至采取购买行为，并对社会产生示范作用。在此阶段，市场上对即将流行的该商品需求量很小，不过销售量可望缓慢上升、持续扩大。酝酿期的时间一般较长，要进行一系列的意识、观念及舆论上的准备。企业在此阶段应该细心观察市场风云变幻，分析影响该商品流行的各种因素，迅速做出该商品是否能够流行的预测。同时进行试销，采取适当的促销手段，"催发"流行。"催发"流行可以通过充分发挥新闻的权威作用，也可以利用综合性广告进行宣传，例如每年的国际流行色就是通过新闻广告这种方式流行开来的。

2. 高潮期

流行的商品逐渐被采用，加之企业的促销努力，引起大众的注意和兴趣，大部分消费者在模仿、从众心理的作用下，自觉或不自觉地卷入到流行当中，把消费流行推向高潮。在流行的高潮期，企业应迅速扩大生产，提高生产能力，尽快占领市场，争取更大的市场占有率。同时，应增加销售网点，为顾客大量购买提供便利条件。在大量生产和大量销售的基础上，适当降低售价。

3. 普及期

当流行在一定时空范围内成为社会成员的共同行为和最普遍的社会现象时，消费流行进入普及期。在这个阶段，企业应迅速停止扩大生产并开始向新的流行商品转移。因为普及的同时意味着消费流行的衰退期即将到来。

4. 衰退期

当某一流行商品在市场上大量普及，缺乏新奇感时，消费兴趣就会转移，流行产品就会较快消失，进入流行的衰退期。在此阶段，企业应迅速转移生产能力，抛售库存。

三、 消费流行与消费心理的交互作用

（一）消费心理对消费流行的影响

1. 个性意识的自我实现对消费流行的影响

渴望变化，追求新、奇、特，愿意表现自我等都是人对个性意识的追求的具体表现。自我表现意识越强，求新、求变的愿望也就越迫切。而对这种求新、求变的追求恰恰是消费流行的根源。每当一种新的消费方式或新产品出现时，就会以其独特的风格、新奇的特点引起消费者的注意和兴趣，直至采取购买行为，形成消费流行。

2. 从众心理和模仿心理对消费流行的影响

从众心理是指个人受到外界人群行为的影响，而在自己的知觉、判断、认识上表现出符合于公众舆论或多数人的行为方式，从众心理是部分个体普遍存在的心理现象。模仿心理是指个人、组织和群体受到非控制的社会刺激而形成的一种心理行为，模仿心理也是一种普遍存在的心理现象。从众心理和模仿心理是消费流行产生的重要心理条件。消费流行的带头人为从众者提供了模仿的榜样，从众者通过模仿带头人的消费行为，加入到消费流行的潮流中来。正是在这种从众和模仿的心理作用下，消费流行才可能在更广大的范围内流行开来。

（二）消费流行对消费心理的影响

1. 消费流行引起消费者认知态度的变化

通常情况下，当一种新产品或新的消费方式出现时，由于顾客对它不熟悉、不了解，往往会抱有怀疑和观望的态度，然后通过学习、认知过程来消除各种疑虑，决定购买与否。但是，由于消费流行的出现，大部分消费者的认知态度会发生变化，怀疑态度取消，肯定倾向增强，学习时间缩短，接受时间提前。

2. 消费流行引起消费者心理的反向变化

在正常的消费活动中，消费者往往要对商品进行比较、分析、评价后才能做出是否购买的决策。但是，在消费流行的冲击下，传统的消费心理受到冲击，常规的消费购买决策过程会向反方向变化。例如，一些流行商品因供求关系的原因抬高了价格，但是，消费者常常不会“货比三家”，而是慷慨购买，对于不流行而价格比较合理的商品却没有兴趣。

3. 消费流行引起顾客心理驱动力的变化

需要和动机是引起顾客购买行为的原动力和直接动力。也就是说，消费者的购买行为都是出于需要和动机，而这些需要和动机是相对稳定的。但是，在消费流行中，购买商品的驱动力会发生新的变化。如有的消费者可能明明没有需要，却禁不住流行的刺激产生盲目的购买驱动力。

4. 消费流行引起消费者消费习惯与偏好的变化

由于顾客长期使用某种商品，对该商品产生特殊的好感，习惯性地反复购买该商品，还会在相关群体中进行宣传，形成对该商品的喜好。但是，在消费流行的冲击下，传统的消费心理发生了新的变化，虽然这些消费者对老产品、老品牌仍有信任感，但是由于整天耳濡目染的都是流行的商品，社会风尚的无形压力会使消费者不自觉地改变原有的消费习惯和消费偏好。

项目小结

人们出于不同的目的在各种活动过程中相互交往，产生政治的、经济的、文化的联系和错综复杂的社会关系。这些政治的、经济的、文化的因素从不同程度上制约和影响着人们的心理和行为。政治因素是指影响消费心理的政治形势和状况，以及国家方针政策的变化对消费心理带来的或可能带来的影响，包括政治局势、方针政策、社会保障制度等方面。政治因素是影响消费心理的基础性因素，良好的政治环境是消费者正常消费的前提，也是消费信心的保障。经济因素包括经济发展状况、收入水平、消费结构等。文化决定了人们独特的生活方式和行为习惯，文化环境不仅建立了人们日常行为的准则，也形成了消费者态度和购买动机的取向模式。

消费习俗是人们社会生活习俗的重要习俗之一，是指一个地区或民族的人们在长期的经济活动与社会活动中，由于自然的、社会的原因所形成的独具特色的消费习惯，主要包括人们的饮食、婚丧、节日、服饰、娱乐等物质与精神产品的消费。消费习俗具有长期性、社会性、地域性、非强制性等特点。与营销工作关系最为密切的消费习俗是物质消费习俗和社会消费习俗。物质消费习俗包括饮食消费习俗、服饰消费习俗、住宿消费习俗；社会消费习俗包括喜庆类消费习俗、纪念类消费习俗、宗教信仰类消费习俗、文化类消费习俗。消费习俗对消费心理产生一系列的影响：消费习俗促成了消费者购买心理的稳定性和购买行为的习惯性；消费习俗强化了消费者的消费偏好；消费习俗使消费者心理与行为的变化趋缓。

消费流行是社会流行的一个重要组成部分，是指在一定时期和范围内，大部分消费者呈现出相似或相同行为表现的一种消费现象。消费流行涉及的范围十分广泛。从性质上看，有吃、穿、用的商品的流行；从范围上看，有世界性、全国性、地区性和阶层性的消费流行；从速度上看，有一般流行、迅速流行和缓慢流行；从时间上看，有短期季节流行、中短期流行和长期流行等。消费流行的方式包括滴流、横流和逆流。消费流行包括酝酿期、高潮期、普及期、衰退期四个阶段。消费流行与消费心理的作用是相互的。

实训练习

一、选择题

1. 消费习俗作为社会习俗的重要组成部分，具有以下特点（　　）。

A. 长期性　　B. 社会性　　C. 地域性　　D. 非强制性

2. 从消费流行的起源来看，消费流行有（　　）三种方式。

A. 滴流　　B. 逆流　　C. 横流　　D. 倒流

二、思考题

1. 影响消费心理的社会因素有哪些？
2. 什么是消费习俗？消费习俗对消费心理有什么影响？
3. 什么是消费流行？消费流行有哪些方式？
4. 消费心理对消费流行的影响有哪些？
5. 消费流行对消费心理的影响有哪些？

三、实训

调查你所接触或了解的一个消费流行现象，并写出心理分析报告。

项目五
掌握群体与消费心理的关系

问题引入

问题：很多企业会花大价钱选择明星作产品代言人，同学们有没有想过企业为什么要这么做，“消费者的购买行为会受到哪些群体的影响，而这些群体又是如何起作用的?”“什么样的人最喜欢把自己对产品的意见告诉别人?”“在消费某种产品时，你最喜欢听谁的意见?”要想弄清这些问题，就要了解影响消费者购买行为的群体及其与消费心理的关系。

学生讨论、回答问题，教师点评。

学习目标

知识目标：掌握参照群体的概念、分类及对消费者行为的影响；理解社会阶层的概念及特征，了解不同社会阶层的消费行为特点；掌握家庭的概念、类型及家庭生命周期，了解其消费侧重点及家庭成员在消费过程中所扮演的角色，理解家庭生命周期不同阶段的消费特征；掌握不同性别、不同年龄阶段的消费者群体的消费心理特征。

能力目标：掌握群体对消费行为的影响方式，把握不同类型群体的特点，对不同社会阶层、不同家庭生命周期阶段、不同年龄阶段、不同性别的消费者行为进行预测并有针对性地采取相应的营销策略。

任务1　了解参照群体对消费者心理的影响

案例导入

利郎男装形象代言

1989年著名电影明星李默然为三九胃泰做最简单的宣传，开启了明星代言的先河。随着市场经济的日益开放，明星代言曾一度成为企业快速打开市场的法宝。但不是所有代言企业在打响知名度后都能够经得住市场的考验，明星的绯闻满天及各种不确定性也会给企业品牌带来诸多伤害，以致明星代言对企业品牌的作用力和吸引力锐减。而今，品牌企业在选择代言明星时尤为谨慎。

演员陈道明给人的印象温文尔雅，事业巨大成功的背后，让我们体味出的却是那种不简单的简约风格：对媒体的淡漠，对炒作的无语，对演艺事业的兢兢业业和执着追求。陈道明简约的一言一行中，都隐含着一种不平凡的智慧。这让利郎集团执行董事胡诚初尤其欣赏和敬佩。此外，陈道明在服装穿着方面非常时尚，但是从来不张扬，这和利郎的品牌文化定位非常吻合——这是利郎选择与陈道明合作的关键所在。

2002 年 1 月 1 日，利郎正式与陈道明签约，陈道明出任利郎品牌形象代言人。广告播出后，伴随着陈道明“西服也休闲，简约而不简单”的广告语，消费者领略到了利郎商务男装独特的品牌魅力，很多人都评价这是利郎和陈道明的完美结合，利郎时装专卖店的经销商也一直对“简约而不简单”的广告语十分欣赏。大手笔的广告投入和强势的媒体宣传，使利郎公司名声鹊起，短短几年时间，该公司不仅成功地实现了品牌与目标消费者的深层次对接，而且迅速提升了利郎品牌在国内市场的知名度，强劲带动了利郎产品的市场销售，在短短的三年时间，他们的销售额翻了 10 倍。现在，只要一提陈道明，很容易就会想到利郎。陈道明的加盟，确实给利郎带来了丰厚的市场回报。

广告所引发的反响又一次证明了利郎传播策略的成功：通过央视 5 套等频道奥运会期间的广告营销，利郎商务男装品牌专卖店从 2004 年上半年的 700 多家到年底时突破了 1 000家，平均一个月开 80 家，年销售额在 2003 年的基础上翻了一番，实现了在 2001 年的基础上 3 年翻十番的辉煌业绩。

问题与思考：为什么陈道明的代言会为利郎集团带来如此的成功？

知识探究

消费者的购买行为是一项社会性活动，现实生活中的任何消费行为，都不是孤立的现象，其产生、存在和发展与特定的社会环境密切相关。消费者在消费活动中所表现出来的各种心理现象，是由宏观社会因素和个人内在因素共同作用而形成的。消费者的消费行为最终是内因和外因共同作用的结果。我们每个人都生活在群体之中，我们的态度、行为和心理不可避免地会受到群体成员的影响，虽然这些影响很多时候是一种潜移默化的过程。那么，影响消费行为的群体有哪些？他们又是如何影响消费者行为的？针对这些群体的影响，我们又该如何展开营销活动呢？

一、 群体和消费者群体

（一）群体的定义

群体，也称社会群体，是指人们为了一定的目的，以一定方式结合在一起，彼此之间存在相互影响，心理上存在共同感，并具有情感联系的两人或更多的人组成的集体。群体是社会生活的基础，没有群体，正常的社会生活就难以进行。

（二）群体的基本特征

1. 群体成员需以一定的纽带联系起来

群体成员往往以一定的纽带联系起来，内部存在明确的成员关系。例如以血缘为纽带形成的氏族和家庭；以地缘为纽带组成的邻里群体；以业缘为纽带组成的职业群体。群体成员在心理上彼此意识到对方，认同自己属于某一个特殊群体，成员彼此间存在一定的相互作用与相互影响。

2. 群体成员往往具有一定的共同目标，并保持持续的相互交往

群体成员具有共同的目标或心理需求，成员间相互协作、密切配合，成员间的关系不是临时性的，而是保持比较长久的交往。电影院熙熙攘攘的人群、同乘一班公交车的乘客，都不能构成群体，因为他们是偶然临时性地聚集在一起，缺乏持久的相互交往。一个群体内部，成员间交往可以是面对面的，非常亲密的，就像在一个家庭里一样；也可以是间接的，比较疏远的，如大公司的董事长与基层员工的交往。

3. 群体成员间有共同的群体意识和规范

群内成员在群体内占据一定位置，并扮演着一定的角色，有一定的权利和义务。成员在交往过程中，通过心理与行为的相互影响或学习，会产生一些共同的观念、信仰、价值观和态度，并遵循一些模糊或者明确规定的行为规范。

（三）消费者群体

消费者群体是指具有某些共同消费特征的消费者所组成的群体。其概念是从群体的概念中引申而来。消费者群体的形成受内在因素和外在因素的共同影响，内在因素包括消费者的年龄、性别等生理或心理因素；外在因素主要指宏观环境要素，既包括地理位置、气候条件等自然环境因素，也包括经济水平、宗教信仰、文化传统等社会文化因素。

二、 参照群体

（一）参照群体的定义

1942年，美国社会学家海曼提出了参照群体的概念，用以描述个人心目中想要加入或理想中的群体。

所谓参照群体是指对个人的行为、态度、价值观等有直接影响的群体。参照群体实际上是个体在形成其购买或消费决策时，用以作为参照、比较的个人或群体。虽然个体并不一定是该群体的实际成员，但它对个体行为的影响却是很大的。参照群体能给某一群体成员提供某种参照对象，使得群体成员试图效仿，是人们心目中想要加入或理想中的群体，其价值观和规范体系常是参照者个人的目标或标准。

（二）参照群体的类型

1. 正式群体与非正式群体

按照参照群体组成形式划分，可以将参照群体分为正式群体和非正式群体。参照群体既可以是目标明确和组织形式固定的正式群体，如企业、学校等；也可以是几个朋友或同事组成的非正式的小型群体。正式群体有共同的目标和行为规范，它会对群体中的个体造成一种无形的压力，这就是规范压力，规范压力常常导致从众行为。非正式群体没有明确的组织结构，结构比较松散，通常是以情感或兴趣为纽带结成的消费者群体。

2. 所属群体与渴望群体

按照群体接触特性划分，可以将参照群体分为所属群体和渴望群体。所属群体，也称成员群体，是指消费者实际加入其中或所属的群体，群体和群体中的其他个体对消费者都有很大的参照作用。渴望群体是消费者渴望加入其中，但实际尚未加入的群体，这一群体往往是由消费者羡慕、钦佩的人组成。这两种群体对消费者的影响有着很大的不同，前者

对消费者的心理和行为有稳定的、直接的、重要的影响甚至是制约的作用，而后者则对消费者行为具有很强的示范作用，使其产生模仿行为。

3. 正面的参照群体与负面的参照群体

按照群体的影响性划分，可以将参考群体分为正面的参照群体和负面的参照群体。参照群体既可以对消费者施加正面的影响，也可以施加负面的影响。在大多数情况下，消费者按照参照群体的行为模式来塑造自己的行为。但在一些情况下，消费者会努力回避疏远施加负面影响的群体。

4. 交往群体、向往群体、否认群体与躲避群体

按照隶属关系和影响划分，可以将参照群体分为交往群体、向往群体、否认群体和躲避群体。交往群体，个体与其交往群体具有经常的、面对面的交往形式，并赞同该群体其他成员的价值观、态度和行为标准。因此，交往群体对个体的态度与行为都具有积极的影响作用。向往群体，个体不是该群体的成员，与该群体没有面对面的交往，但对这个群体极为赞赏，渴望加入这个群体。所以，这个群体对该个体也会有积极的影响作用，个体会模仿该群体成员的行为举止。否认群体，个体是这个群体的一员，与该群体有面对面的交往，但对该群体的价值观、态度和行为持否定或反对的态度。因此，这个人会倾向于接受与该群体规范相对立的态度和行为模式。躲避群体，个体不是某群体的成员，与该群体无面对面的交往，同时反对该群体的价值观、态度和行为。消费者往往对这一群体持有否定态度，极力避免加入该群体，他会倾向于接受与该群体相反的价值观、态度和行为。

三、 参照群体对消费者的影响

（一）参照群体影响消费者行为的方式

1. 信息性影响

消费者进行购买决策时的一个重要决定因素就是有关产品及其供应商的信息或知识。信息性影响是指参照群体成员的行为、观念、意见被个体作为有用的信息予以参考，从而对其行为产生影响。当消费者对所购产品缺乏了解，仅凭眼看手摸难以对产品品质作出判断时，别人的使用和推荐将被视为非常有用的参考。

带来信息性影响的消费者行为方式主要有：消费者从职业社团或专家群体搜寻品牌信息；消费者从专门从事产品的相关工作人员那里搜索信息；消费者从朋友、邻居、亲戚或同事那里搜寻有关品牌的知识和经验；消费者观察到的专家的所作所为，影响他们对品牌选择。

2. 在功利方面影响消费者

所谓的功利性影响，是消费者为了获得赞赏或避免惩罚而采取的消费行为。当消费者认为参照群体能够控制奖励和惩罚，而且他们本人也希望得到相应的奖励或避免某种惩罚的时候，这种功利性影响就出现了。奖励和惩罚可以是有形的，如奖金、解雇等。

带来功利性影响的消费者行为方式主要有：为了迎合同事的期望，消费者容许以同事的偏好来影响自己的品牌选择；消费者的决策顺从与经常交往的人的偏好；家庭成员的偏好影响消费者的选择；为迎合他人的愿望，允许他人的愿望影响其品牌选择。

3. 在价值表达方面影响消费者

参考群体对价值表达的影响表现在它能影响人们的自我认同感，这是以个人对群体价

值观和群体规范的内化为前提的。在这种情况下，即使没有外在的奖励与惩罚，个人也会按照群体规范来行事，因为群体的价值观已经成了个体自身的价值观。

带来价值表达影响的消费者行为方式主要有：消费者感到购买或使用某种品牌可以改善在他人心目中的形象；消费者感到购买或使用某种品牌的人具备他们极想拥有的品质和特征；消费者感到成为广告中所显示的使用某种品牌的那类人士相当不错的；消费者感到那些购买某种品牌的人受到他人的崇敬或尊重；消费者感到购买某种品牌有助于向他人显示自己是怎样的人或将成为怎样的人。

（二）参照群体影响消费者行为的心理效应

1. 名人效应

消费者往往对名人存在好奇、模仿心态。名人或公众人物如影视明星、歌星、体育明星，作为参照群体对公众，尤其是对崇拜他们的受众具有巨大的影响力和感召力。对很多人来说，名人代表了一种理想化的生活模式。消费者通常反映：“她如此出名，要不是产品好，她不会去做这个广告。”“他绝不缺这笔广告费，他推荐一定是因为产品好。”正因为如此，企业花巨额费用聘请名人来促销其产品。研究发现，用名人作支持的广告较不用名人的广告评价更正面和积极，这一点在青少年群体上体现得更为明显。

运用名人效应的方式多种多样。如可以用名人作为产品或公司代言人，即将名人与产品或公司联系起来，使其在媒体上频频亮相；也可以用名人作证词广告，即在广告中引述广告产品或服务的优点和长处，或介绍其使用该产品或服务的体验；还可以采用将名人的名字使用于产品或包装上等做法。

2. 专家效应

专家是指在某一专业领域受过专门训练、具有专门知识、经验和特长的人。医生、律师、营养学家等均是各自领域的专家。专家所具有的丰富知识和经验，使其在介绍、推荐产品与服务时较一般人更具权威性，从而产生专家所特有的公信力和影响力。消费者会认为：“专家都说好，一定不错。”“如果专家也消费这种产品，肯定好。”

当然，在运用专家效应时，一方面应注意法律的限制，如有的国家不允许医生为药品作证词广告；另一方面，应避免公众对专家的公正性、客观性产生怀疑。

3. 普通人效应

运用满意顾客的证词证言来宣传企业的产品，是广告中常用的方法之一。由于出现在荧屏上或画面上的证人或代言人是和潜在顾客一样的普通消费者，这会使受众感到亲近，从而使广告诉求更容易引起共鸣。消费者通常会认为：“我和他遇到的问题类似，这个企业能帮他也一定能帮我。”还有一些公司在电视广告中展示普通消费者或普通家庭如何用广告中的产品解决其遇到的问题，如何从产品的消费中获得乐趣等，能够使消费者产生“和我同样的人就是这样消费”的共鸣。由于这类广告贴近消费者，反映了消费者的现实生活，因此，它们可能更容易获得认可。

4. 经理型代言人

自20世纪70年代以来，越来越多的企业在广告中用公司总裁或总经理作代言人。例如，克莱斯勒汽车公司的老总李·艾柯卡在广告中对消费者极尽劝说，获得很大成功。同样，雷明顿公司的老总维克多·凯恩、马休特连锁旅店的老总比尔·马休特均在广告中促销其产品。我国广西三金药业集团公司，在其生产的桂林西瓜霜上使用公司总经理和产品发明人邹节明的名字和图像，也是这种经理型代言人的运用。

任务 2　了解社会阶层对消费者心理的影响

案例导入

休闲的下午

这是六月的一个和煦的星期六下午，四个 30 多岁的美国男子正在进行休闲活动。詹姆斯这个星期刚开始就安排他的私人飞行员把他送往位于卡罗拉多州阿斯彭布郊的别墅去。如果是冬天，他肯定会去滑雪，可是现在他和妻子海伦正躺在游泳池里呷着香槟。此时，一大群仆人正在准备晚上的活动，为几十个客人筹备晚宴，大多数客人是事业有成的高级商人和律师。

查理斯正在令他愉快的城郊小镇的大街上漫步，他的妻子安正在商业大街为晚上在市里商业区一家美食店吃饭买一件新衣服。随后，他们将顺便去参加安大学同学举办的鸡尾酒会，待上几个小时。

大约在同一时间，彼特正在离他家几公里之外的一个公众场地参加一个激烈的垒球比赛，他家在一个古老的郊区，房子普通。他的妻子多尔瑞此时在搞第二职业，在一家超级市场当收款员。他们将叫人把比萨饼送到家里，晚上和亲戚们在一起看电视。

艾帝正和他的几个朋友在他城里寓所附近的球场上打篮球。他不时地拿出一瓶廉价啤酒，喝上一口。然后他可能去他前妻巴巴拉家和他们的两个孩子待上一段时间，或者在街角逛逛。

资料来源：戴维·波普诺．社会学．北京：中国人民大学出版社，2007：216.

问题与思考：

试分析案例中人物休闲活动的差异性，并思考造成这种差异的原因。

知识探究

在现实生活中，面对同样的社会现象，人们常常持有不同的态度，给予不同的评价，人们的行为也常常表现出很大的差异。对于消费者来讲，每个消费者都归属于一定的社会阶层，不同阶层消费者的消费观念、消费方式是否存在差异呢？消费者的社会阶层又是如何划分的？不同社会阶层的消费者又具有怎样的消费特征和消费倾向？

一、　社会阶层

（一）社会阶层的含义

社会阶层是指全体社会成员按照一定的等级标准划分为在地位上彼此相互区别的社会集团，阶层就是由具有相同或类似社会地位的社会成员组成的相对持久的群体。社会阶层的划分测量标准不是唯一的，一个人处于哪个社会阶层不是单一由某个因素所决定的，而是至少由几个因素决定的。这些因素除了常见的经济因素外，还有其他的社会因素，比如受教育程度、职业、权力、声望、家庭背景等。

在现实中，每个消费者都归属于一定的社会阶层，他们的消费观念、生活方式必然要受到所属阶层的制约与影响，因而同一阶层的消费者在消费心理与行为上会有许多相似之处，而不同阶层的消费者则表现出明显的差异，这种心理差异会直接影响消费者的行为选择。

（二）社会阶层的特征

1. 等级分布

社会分层使社会出现了等级，从地位低到地位高呈纵向连续分布的等级排列体系。人们不一定清楚划分这些等级的相关依据，但都知道这种等级的存在，并确定自己处于哪个社会等级，同时，通过对他人社会阶层的认识来决定与其交往的方式。

在消费方面，消费者趋向于选择能被自己所属社会阶层或更高社会阶层所接受的产品或服务，而对那些属于被视为更低阶层的人享用的产品和服务则从心理上有一种抵触感。

2. 多维性

决定一个人位于哪个阶层不是单一由某个因素决定的，而是由多个因素综合决定的，这些因素包括受教育程度、职业、经济收入、家庭背景、价值观、生活方式等，其中受教育程度、职业和经济收入最为重要。

3. 对成员行为的约束性

在同一阶层内，人们在价值观、态度和行为模式等方面存在着一致性，而在不同的社会阶层之间则有着明显的差异。大多数人都感到和那些在价值观念、行为模式等方面与自己相似的人在一起更安全、更愉快。因此，在现实生活中社会交往较多发生在同一阶层之内，而不是不同阶层之间，同一社会阶层内人们行为的相互影响也更大一些。

4. 同质性

同一阶层的社会成员在价值观和行为模式上具有共同点和类似性。这种同质性很大程度上由成员共同的社会经济地位所决定，同时也和他们彼此之间更频繁的互动有关。同一阶层的社会成员都具有相近的经济利益、社会地位、价值观念，从而有着相同或相近的消费需求和消费行为。

5. 动态性

一个人的社会阶层并不是一成不变的。随着时间的推移，同一个体可能从原来所处的阶层晋升到更高的阶层，也可能跌入较低的阶层。社会越开放，社会阶层的动态性表现得越明显；反之，则个体从一个阶层进入另一个阶层的机会就越小。导致一个人社会阶层发生变化的原因既包括个人原因，比如，个人努力或自甘堕落；也包括社会因素，比如社会制度的变革导致人们的生活方式或价值观念发生了改变。

二、 社会阶层的划分方法

（一）印象测量法

印象测量法，也称声誉法，主要是选择彼此认识或居于同一社区的人作为评判员，每个人根据自己的印象定义其他人（而不是自己）的社会阶层。当然最后的结果产生于研究者的分析和总结。这种方法适合于社会学家做个案调查和研究，对消费者行为和心理研究来说，调查范围较窄，实用性不强，可以作为消费行为研究的参考。

（二）主观测量法

主观测量法也称自我评分法，是根据相关标准，自己对自己归类的一种方法。主观测量社会阶层的方法要求被调查者自己评估判断自己的社会阶层位置。以下是主观测量法中比较典型的一个问题：

你认为，以下四种社会阶层，哪一个适合于你？（　　）

A. 底层　　　　B. 中低阶层　　　　C. 中上阶层　　　　D. 上层

在主观测量法中，社会阶层隶属关系的划分结果完全根据被调查者的自我认识决定，能够反映出一个人对自己与他人关系的认识，但同时也受到个人对各阶层了解的限制。有时人们的分层意识同他们所处的客观位置可能并不一致。这种调查方法有两个明显的弊端：一是被调查者有高估自己社会阶层的趋向；二是由于消费者有意避免或不愿承认自己居于“上层”和“下层”这样的极端社会阶层，而使“中层”的比例不真实地扩大。

消费者心理行为分析研究有时需要消费者对自己所属的社会阶层进行自我鉴定，但可以不直接询问其社会阶层等级，而是让消费者有选择地表达与自己所属社会阶层的特点有间接关系的态度和观点，这就需要引进一些客观的因素，如教育程度、收入等。一个人对自己社会阶层的知觉是自我形象的体现，与其消费行为有一定的联系。

（三）客观测量法

客观测量法既可以评估自己的社会阶层，也可以评估他人的社会阶层。客观测量法应用于可以直接测量的客观指标，对人们进行层次划分。所选择的指标往往由与被调查者有关的人口统计和社会经济方面的变量组成，在社会阶层客观测量法中，最常使用的指标包括：收入、教育程度、职业、权力等。这些变量的测量是通过问卷向消费者询问与他们自身相关的问题来进行，可以采用单向指标测量法，也可采用多种变量测量法。

三、社会阶层对消费者心理及行为的影响

同一社会阶层的消费者在价值观、需求特点、消费动机等方面都具有相似性，而不同阶层的消费者的消费观念具有较大的差异性，这对广告策划与营销方案的制订有着重要的作用。

（一）社会阶层对支出模式的影响

消费者在选择和使用商品时，尤其是在住宅、服装和家具等能显示地位与身份的产品的购买上，不同阶层的消费者差别比较明显。上层消费者的住宅区往往环境幽雅，室内装修豪华，购买家具和服装的档次、品位很高；中层消费者一般有很多存款，住宅也相当好，但相当数量的人对装修可能不是很讲究，服装、家具数量不少，高档的可能不多；下层消费者住宅环境一般较差，衣服和家具的投资较少。然而，下层消费者中的部分人员对生产食品、日常用品和某些耐用品的企业仍是颇有吸引力的。

（二）社会阶层对休闲活动的影响

虽然不同阶层之间，用于休闲的支出占家庭总支出的比重可能相差不大，但休闲活动的类型却差别很大。上层社会成员所从事的职业一般较少有身体活动，作为补偿，他们会去从事游泳、打网球等个人性或双人性的运动。中层消费者则是商业性休闲和诸如公共泳池、公园、博物馆等公共设施的主要使用者。下层社会成员倾向于从事团体性体育活动，

甚至一些较耗费时间的活动，如钓鱼、踢足球等。

（三）社会阶层对信息接收和处理的影响

信息搜寻的类型和数量也随着社会阶层的不同而存在差异。低层消费者通常信息来源有限，对误导和欺骗性信息缺乏甄别能力，出于补偿的目的，他们在购买决策过程中可能更多地依赖亲朋好友提供的信息。中层消费者会比较多地从媒体上获得各种信息，而且会更主动地从事外部信息搜寻。随着社会阶层的上升，消费者获得信息的渠道会日益增多。不仅如此，特定媒体对不同阶层消费者的吸引力和影响力也有很大不同。

（四）社会阶层对购物方式的影响

不同阶层的消费者在对购物场所的选择上存在差异，人们往往会形成哪些商店适合哪些阶层消费者的看法，并倾向于到与自己社会地位相一致的商店购物。高阶层的消费者乐于到环境幽雅、品质和服务上乘的商店去购物，因为在这种环境里购物会使他们产生优越感和自信，得到一种心理上的满足；中层消费者比较谨慎，对购物环境有较高的要求，但也常常在折扣店购物；而下层消费者在高档购物场所则容易产生自卑、不自信和不自在的感觉，因而他们通常选择与自己地位相称的商店购物。

任务 3　掌握家庭对消费者心理的影响

案例导入

家庭旅游渐成时尚

国务院 1999 年出台了延长节假日的规定，人们的时间充裕了，而且随着人们生活水平的不断提高，消费观念也发生了转变，于是外出旅游成为许多人度假的首选。每当节假日来临之际，经常会听到“你们家过节准备到什么地方玩”的对话。对此，一些精明的旅游企业把眼光盯在了家庭旅游这块蛋糕上。

目前家庭旅游表现出的类型主要有以下三类：一是亲子型。对于核心家庭来说，我国现在的大部分家庭带孩子外出旅游主要是为了让他们增长知识，陶冶情操。但核心家庭外出旅游也有一定的限制，比如孩子太小的时候带出去不方便，读中学的孩子学业太紧很少能舍得花时间出去玩。除此以外的时间段，家长都有可能带孩子去旅游。二是情侣型，这包括两种情况：一种情况是初婚期的情侣用旅游的方式开始自己的新生活；另一种情况是处于空巢期的老年夫妇，退休以后没有工作压力和生活负担，如果身体条件允许，很多人都愿意出去旅游（但他们一般选择在非节假日的时间外出）。三是孝敬父母型。中青年人平时工作忙，很少能与父母聚在一起，利用节假日陪父母出去旅游，既可以弥补感情歉疚，又可以回报父母的养育之恩，享受天伦之乐。

在我国，家庭旅游作为一种新趋势，对进一步发展旅游业、拉动内需将产生不小的影响。过去我国推出的旅游产品一般是大众型的，以为普通游客提供服务为主，这显然不适合现阶段我国家庭旅游发展的要求。而且，与国外旅游业相比，在家庭旅游这个项目上，我们做得还很不够。比如，最近美国的一些大型旅游企业，开始将儿童作为一个重要的市场来对待了。他们想方设法来满足小朋友的需求。即使是豪华酒店也增加了白天照顾孩子的项目，他们已经认识到必须让父母放心地玩，同时也必须让和父母一起来的小朋友们感到满意。

（资料来源：龚振，荣晓华，刘志超．消费者行为学．大连：东北财经大学出版社，2002：185.）

问题与思考：不同家庭阶段对旅游决策会有什么差异？

知识探究

自家庭产生以来，家庭不仅是社会的基本单位，同时也是消费的基本单元，消费职能是家庭的基本职能之一。家庭是消费者个体成长的土壤，对消费者心理、消费者行为的影响占据主体地位。尤其是在我国，人们受传统的家庭观念影响很深，人们的收入一般是以家庭为中心相对统一地支配。家庭是进行绝大多数消费行为的基本单位。如日用品的购买以满足整个家庭的需要为目的，高档耐用消费品如家电、小轿车也以家庭为中心进行购买。同时，家庭成员之间消费心理和行为的相互影响更大。

一、 家庭概述

家庭是社会生活组织形式和社会构成的基本单位。它与消费行为有着极为密切的关系。

（一）家庭的概念

家庭是以婚姻、血缘或有收养关系的成员为基础组成的一种社会生活组织。父母、子女是家庭的基本成员。

（二）家庭的类型

常见的家庭类型包括四种，这些不同的类型往往意味着不同的消费模式。

1. 核心家庭

核心家庭是由一对夫妇（含一方去世或离婚）与他们的未成年子女组成的家庭（丈夫、妻子、子女），以及只由夫妻两人构成的家庭（丈夫和妻子）。

2. 主干家庭

主干家庭指至少由两代人组成，而且每代只有一对夫妇（含一方去世或离婚）的家庭（祖父母或外祖父母、丈夫、妻子和子女）。

3. 联合家庭

联合家庭是指由父母（含一方去世或离婚）与多对已婚子女组成的家庭，或兄弟姊妹婚后仍不分家的家庭。

4. 其他类型的家庭

其他类型的家庭指上面三种类型以外的家庭，如由未婚兄弟姊妹组成的家庭。

在不同文化背景下，甚至同一文化背景下的不同地区，占支配地位的家庭形式是有差别的。例如，在美国，核心家庭比较多见，而在宗族色彩比较浓的国家，如泰国，则以主干家庭居多。在我国，由于多年计划生育政策的推行，是世界上独生子女最多的国家。在城市里，核心家庭所占比重较大，而在农村，则仍以祖父母、父母及其子女三代同堂的主干家庭为主。

二、 家庭的基本消费特征

（一）家庭消费的广泛性

作为社会生活的基本单位，人的生命中大部分时间是在家庭中度过的，因此家庭消费就成了人们日常消费的主体。在人们日常购买的商品中，绝大多数都与家庭生活有关，家庭消费几乎涉及生活消费品的各个方面。

（二）家庭消费的阶段性

现代家庭呈现着明显的发展阶段性，可划分为不同的家庭生命周期阶段。处于不同发展阶段的家庭，在消费行为方面存在着明显的差异，并且表现出一定的规律性。

（三）家庭消费的差异性

由于家庭结构、家庭规模、家庭收入水平等方面的不同，家庭消费行为表现出非常明显的差异性。

（四）家庭消费的相对稳定性

排除家庭巨变的特殊影响，大多数家庭的消费行为具有相对稳定性。这主要是由于家庭日常消费支出存在相对稳定的比例关系，具有各自特色的家庭消费观念和习惯。

（五）家庭消费的遗传性

从宏观上看，家庭消费的遗传性是指由于每个家庭都归属于某一民族、社会阶层或宗教信仰，并受一定经济条件、职业性质和教育程度的制约，因而形成了一定的、具有世代相传特征的家庭消费特色、消费观念和消费习惯。从微观上看，这些具有家庭特色的习惯以及观念，会在日常消费行为中由老一代或父母潜移默化地传递给后代子女。当青年一代脱离原有家庭，组建自己的家庭时，必然带有原有家庭消费特性的烙印。

三、 影响家庭消费的主要因素

（一）家庭人口数

家庭人口数对消费的影响主要表现在影响商品的消费数量、影响消费行为的决策过程、影响家庭的消费水平和家庭的消费质量。

（二）家庭生命周期

家庭生命周期是指家庭从组建、发展到最终衰亡的全过程。家庭生命周期是大多数家庭所必经的历程。美国学者 P. C. 格里克最早于 1947 年从人口学角度提出比较完整的家庭生命周期概念，并对一个家庭所经历的各个阶段作了划分。一般把家庭发展阶段划分为形成、扩展、稳定、收缩、空巢与解体 6 个阶段，如表 5－1 所示。

表 5－1　家庭发展阶段表

	阶段	起始	结束
1	形成	结婚	第一个孩子的出生
2	扩展	第一个孩子的出生	最后一个孩子的出生
3	稳定	最后一个孩子的出生	第一个孩子离开父母家
4	收缩	第一个孩子离开父母家	最后一个孩子离开父母家
5	空巢	最后一个孩子离开父母家	配偶一方死亡
6	解体	配偶一方死亡	配偶另一方死亡

根据以上理论，从家庭的组成开始到家庭消失，一个家庭一般来说要经历以下五个阶段：单身期、新婚期、满巢期、空巢期和鳏寡期。在家庭生命周期的不同阶段，家庭收入水平、生活方式都会有不同，家庭成员的消费心理和消费行为也会不同。

1. 单身期

这一时期的消费者属于未婚单身状态。处于单身阶段的消费者一般比较年轻，几乎没有经济负担，消费观念紧跟潮流，注重娱乐产品和基本的生活必需品的消费。

2. 新婚期

新婚期也称初婚期，是指男女双方结婚登记成合法夫妻并建立家庭，到生下第一个子女的这段时期。这一时期，消费者经济状况较好，具有比较大的需求量和比较强的购买力，耐用消费品的购买量高于处于家庭生命周期其他阶段的消费者。

受传统观念的影响，我国大部分人家庭观念强烈，把结婚当成是人生的头等大事，不惜多年的积蓄，要把婚事操办得有声有势。这就形成了家庭组建之初的大规模突击性消费：室内装修、购买成套家具、品种齐全的家用电器、室内用品以及婚礼时的高档时装、大量食品。初婚期往往是一个家庭消费品的购买高潮期。

3. 满巢期

孩子的出生在很大程度上改变了年轻夫妇的生活方式，可供自由支配的收入、闲暇的时间大大减少。虽然这时家庭总收入可能有所上升，但养育孩子既费时又花钱，因而这一时期家庭整体消费水平较低。根据孩子不同的年龄，又可将满巢期进行进一步的划分：

满巢期（Ⅰ）：指最小的孩子在 6 岁以下的家庭。处于这一阶段的消费者往往需要购买住房和大量的生活必需品，常常感到购买力不足，对新产品感兴趣并且倾向于购买有广告的产品。

满巢期（Ⅱ）：指最小的孩子在 6 岁以上的家庭。处于这一阶段的消费者一般经济状况较好，但消费慎重，已经形成比较稳定的购买习惯，极少受广告的影响，倾向于购买大规格包装的产品。

满巢期（Ⅲ）：指夫妇已经上了年纪，但是有未成年的子女需要抚养的家庭。处于这一阶段的消费者经济状况尚可，消费习惯稳定，可能购买富余的耐用消费品。这一时期家庭支出主要有两个方面：一是满足整个家庭的消费需要；二是在满足现实需要的基础上开始为子女的结婚和生育进行家庭储蓄。

4. 空巢期

当子女成家立业之后，陆续从原来的家庭中分离出去组成新的家庭，形成一个新的消费单位，原来家庭中的人口数逐渐减少至只有父母两人，即形成家庭生命周期的空巢期。

这一时期，父母的总收入可能达到最高峰，同时家庭负担减轻，可自由支配的闲暇时间较多，因而这一时期，家庭消费水平很高，消费结构也不断得到改善，大部分的家庭在这一时期又出现了一个类似初婚期的消费热潮，心理上正处于“第二次青春期”的父母希望补偿年轻时由于负担重而不能满足的愿望，于是夫妻结伴出去旅游、购置一些豪华商品、保健用品等。

5. 鳏寡期

这一时期开始于夫妻双方有一人死亡，在这一阶段，未亡的一方生活方式会发生较大变化，再加上心理上的变化、经济收的减少，其消费行为必然会产生巨大变化。

在我国，赡养老人是一种传统美德。不少的鳏寡老人同子女生活在一起，他们的消费行为受子女影响较大。还有一部分老人单独生活，他们消费行为受原有的消费习惯、个人兴趣爱好、现有收水平等因素的影响。这一时期，老人的收入水平较低，用于医疗保健的必要支出较高，老人消费行为相当谨慎，大部分人的消费支出很低，余出的收入用于储蓄，以备不测。这一阶段，老人寻求安全保健及感情寄托的心理较强烈，消费支出除必要的衣食住行外，多集中于医疗、保健及一些消遣物品上。子女孝敬老人的商品大部分也是食品、保健用品及一些消遣用品。

（三）家庭收入

家庭收入是家庭支出的源头，是家庭消费的经济基础。它在很大程度上决定家庭的消费行为。一个收入水平高的家庭，在满足了食物支出之后，剩余的可任意支配的资金较多，故而它消费水平较高，决策较快，消费行为理智性较弱，容易受到各种促销手段的影响。反之，一个收入水平低的家庭，在满足了食物支出之后，剩余的可任意支配的资金很少，故而它的消费水平较低，决策较慢，消费行为理智性较强，较难受到各种促销手段的影响。

（四）家庭消费角色分工

在一个稳定的家庭内部，家庭成员的消费大多以家庭为单位进行，但在购买具体商品时，家庭成员之间存在着合作与分工，每个成员可能起的作用各不相同。根据家庭成员在购买过程中所起的不同作用，可分为倡导者：促使家庭中其他成员对商品发生购买兴趣的人；影响者：提供商品信息和购买建议，影响挑选商品的人；决策者：有权单独或与家庭中其他成员共同做出决策的人；购买者：亲自到商店从事购买活动的人；使用者：使用所购买的商品或服务的人。

（五）家庭购买决策类型

家庭购买决策往往是一种集体决策。家庭决策类型一般有五种：丈夫权威型、妻子权威型、合作依赖型、独立支配型和子女权威型。

1. 丈夫权威型

即家庭主要商品的购买决策由丈夫决定。这类家庭属于中国传统的家庭形式，农村家庭多数属于这种类型。文化水平相对较低，家庭主要经济收入靠丈夫提供，也有少数情况是因为丈夫料理家务，有比较丰富的购买经验。这种家庭购买的主要商品是根据丈夫的眼光、好恶来进行消费选择的，购买行为带有明显的男性心理特征，注重商品的性能、质量及实用价值，而对商品的外观造型、样式、色彩都不太挑剔，只要商品大体符合自己的要求就表示满意。

2. 妻子权威型

即家庭主要商品的购买决策由妻子决定。形成这类家庭的原因很多，可能是由于丈夫忙于工作或其他事务，家务劳动中绝大部分由妻子来承担；也可能是由于妻子精明能干，有丰富的购买经验和较强的决策能力。妻子权威型的家庭，其购买行为带有女性的消费心理特征，对所选商品要求严格，注重外观造型、色彩搭配，一般喜欢购买经济实惠、物美价廉的商品。

3. 合作依赖型

即购买决策由夫妻双方共同协商、相互参谋决定。这种类型在现代家庭中最为普遍，这是由现代人受教育水平提高、夫妻双方都有经济收入、在家庭生活中平等共享的意识增强决定的。随着社会的进步，这种类型的家庭将成为购买决策的主要形式。

4. 独立支配型

即家庭中的每个成员都有权独立地做出有关商品的购买决策。这种家庭属于开放型，一般文化层次较高，收入较为宽裕，或者常见于不太重要的购买活动。

5. 子女权威型

即购买决策主要是由子女决定。这一类型家庭的购买行为带有明显的青年消费者的特征，如对新商品兴趣较为强烈，形成购买决策的速度快，易产生购买冲动等。

任务4 掌握主要消费者群体的心理特征

案例导入

“吉列”雏菊牌专用女性刮毛刀

男子长胡子，因而要刮胡子；女性不长胡子，自然不用刮胡刀。提起吉列公司，不少长胡子的男人不会陌生，它的创始人金·吉列先生是世界上第一副安全刮胡刀片和刀架的发明人。1907年，吉列先生创建公司生产自己的产品，使男人刮胡子变得方便、舒适和安全，因此大受欢迎。到1920年，世界上已有约2 000万人使用吉列刮胡刀，进入70年代，吉列公司的销售额已达20亿美元，成为著名的跨国公司。

吉列公司进行了周密的市场调查，发现在美国8 360万30岁以上的妇女中，有6 590万人为了保持美好形象，要定期刮除腿毛和腋毛。在这些人之中，除去使用脱毛剂者之外，有2 300多万人主要靠购买各种男用刮胡刀来满足此项需要，一年在这方面的花费高达7 500万美元。相比之下，美国妇女一年花在眉笔和眼影的开支为6 300万美元，染发剂5 500万美元。毫无疑问，这是一个极有潜力的市场。

根据这项调查结果，吉列公司精心设计了新产品，它的刀头部分和男用刮胡刀并无两样，采用一次性使用的双层刀片，刀架不采用男性用刮胡刀通常使用的黑色和白色，而是选取色彩绚烂的彩色塑料以增强美感，并将握柄改为利于女性使用的扁状，握柄上还印了朵雏菊，更是增添了几分情趣。这样一来，新产品更显示了女性的特点。

为了使“雏菊刮毛刀”迅速占领市场，吉列公司还拟定七个“卖点”到消费者中征求意见。这些“卖点”包括：突出刮毛刀的“双刀刮毛”，突出其“完全配合妇女的需求”，其价格“不到50美分”，以及表明产品使用安全“不伤腿”等。最后，公司根据多数妇女的意见，选择了“不伤玉腿”作为推销时突出的重点，刊登广告进行刻意宣传。结果“雏菊刮毛刀”一炮打响，迅速畅销全美，吉列公司也因此上了一个新的台阶。

资料来源：http：//www.wenku1.com/news/7F75E9F9411F4EC1.html，2016-10-20.

问题与思考：相对于男性刮胡刀，吉列公司对女性刮毛刀进行了哪些方面的革新，为什么？

知识探究

现实中，人们的消费心理和消费行为总是千姿百态，那么，不同年龄、不同性别阶段的人群，其消费心理和消费行为到底具有哪些特征和差异呢？

一、 不同年龄阶段消费者群体的消费心理特征

人从出生、成长、成熟到衰老，心理的变化是从简单到复杂、由低级到高级不断发展

的。人的消费心理也是由简单到复杂而变化发展的。

下面分别对儿童、少年、青年、中老年、老年等不同年龄阶段的消费者的心理特点进行逐一分析。

(一) 儿童、少年的消费心理特征

这里所指的儿童、少年是从 1 岁到 18 岁的未成年人。儿童指 12 岁以前的未成年人，少年指从 13 岁到 18 岁的未成年人。

1. 儿童消费者的心理特征

12 岁以下的儿童的消费心理和消费行为受外部因素的影响较大，他们一般由父母养育和监护，自我意识尚未完全成熟，道德观念有待完善，缺乏自我控制能力，没有独立的经济能力，因此，具有特定的心理和行为，表现在消费活动中有以下几个特点。

(1) 从纯生理性消费需要逐渐发展为带有社会内容的消费需要。

儿童在婴儿时期的需要，主要是生理性的，随着年龄的增长，外界环境对他们的不断刺激，使其对环境作用的反映日益加深，需要从本能发展为有自我意识加入的社会性需要。四五岁的儿童学会了比较，尽管这种比较是表面的、直接的，但都表现出了有意识的支配行为。年龄越大，这种比较也越深刻。

在消费行为上，这一时期的消费者的消费需求与购买行为是相分离的，基本上是商品和劳务的消费者，而很少充当购买者。但此时的儿童，他们的购买意识会加入父母的购买行为中去，影响父母的购买决策，有时还可以自己购买一些小商品，如作业本等，即购买行为由完全依赖型向半依赖型转化。

从消费需求来看，儿童对护理保健用品及各类玩具等的需求比重大，对各种类型的学前教育及其用品有一定的市场需求潜力。

(2) 从模仿性消费发展为带有个性特点的消费。

儿童的模仿性是非常强的，特别是在学龄前期，别的小朋友有的玩具、用品，一定要让自己的父母设法买到，随着年龄的增长，这一模仿性消费逐渐被有个性特点的消费所代替，购买行为也开始有一定的动机、目标和意向，如自己的玩具或用品一定要好于其他小朋友的等。

(3) 消费情绪从不稳定发展到比较稳定。

儿童的消费情绪是极不稳定的，易受他人感染、易变化，对某一消费品，时而喜欢，时而不喜欢。随着年龄的增长，儿童接触社会环境的时间增多，有了集体生活的锻炼，控制情感的能力得到发展，消费情绪逐渐稳定下来。

总之，儿童的消费心理处于感情支配阶段，购买行为以依赖型为主，但有影响父母购买决策的意向。

2. 少年消费者的心理特征

此时期，他们的心理特征是依赖与独立、成熟与幼稚、自觉性与被动性交织在一起的时期。在行为上，他们力图表现出独立性，但又不可能脱离开对父母的依赖，希望像成年人那样处理问题，结果表现得又很幼稚。他们的消费心理特征及行为表现可以从以下几点反映出来。

(1) 有成人感，喜欢与成人比拟。

有成人感是少年消费者自我意识发展的显著的心理特点。他们主观认为自己已长大成

人，应该有像成年人一样的权力和地位，要求自尊和被尊重。学习、生活、交友都不希望被过多地干涉，而希望按自己的意愿处理，在消费心理及行为上，表现得不愿受家长束缚，自己做主，独立购买自己喜欢的商品，常常和父母发生矛盾。

（2）购买的倾向性开始确立，购买行为趋向稳定。

少年时期的消费者，对社会环境的认识不断加深，兴趣趋向稳定，幻想相对减少，有意识的思维与行为增多，随着购买活动次数的增多，感知经验越来越丰富，对消费品具备了初步的判断、分析和概括的能力，购买行为趋于习惯化、稳定化，购买的倾向性也开始确立，购买动机与现实条件的吻合度有所提高。

（3）从受家庭影响逐步转向受社会的影响。

儿童时期，消费者的购买行为主要受家庭的影响，其主要原因是他们自身的活动受到限制，又没有能力改变。少年时期的消费者，自理能力增强，有了一定的独立性。集体学习、活动、与社会的接触在时间和空间上都大大增加，受新产品、新事物、新环境、新知识的影响逐渐加大，与家庭相比，这部分消费者更乐意接受社会的影响。

（4）对商品的厂牌、商标逐步加深印象和加强记忆。

少年由于对事物的感知过程已逐步从事物的外部特征转向事物的主要特征和本质特征，能够把个别事物同一般原理联系起来，在识记上，也能对材料进行逻辑分析，加强对事物的记忆力和判断力，因此，他们对商品的判断，已不单纯从商品的外部特征去认识，还会从商品的厂牌、商标及社会信誉等方面去判断商品的性能和品质。“认牌购物”的心理行为有明显的表现。

3. 儿童、少年用品市场营销的心理策略

了解少年儿童的消费心理和行为特征，目的是为了刺激少年儿童的购买动机，满足他们不同的心理和物质需求。具体的营销策略，可以从以下几方面来考虑。

（1）区别不同对象，运用不同的满足方式。

不同对象是指购物对象和消费对象。由于儿童少年没有经济来源，因此，在不同程度上决定了他们的购买要受成年人的控制，根据不同的时期，可以采用不同的营销方式。

乳婴期，一般由父母承当消费品的购买者。企业对商品的设计要求、价格判断可以完全从年轻父母的消费心理出发，用品服装要考虑不同父母的审美情趣，商品质量考虑父母对儿童给予保护的心理，玩具的价格要适当，等等。

学龄前儿童不同程度地参与父母为其购买商品的活动。企业既要考虑父母的要求，也要考虑儿童的愿望。玩具、用品的外观要尽量符合儿童的心理特点，商品的价格要符合父母的要求；商品的用途要迎合父母提高儿童智力及各方面能力的心理。对于小件商品，特别是小件文化用品的设计和营销方式都可以直接针对儿童少年的心理要求确定，而大件商品，如服装、鞋帽，要更多地考虑父母的接受程度，但式样要适合儿童的特点。以后随着年龄的增大，可以以少年儿童为主体来进行设计和营销。

（2）改善商品的外观形象，加深购买者对商品的认识，促成购买行为。

铅笔卷笔刀、铅笔盒等用品的外观、形状、颜色等方面，要考虑儿童的心理特点，如有好奇心，要设计得色彩斑斓、形状多样，可采用各种动物头像做笔帽，用儿童所崇拜的童话形象作为服装装饰图案等，依此增强商品的吸引力。

（3）在推销商品时，企业应注意提高其识记程度，灌输企业或商品形象。

儿童的识记具有随意性，到少年时期，持久性大大增强。那些别具特色，为少年儿童所喜爱的品牌、商标，造型独特的商品，一旦通过同学、朋友、广播、电视等媒介被其认识，就很难被忘记。因此，推销商品要注意提高其识记程度，把企业或商品的印象留给儿童、少年，这具有深远的意义。

（二）青年的消费心理特征

这里所说的青年，在我国指的是从 18 岁到 30 岁之间的成年人。他们在消费活动中处于重要的位置，具有特殊的影响力。

1. 青年消费者的特点

（1）人数众多。

根据我国第六次人口普查（2010 年）结果，我国的年轻人口占全国总人口的 17%，达 2.25 亿，伴随着教育程度和城镇化比例的提高，这一人群的消费实力和决策力也迅速提升，青年是一个强大的消费者群，庞大商机存在于这一人群中。

（2）具有很强的独立性和购买力。

进入青年时期的消费者，已具有了独立的购买消费品的能力。而且，家庭消费品的购买，凡大件商品，几乎都征求他们的意见。参加工作后，有了经济来源，又没有很多的负担，购买的独立性更强，因此，青年是具有很大购买潜力的消费者。

（3）分布广泛、均匀。

凡是有人口的地方，均有青年的分布，同时，青年的分布都是相对均匀的，社会提供给他们的市场也是均匀的。青年阶段是人生最重要、最丰富多彩的阶段，因此，这一人群是一个十分广阔和活跃的市场。

（4）影响突出。

青年消费者的购买行为具有扩散性，就像“冲击波”，对所有消费者都是一种冲击，影响深刻、突出。他们不仅有独立的购买能力，而且购买意愿也多被家庭所尊重。新婚夫妇的购买，往往代表着最新的家庭生活趋势，对已婚家庭也是一种冲击和诱惑，孩子出世以后，他们又以独特的消费意识、购买行为影响着下一代，母亲习惯的食物、使用的化妆品会第一个进入女儿对此商品的记忆，这种高辐射力是任何一个年龄阶段的消费者所不及的。因此，争取一个青年消费者，企业可以持久受益。

2. 青年消费者购买行为的心理特征

（1）追求时尚，表现时代。

青年人较典型的心理特征就是内心丰富、热情奔放、思想活跃、思维敏捷，对未来充满希望和幻想，具有冒险精神，任何新事物、新知识都使他们新奇渴望、大胆追求，他们具有极强的创造力，在消费心理和消费行为方面表现出追求新颖与时尚，追求美的享受，力图表现时代，领导消费新潮流。所以，青年人往往是新商品、新的消费行为的追求者、尝试者和推广者，并逐渐影响更多的消费者，在他们的带领下，时尚消费进入高潮。

（2）追求个性，表现自我。

青年消费者处于少年不成熟阶段向中年成熟阶段的过渡时期，自我意识的加强成了消费者迫不及待的心理需求，对事物的情感也越发深沉。追求独特、追求个性、突出自我，“我”是与别人不同的。他们非常喜爱能表现个性心理的商品，要求与别人相区别，要求不一般化。消费方面注重仪表，追求个性的美，以表现自我。

（3）追求实用，表现成熟。

青年消费者在追求时尚中，难免带有一定的盲目性，但又因为他们有知识、有文化，接触信息多，交流广，对消费品的选择与购买基本上不是盲从的。在追求时尚、追求个性的同时，也追求新商品的实用性和科学性，追求消费品的货真价实。他们要求新产品既反映时代风格，又符合现代科学技术的要求。多种因素综合刺激青年消费者的购买动机，决定其购买行为，表现了青年消费者趋于成熟的消费心理。

（4）注重情感，容易冲动。

青年消费者心理的另一典型特征是“两极心理”。由于青年处于过渡时期，思想情感、志趣爱好、性格气质并不完全稳定，重情感、易冲动，所以，客观条件对他们的消费心理及购买行为影响突出。购物时，情感变化激烈，容易走极端。冲动性购买多于计划性购买，往往忽略对商品的综合选择，商品的款式、颜色、形状、价格等因素都能单独成为青年消费者的购买理由。

3. 新婚青年购买行为的心理特征

结婚和建立家庭，是青年消费者继续人生里程的必经之路，大多数青年在这一阶段完成人生中的重大转折。此时，青年的消费既有一般青年的消费特点，又有其独特性。表现在以下几个方面：

（1）在消费需求构成方面。

新婚青年在建立家庭的时候，需求是多方面的，在需求构成和顺序上，用的商品数量最大，其次是穿的和吃的商品，而且需求新潮、配套，追求高层次的和谐。

（2）在购买时间方面。

20 世纪 80 年代前期，集中购置的用品以生活必需品为主，耐用消费品多是婚后才购买的。而近年来，新婚青年的家庭用品，包括高档耐用品，大多在婚前集中一次性购买完成，且购买时间相对集中，多在节假日之前突击购买。

（3）购买的心理需求具有强烈、鲜明的特点。

既对物质性的商品具有较高的需求，同时对精神享受的商品也有较高的追求。对新商品的购买，求新求美，追求寓意良好，追求与众不同，追求高雅舒适，追求感情象征，希望幸福美满，对价格的考虑则是第二位的。

面对青年消费者以及新婚阶段的青年消费者购买行为与心理的特征，企业必须制定相应的营销策略，及时推出能反映时代潮流、能代表现代技术、实用合理的新潮商品。通过有特色的促销手段，刺激消费者的购买动机，满足他们的消费需要。

（三）中年消费者的消费心理特征

中年，指 30 岁到退休年龄阶段的成年人。中年消费者人数众多，负担重，大多处于决策者的位置，且购买的商品既有家庭用品，也有个人、子女、父母的穿着类商品，还有大件耐用消费品。因此，了解、把握中年消费者群体的心理特征，对企业进行正确营销决策具有重要的意义

1. 中年消费者的特点

（1）人数众多。

由于 20 世纪 60 年代为我国人口的生育高峰，21 世纪正是这些人步入中年行列的时期，所以，在人数上，中年人最多，而且分布均匀、广泛，在消费活动中具有重要作用。

(2) 处于购买商品的决策者位置。

中年消费者由于其子女未独立，其父母步入老年行列，他们一般都处于购买商品的决策者位置，他们不仅决定一般生活用品的购买，还决定家庭耐用消费品以及子女、老人衣食用品的购买。

(3) 负担重。

中年消费者处于子女需要抚养，父母需要赡养，转折定向、事业即成的人生道口，时间紧迫，负担沉重，家庭所必需的支出多，而经济收入一般不太高，所以，消费行为就受到一定的限制。

2. 中年消费者购买行为的心理特征

(1) 注重商品的实用性及价格与外观的统一。

青年消费者更多地追求时尚，中年消费者由于深入生活，经济条件所限，对商品的实用性与价格给予更多的关注，并对商品的外观也有一定的要求。中年消费者正处于“不惑”和“知天命”的成熟阶段，青年消费者身上的一些特点在他们身上逐渐淡化，他们内心既保留青年时代的美好岁月，又要做青年的表率。因此，他们希望以稳重、老练、自尊和富有涵养的风度有别于青年。反映在消费方面，就是不再完全按照自己的兴趣爱好选择商品或消费方式，而是更多地考虑他人的看法，以维护自己的形象，与众人保持一致。如选择服装，他们宁可压抑自己个人爱好而随俗，也不愿意让别人感到自己花样翻新和不稳重。

(2) 注重商品的便利性。

中年消费者由于工作、生活都处于人生负担最沉重的阶段，为了减轻这种负担，他们更欢迎能提供便利的商品，如半成品、方便食品、减轻家务劳动的耐用消费品等。

(3) 理性购买多于冲动性购买。

青年消费者由于他们本身感情的冲动性，冲动性购买较多，而中年消费者阅历广，购买经验丰富，情绪反应一般比较平稳，多以理智支配自己的行动，感情用事的现象不多见。注重商品的实际效用、价格和外观的统一，从购买欲望形成到实施购买往往是经过多次分析、比较后才做出判断，随意性小，既要把家庭生活安排好，又要考虑经济合理，所以，只有那些符合他们消费需求的商品才购买。

针对中年消费者的消费心理特征，对于中年消费品市场的营销策略也要具有一定的针对性，否则，不会有很好的销售效果。

(四) 老年消费者的消费心理特征

老年消费者，一般指离退休以后的消费者。由于生理特性发生了变化，老年消费者有不同于其他消费者的一些特征。随着社会生活环境的改善和卫生、保健事业的发展，世界人口出现老龄化的趋势，老年人在社会总人口中所占的比例不断增加。老年人是一个特殊的消费者群体，老年消费者市场是一个全世界都在关注的市场。老年消费者在生理和心理上同青年消费者、中年消费者相比发生了明显的变化。

1. 消费习惯稳定，消费行为理智

老年消费者在几十年的生活实践中，不仅形成了自身的生活习惯，而且形成了一定的购买习惯。这类习惯一旦形成就较难改变，并且会在很大程度上影响老年消费者的购买行为；反过来，这会使老年型商品市场变得相对稳定 。由于年龄和心理的因素，与年轻人相比，老年人的消费观比较成熟，消费行为理智，冲动型热情消费和目的不明的盲目消费相对较少。对消费新潮的反应显得较为迟钝，他们不赶时髦，而是讲究实惠。对商品的老品牌、老商标忠实性高，所以，企业应对老字号、老品牌、老商品加强宣传，商店名称、商品名称、商标等也不应轻易更换。

2. 追求方便实用，要求提供良好的服务

老年消费者已不像青年人那样富于幻想、重视商品的情感，而是非常成熟、理智，他们的购买动机往往以实用方便为主，将商品的实用性放在第一位，强调质量可靠、方便实用、经济合理和舒适安全。至于商品的品牌、款式、颜色和包装是其次需要考虑的。即使在购买过程中，他们也希望提供方便及良好的服务。所以老年用品的陈列，高度要适当，商品标价要清楚，服务要周到，交易手续要简便，商品尽量能够易学易用，减少体力和脑力的负担，让他们感到社会对他们的关心和照顾。

3. 消费结构有所变化，原有的嗜好和兴趣不易改变

随着生理机能的衰退，老年消费者的需求结构发生了变化，保健食品和医疗保健用品的支出增加，在穿着和其他奢侈品方面的支出大大减少，满足个人的嗜好和兴趣的商品支出有所增加。老年人费用支出的大部分是用在食品和医疗保健上，只要有利于健康，就舍得花钱，愿意购买高档商品，而穿、用方面的支出则相对减少，受时尚流行的影响甚少。老年人的购买多为理智型的，强调经济实用、质量可靠。在消费习惯方面，要培养新的嗜好和兴趣已很困难，而且由于闲暇时间的增多，原有嗜好和兴趣有些还可能加强，如吸烟、喝酒、收藏等，大多数老年人都保持原有的习惯，有时明知对身体有害，但就是不能改正。

4. 较强的补偿性消费心理

在子女成家立业，没有了过多的经济负担后，部分老年消费者产生了较强的补偿性消费心理，在美容、衣着打扮、营养食品、健身娱乐和旅游观光等商品的消费方面，有着与青年人类似的强烈消费兴趣，以补偿那些过去未能实现的消费愿望。

针对老年人的心理特点，在老年人用品市场的各种营销策略中，应符合其心理需要，满足他们最大的希望。据许多调查资料显示，80％～90％的老人都希望自己健康长寿，但平时又对自己的身体健康状况敏感，对死亡有种恐惧心理，因此，老年人用品的营销必须适应他们的这种特殊心理，广告宣传应以正面宣传为主，不能搞“恐吓式”诉求，以免影响老年人的身体健康。

二、 不同性别消费者群体的消费心理

（一）女性消费群体的消费心理特征

随着女性就业率和社会经济地位的提高，女性受教育水平、收入、拥有的社会财富在不同程度的增加，女性消费者已经构成了一个巨大的消费群体和购买群体。女性消费群体是指女性自身所需专用商品的购买消费，如服装、首饰、化妆品；女性购买群体是指她们还同时作为家庭消费品的购买决策主体和采购主体。女性在家庭中承担了母亲、女儿、妻子等多种角色，因此，也是绝大多数儿童用品、老年用品、男性用品和家庭用品的购买者。

女性消费者群体一般感情丰富、热情细腻，好交际、注意力集中，机械记忆能力强，联想丰富，一般都很爱美。与男性相比，女性普遍认为购物是一件有趣的事情，许多女性将购物当作一种休闲娱乐活动。但是也有其不足之处，如往往只注意商品的某些个别属性，而忽略总体的要求，因此，他们选购商品时较挑剔，对商品的要求带有片面性，有时抓不住商品的要害。

1. 重视商品外观形象，爱美、求美心理强烈

爱美之心，人皆有之。尤其是女性，这方面的需求心理特别强烈。女性爱美之心、求美心理加重了对商品外观形象的注重。如女性在商场无意发现了美的商品或能使自己穿着、使用后更加年轻漂亮的服饰、化妆品等，会喜出望外，毫不犹豫地花钱购买。甚至在马路上走着时，由于听到赏心悦目的广告宣传或看到新颖夺目的橱窗陈列，以及嗅到香味宜人的食品气味，她们都会驻足凝视，进而前往购买。

2. 对商品具有较强的敏感性和情感特征

女性消费者在购买商品过程中有很强的敏感性，对商品的优缺点和品牌、商标以及售货员的服务态度记忆程度较高。一旦在头脑中对某一方面有了不好的印象，则会很长时间不到这里买东西，或决不买某种品牌、商标的商品。女性购买商品的这种敏感性往往在细微之处表现得非常突出。有的服务员或其他消费者的一两句话或一个小小的动作、表情也能影响女性消费者。女性消费者不仅对商品具有较强的敏感性，而且善于转化为情感，在购买中具有明显的情感特征。如女性逛商场发现或是听人说某商品的优点，便很快产生购买某商品的情感，在情感的作用下，很快变为购买行为。有时因情感的作用，由于对某商品的偏爱，容易产生冲动性购买，尽管暂时不需要，也要购买，尤其在那些价格偏低的小商品上表现得更为突出。

3. 具有较强的自我意识和自尊心

女性本身的性格特点是自我意识强，喜欢评论。在日常消费活动中，她们往往以选择的眼光、购买的内容及购买的标准来评价自己和别人。她们希望得到别人的认可和赞扬，肯定自己的判断力和鉴别力。购买活动中，营业员的表情、语调介绍及评价等都会影响女性消费者的自尊心进而影响其购买行为，她们一般不能容忍营业员怀疑自己的常识和能力。

4. 选购商品时非常细致，具有较强的求全心理

女性在购买商品时，对商品的适用对象、用途、工艺、花色、商标、包装等方面考虑得非常周全，挑选时非常认真细致，特别是对一些细小的地方都要仔细考察。如挑选鞋，对鞋的皮子前后是否一致，两只鞋是不是一致，皮子软硬，鞋正不正，两只鞋的高低，鞋底软硬，是否易断，鞋的颜色、鞋的接头及针脚是否均匀等会观察得很仔细。女性在购买商品时，不仅挑剔商品，而且对商品的经营方式及所购得的商品使用时的一些情况进行评论。所以她们在购买商品时往往占用时间长、询问多，这正是由女性消费者特有的细心与较强的求全心理所致。

5. 注重商品的便利性

现代社会，中青年妇女的就业率提高，她们既要工作又要负担家庭的大部分家务劳动，因此，她们对日常生活用品的方便性具有强烈的要求。每一种新的、能减轻家务劳动强度、节省家务劳动时间的便利性消费品，都可能博得她们的青睐。

6. 注重商品的实用性

由于女性消费者在家庭中的地位及从事家务劳动的经验体会，她们对商品的关注角度与男性不同。她们在购买生活日常生活用品时，更加关注商品的实用效用，关心商品带来的具体利益。

（二）男性消费群体的消费心理特征

研究表明，男性消费者有着不同于女性消费者的消费心理特点。

1. 购买行为目的性明确

一般说来，男性消费者的购买动机在许多方面不如女性强烈。在家庭中，男性在购买上不如女性那么主动、积极。男性往往在急需时才去购买，购买行为目的性明确，“临时抱佛脚”者居多。如无购买需要，男性很少光顾商店。

2. 购买行为果断，理智性强

男性消费者消费决策的形成迅速、果断，具有较强的自信性。男性的个性特点与女性的主要区别之一就是具有较强的理智性、自信性。他们善于控制自己的情绪，处理问题时能够冷静地权衡各种利弊因素，能够为大局着想。这些个性特点也直接影响他们在购买过程中的心理活动。因此，决策形成要比女性果断迅速，并能立即导致购买行为。即使是处于比较复杂的情况，如当几种消费动机发生矛盾冲突时，也能够果断处理、迅速做出决策，特别是许多男性不愿斤斤计较，购买商品也只是询问大概情况，对某些细节不予追究，也不喜欢花费过多的时间去比较、挑选，即使买到稍有毛病的商品，只要无关大碍也不去计较。男性对价格的高低不如女性敏感，男性往往重视商品的质量，只要商品合意，往往不在乎价格的高低，更不愿过多地讨价还价。

3. 购买动机形成的被动性

就普遍意义讲，男性消费者不像女性消费者经常料理家务，照顾小孩、老人，因此，购买活动远远不如女性频繁，购买动机也不如女性强烈，比较被动。在许多情况下，购买动机的形成往往受外界因素的影响，如家里人的嘱咐、同事朋友的委托、工作的需要等，动机的主动性、灵活性都比较差。我们常常看到这样的情况，许多男性顾客在购买商品时，事先记好所要购买的商品品名、式样、规格等，如果商品符合他们的要求，则采取购买行动，否则，就放弃购买动机。

4. 购买动机感情色彩比较淡薄

男性消费者在购买活动中心境的变化不如女性强烈，不喜欢联想、幻想，感情色彩也比较淡薄。所以，当动机形成后稳定性较好，其购买行为也比较有规律。即使出现冲动性购买也往往自信决策准确，很少反悔退货。需要指出的是，男性消费者的审美观同女性有明显的差别，这对他们动机的形成也有很大的影响。例如，有的男性认为，男性的特征是粗犷有力，因此，他们在购买商品时，往往对有明显男性特征的商品感兴趣，如烟、酒等。

5. 男性的成就动机

男性的成就动机比女性强烈。许多女性在结婚之后只安于自己的小家庭，成就动机变弱了，而许多男性在结婚之后，由于有了稳定的家庭生活和新的责任感，成就动机反而更加强烈。在购买方面，女性往往愿意逛商店，男人往往愿意逛书店，许多女性在婚后很少购买书籍和文化用品，而男性婚后对文化用品的购买不仅不降低，反而会上升，因为婚后独立生活，购买权独立了。在购买家具时，女人更愿意买衣柜和梳妆台，而男人更愿意买书柜和写字台。许多男性喜欢代表权力和地位的产品，热心于购买高档商品，往往不是为了实用，而是为了显示自己的身份或地位。

项目小结

消费活动本身是一项社会化的行为，受社会各种因素的影响，在这些影响因素中，参照群体、家庭、社会阶层对消费者购买行为具有重要的影响。

参照群体是指对个人的行为、态度、价值观等有直接影响的群体。对消费者行为会产生直接或间接、有形或无形的影响。参照群体的影响主要体现在信息、功利、价值表达等方面。

社会阶层是指全体社会成员按照一定的等级标准划分为在地位上彼此相互区别的社会集团，阶层就是由具有相同或类似社会地位的社会成员组成的相对持久的群体。社会阶层具有等级分布、多维性、对成员行为的约束性、同质性、动态性的特征。社会阶层常见的划分方法包括印象测量法、主管测量法、客观测量法，其中客观测量法的主要划分指标为收入、教育程度、职业、权力。不同社会阶层在支出模式、休闲活动、信息接收和处理、购物方式等方面均具有明显的差异性。

家庭是社会生活组织形式和社会构成的基本单位，同时也是消费的基本单元，与消费活动有着极为密切的关系。家庭消费具有广泛性、阶段性、差异性、相对稳定性、遗传性的特征。影响家庭消费的主要因素包括家庭人口数、家庭收入、家庭生命周期、家庭购买决策类型、家庭消费角色分工。家庭生命周期的不同阶段决定了消费内容、消费数量和消费特征各不相同。

不同人口统计学特征下的消费者群体，其消费特点具有明显差异。儿童、少年的消费心理和消费行为受外部因素的影响较大，消费需求从纯生理性消费需要向带有社会内容的消费需要过渡；青年消费者群体追求时尚、个性；中年消费群体注重消费的实用性和便利性；老年消费群体消费习惯稳定，追求方便实用，具有较强的补偿性消费心理。女性消费群体爱美、求美心理强烈，对商品具有较强的敏感性和情感特征，具有较强的求全心理；而男性消费群体购买行为目的性明确，购买行为果断，理智性强。

实训练习

一、选择题

1. 在社会阶层划分方法中，根据相关标准，自己对自己归类的方法称为（　　）。

A. 印象测量法　　B. 主观测量法

C. 客观测量法　　D. 综合测量法

2. 在家庭购买决策中，第一个提出要购买商品的人被称为（　　）。

A. 倡导者　　B. 影响者　　C. 决策者　　D. 购买者

E. 使用者

3. 下列不属于女性消费心理特征的有（　　）。

A. 重视商品外观形象，爱美、求美心理强烈

B. 选购商品时非常细致，具有较强的求全心理

C. 购买行为果断，理智性强

D. 注重商品的实用性

二、实训

选择你感兴趣的一件商品，进行相关市场调查，分析商品销售状况是否随着消费者年龄、性别的变化而变化。

项目六 分析消费者对商品的心理要求

问题引入

问题： 同学们有没有想过：“企业产品创新对企业具有什么样的意义？企业如何进行产品创新？消费者对商品名称、商标、包装设计具有什么样的心理要求？恰当的名称、商标和包装对产品的推广具有怎样的作用？”

学生讨论、回答问题，教师点评。

学习目标

知识目标： 了解新产品的概念、特点、类型；理解消费者接受新产品的过程及不同类型的新产品购买者具有的消费心理；了解新产品的开发过程；掌握新产品的开发策略；了解商品名称的概念，灵活掌握商品命名的原则和心理策略；理解商标的概念内涵和心理功能，灵活掌握商标的设计原则和运用策略；理解商标的功能和设计的心理要求。

能力目标： 掌握新产品开发策略在实践中的具体应用；能够根据商品特点、市场状况、企业条件进行商标策略的分析选择。能够根据不同类型的消费者群体进行包装的设计及营销策略的选择。

任务1　分析消费者对新产品的心理要求

案例导入

苹果公司新产品开发失败案例

作为一家知名IT公司，苹果公司如今已走过三十多年的发展历程。同许多公司一样，苹果公司在创新过程中也走过许多弯路，虽然以失败告终，但帮助其积累了不少宝贵经验。以下便是苹果公司创新败笔。

1. Lisa电脑

苹果Lisa电脑以乔布斯女儿的名字命名，是全球首款将图形用户界面和鼠标结合起来的个人电脑。然而，在Lisa电脑于1983年面市时，苹果公司没有充分考虑到消费者对电脑消费的承受能力，当时售价为令人难以置信的1万美元。高昂的售价令不少用户退避三舍，导致其销量不佳。

2. Macintosh Portable

你会将7千克重的电脑看作便携式电脑吗？恐怕大多数消费者不会。苹果公司于1989年推出售价6 500美元的Macintosh Portable电脑，但市场反应极差。

3. QuickTake数码相机

苹果公司1994年推出的QuickTake是世界上第一台数码相机。苹果公司出于自身利益，对QuickTake做了大胆创新，但这些创新并不成功。

4. Rokr手机

苹果公司的拥趸不厌其烦地强调，摩托罗拉Rokr并非苹果公司在iPod方面的第一次尝试。但苹果公司确实让Rokr搭载了公司iTunes播放软件，并在2005年9月联手摩托罗拉推销这款产品。Rokr存储量有限，只能装载100首歌曲，最终结果令人失望，尽管它确实预示着引爆市场的iPhone手机即将问世。

从以上的案例中我们可以看出导致苹果公司失败的原因是决策失误和盲目创新。苹果公司既没有顾及市场的需求，也没有考虑自己的产品链，是一种非良性的创新。另外，苹果公司技术创新过于夸大，并未找到一种适宜自己发展的系统创新模式。实际上，技术创新的最终目的还是通过服务市场来增加企业价值。也就是说，要建立以价值驱动的创新模式，即技术创新与市场需要以有效的销售策略相结合，而这样的模式正是苹果公司缺乏的。

后来，当乔布斯重新回到苹果公司后，他意识到盲目创新的危害，很快改变战略，使苹果公司“再放异彩”。

问题与思考：苹果公司新产品失败的案例说明了什么？

知识探究

商品设计是商品生产的起点。一种商品应该有什么样的功能，怎样的外形结构，要具备什么特点，达到什么样的目标市场，首先是由商品设计决定的。

我们可以看到，在国外工商业中，商品设计的指导思想已普遍从“以生产为中心”转移到“以消费者为中心”的观念上来，并且，对于如何按照消费者的需要进行商品设计，已有广泛而深入的研究。

一、 新产品概述

（一）新产品的概念

传统的新产品是指采用新技术原理、新设计构思研制、生产的全新产品，或在结构、材质、工艺等某一方面比原有产品有明显改进，从而显著提高了产品性能或扩大了使用功能的产品。

市场营销中所指的新产品是相对于未被满足的需求而言的，凡是对产品整体概念中任何一部分的创新和变革，能很好地满足消费者需求的产品都属于新产品范畴。

在消费者方面，则是指能进入市场给消费者提供新的利益或新的效用而被消费者认可的产品。

新产品应具备下列一个以上的特点：具有新的原理、构思或设计；采用了新材料，使产品的性能有较大幅度的提高；产品结构有明显的改进；扩大了产品的适用范围。

（二）新产品的特征

1. 先进性

新产品必须在技术上先进，性能、质量、能耗等技术经济指标要比老产品有明显的提高。由于采用了新原理、新技术和新材料，新产品相对于老产品而言就有了先进性特征。

2. 创新性

新产品往往应用了新的原理、新的构思和设计，由新的材料和新的元器件构成，具有新的性能、用途等创新或改进性内容。

3. 经济性

新产品由于采用了新技术，通常在生产制造过程中可以节省成本，提高劳动生产率，优化产品质量，给企业带来良好的经济效益。

4. 风险性

新产品的开发同样也存在一定的风险性，包括由于技术不成熟、产品存在缺陷而产生的技术风险及由于消费者缺乏了解、短期难以让市场广泛接受而产生的市场风险。

（三）新产品的分类

1. 按照新产品的创新程度分类

（1）改进型新产品。

改进型新产品是指在原有产品基础上发掘新功能，使其具有新的特点和新的突破，改进后的新产品，其结构更加合理，功能更加齐全，品质更加优质，能更多地满足消费者不断变化的需要。如手表的功能从计时功能改进增设计算、录音、天气预报、测血压等多种功能。改进型产品对原有产品不进行重大改革，只对它进行局部的、形式上的改进。

（2）换代型新产品。

换代型新产品是在现有产品基础上进行较大改革后生成的产品，如黑白电视机到彩电电视机的转变。

（3）创新型新产品。

创新型新产品是指应用新原理、新技术、新材料，具有新结构、新功能的产品。该新产品在全世界首先开发，能开创全新的市场，是本企业从未生产和销售过的新产品，如电灯、电话的发明。新产品研究开发往往需要较长的时间。

（4）仿制型新产品。

仿制型新产品是企业对国内外市场上已有的产品进行模仿生产，成为本企业的新产品，如深圳锦绣中华、北京世界公园的微缩景观就是仿制型产品。

2. 按照潜在市场范围分类

（1）世界性新产品。

世界性新产品是指世界范围内首次出现的新产品，如电灯的发明使用。该类产品吸引力强，市场发展潜力与空间巨大。

（2）全国性新产品。

全国性新产品产品是指在国际上已经生产出售，但在本国范围内属于首次生产并投放市场。该种类型的新产品对开拓本国市场、引导和创造新的需求、减少产品进口、促进国内市场与国际市场对接具有重要作用。

(3) 地区性新产品。

地区性新产品是指地区范围内首次出现的新产品，可以是本地区首次研制成功并投放市场的产品，也可以是首次引入本地区的进口商品或外地商品。

(4) 企业性新产品。

企业性新产品是指企业首次研制生产的新产品，对企业未来的生存、发展和竞争力的提升具有十分重要的意义。

二、 消费者接受新产品的过程

(一) 知觉

消费者接触到产品的物理刺激或社会刺激的瞬间，就进入了知晓阶段。该阶段虽然消费者已经知道了某种新产品，但也仅仅是知道其存在，缺乏详细的了解和深入的认识。

(二) 兴趣

当消费者对新产品感到好奇时，就进入了兴趣阶段。此时，消费者会主动寻求有关的信息资料，这些信息包括：新产品比已有的产品好吗？价格贵吗？别人对新产品的看法和评价如何？

(三) 评价

消费者在掌握一定的资料、信息的基础上，对产品予以评价，并考虑是否值得购买这种新产品，一般来说，评价的主要目的是降低不确定性。

(四) 试用

消费者对该新产品进行小量尝试，并根据使用结果修改他们对产品价值的评估。只有当消费者使用了新产品并感到满意后，个人才会接受新产品并使用。消费者在试用阶段，购买数量极少，如果没有机会试用，则消费者采用新产品的可能性会大为降低。

(五) 购买使用

消费者对试用结果满意后，决定经常选用该产品，开始正式购买和大量重复购买。有些消费者甚至乐于为产品进行宣传。

企业要成功地推广新产品，就要使消费者尽快、顺利地通过这五个阶段，较快地接受新产品，扩大其市场影响。

三、 新产品购买者的类型与心理分析

(一) 最早购买者

最早购买者在新产品的全部接受者之中所占的比例大约是 2.5%。他们是新产品刚上市，最先实施购买的消费者。最早购买者的个性特征是自信心强，社交活跃，对产品信息敏感，富于创新精神，敢冒风险。同时由于经济条件较优越，对风险有较强的承受能力。最早购买者人数很少，但可以起到示范、表率、带动其他消费者的作用，因而是新产品推广的首要力量，是新产品消费带头人。

(二) 早期购买者

早期购买者在新产品的全部接受者之中所占的比例是 13.5%。他们是新产品上市初

期，继最早购买者购买之后，马上投入购买的消费者。这部分消费者经济条件较好，社会经济地位较高，有较多的社交活动，注意从广告中了解新产品信息。求新、时髦心理对其购买行为影响较大，对新产品的态度积极，常跟在最早购买者之后购买新产品。早期购买者的个性特征是思想活跃，喜欢评论，常是公众意见的领导者。

（三）较早购买者

这部分消费者为数较多，在新产品的全部接受者之中所占的比例是34%。他们是经过最早购买者和早期购买者对新产品的特点、性能、用途等证实之后，而实施购买行为的消费者。他们的购买行为基本上发生在产品成长阶段。这部分消费者在消费中具有明显的同步和仿效心理，他们乐于接受新生事物，但是一般比较慎重，对风险采取回避态度，购买的时候相当谨慎，一旦证实新产品的特点后，会马上实施购买行为，成为某一消费热潮的重要力量。

他们是促成新产品在市场上趋向成熟的主要力量，是新产品的基本消费群。他们对于其他消费者购买动机的形成也有重要作用。

（四）晚期购买者

晚期购买者在新产品的全部接受者之中所占的比例是34%。他们是当大部分消费者接受并使用新产品后才开始购买新产品的消费者。

晚期大众的思想谨慎，个性多疑，行动畏缩不前，对新事物接受起来较慢。多数人经济条件一般，社会活动较少，信息不灵，反应迟钝，担心吃亏上当，总是被动地顺应消费趋势。当看到购买新产品的人数越来越多，并已证实新产品的特点及由此带来新的消费趋势后，他们才开始购买。

这部分消费者人数大体同早期大众一样，他们对于新产品在市场上达到成熟与饱和状态作用重大。

（五）最晚购买者

最晚购买者，也称落后采用者。在新产品的全部接受者之中所占的比例是16%，他们是最后购买和最终拒绝购买新产品的消费者。最晚购买者的个性特征是保守、抑郁，对事物态度趋于稳定，思考问题惯用传统的思维方式，文化水平和收入水平都很低，与外界缺乏沟通，信息闭塞。他们当新产品处于饱和状态或趋于衰退状态时，才实施购买。最晚购买者是最后的新产品购买者，随着经济的发展和文化水平的提高，这部分消费者的人数将越来越少。

四、 消费者对新产品的心理需求

（一）求美心理

爱美之心，人皆有之。消费者在选择新产品时，美感度是其考虑的重要因素。这包括商品自身的线条、色彩、形态美，还包括产品对环境的装饰作用，对人体的美化作用。随着消费者文化素质的提高，他们对商品与环境的鉴赏能力也不断增强。

（二）求实心理

求实心理是指很多顾客在购买新产品时，首先考虑新产品实用性，在选购产品时，非常注重新产品的质量。

（三）求廉心理

这类顾客在选购新产品时往往要对同类产品的价格仔细对比，还喜欢选购打折或促销的产品，具有这种心理的顾客以经济收入较低者居多，也有经济收入较高但节俭的人，他们购买产品希望少花钱。

（四）求名心理

这类顾客是以一种显示自己身份及地位的心理来购买新产品。他们多选购名牌，受名牌效应的影响，不仅提高了生活质量，更是一个人社会地位的体现，存在追求地位、威望的心理需求。

五、 新产品的开发过程

新产品开发是指从研究选择适应市场需要的产品开始到产品设计、工艺制造设计，直到投入正常生产的一系列决策过程。从广义而言，新产品开发既包括新产品的研制也包括原有的老产品的改进与换代。新产品开发是企业研究与开发的重点内容，也是企业生存和发展的战略核心之一。

（一）构思的产生

企业通常可从企业内部和企业外部寻找新产品构思的来源。公司内部人员包括：研究开发人员、市场营销人员、高层管理者及其他部门人员。这些人员与产品的直接接触程度各不相同，但他们的共同点是熟悉公司业务的某一或某几个方面。企业可寻找的外部构思来源有顾客、中间商、竞争对手、企业外的研究和发明人员、咨询公司、营销调研公司等。

消费者的需求和欲望是新产品构思产生的起点；企业营销人员及其他人员是新产品构思的重要来源，比如企业高层领导者，本田公司是第一家在汽车上设置硬币盘的汽车生产商，这个主意就来自该公司创办者本田宗一郎，他首次美国之行发现路边电话亭，但由于没有零钱打不了电话，从而有了在汽车上设置硬币盘的创意；专家和调研人员为新产品构思提供建议和方案；通过对竞争对手产品和服务的关注也能发现新构思。日本人是使用这一策略的高手，他们购买许可权，生产仿制西方产品，并且用多种方法来改进这些产品。

（二）构思筛选

构思筛选是采用适当的评价系统及科学的评价方法对各种构思进行分析比较，从中把最有希望的构思挑选出来的一个过滤过程。在这个过程中，力争做到除去亏损最大和必定亏损的新产品构思，选出潜在盈利大的新产品创意。

对企业资源总体评价，分析企业研制生产、销售某种产品的能力；构思是否符合企业的发展规划和企业目标，包括利润目标、销售目标、产品组合目标；进行财务可行性分析，分析企业能否有足够的资金发展某项新产品；分析市场性质及需求，判断产品能否满足市场需求；竞争状况和环境因素分析。

（三）概念的发展和测试

新产品构思是企业希望提供给市场的一些可能的新产品设想，新产品设想只是为新产品开发指明了方向，必须把新产品创意转化为产品概念才能真正指导新产品的开发。产品构思需要转变成成型的产品方案。概念测试就是企业通过消费者回答一系列问题，了解消费者的购买意向后，确定对目标市场吸引力最大的产品概念，提出新产品方案。

（四）制订营销战略计划

对已经形成的新产品概念制订营销战略计划，是新产品开发过程的一个重要阶段。该计划将在以后的开发阶段中不断完善。

营销战略计划应包括三个部分：

第一部分是描述目标市场的规模、结构和消费者行为，新产品在目标市场上的定位，市场占有率及前几年的销售额和利润目标等。

第二部分是对新产品的价格策略、分销策略和第一年的营销预算进行规划。

第三部分则描述预期的长期销售量和利润目标以及不同时期的营销组合。

（五）商业分析

商业分析是对新产品概念进行财务方面的分析，就是要预测一种产品的销售量、成本、利润额、收益率，预测开发和投入产品的资金风险和机会成本，预测环境及竞争形势的变化，预测对产品未来收入、成本、利润的影响，预测市场规模并分析消费者购买行为。

（六）产品开发

新产品开发主要解决产品构思能否转化为在技术上和商业上可行的产品这一问题，主要是研制开发、制成样品的过程，同时要注意产品的适用性和经济性。根据美国科学基金会调查，新产品开发过程中的产品开发阶段所需的投资和时间分别占开发总费用的30％、总时间的40％，且技术要求很高，是最具挑战性的一个阶段。

（七）市场试销

新产品试销的目的是通过将新产品投放到有代表性的小范围目标市场进行测试，帮助企业真正了解该新产品的市场前景。市场试销是对新产品的全面检验，可为新产品是否全面上市提供全面、系统的决策依据，也为新产品的改进和市场营销策略的完善提供启示。

通过市场试销，可以了解潜在需求和消费习惯，收集资料，为营销策略提供依据，发现产品缺陷，改进产品，在试销中通过消费者的检验。如果试用率、再购率均比较高，说明新产品可以正式投放市场；若试用率高，再购率低，表示消费者对产品尚且不满意；使用率低，再购率高，表示产品比较受欢迎，但尚未被消费者了解；两者都低，说明产品无发展前途，应尽早放弃。

（八）商品化

完成了以上的七个步骤后，才是新产品的商品化阶段的营销运作，能将新产品正式推向市场。企业应在以下几方面慎重决策：何时推出新产品：针对竞争者的产品而言，有三种时机选择，即首先进入、平行进入和后期进入；何地推出新产品：新产品是否推向单一的地区、一个区域、几个区域、全国市场或国际市场；如何推出新产品：企业必须制定详细的新产品上市的营销计划，包括营销组合策略、营销预算、营销活动的组织和控制等。

六、　新产品开发策略

（一）领先型新产品开发策略

领先型新产品开发策略是一种先发制人的策略，是指企业率先推出新产品，利用新产品的独特优点，占据市场上的有利地位。领先型新产品开发策略可使企业对新技术成果享有独占权，能够较早地建立起现实和潜在竞争对手进入市场的技术壁垒，并在新产品市场上处于主动地位，有利于企业在新产品生产和管理方面积累丰富经验，取得相对竞争优势，但这一策略投入大，成本高，开发周期长，具有较高的风险性。

（二）跟随型新产品开发策略

跟随型新产品开发策略也称模仿型策略，就是等别的企业推出新产品后，立即加以仿制和改进，然后推出自己的产品。这种策略是不把投资用在抢先研究新产品上，而是绕过新产品开发这个环节，专门跟随模仿市场上刚刚推出并畅销的新产品，进行追随性竞争，以此分享市场收益。所以，又称为竞争性模仿，既有竞争，又有模仿。竞争性模仿不是刻意追求市场上的领先，它绝不是纯粹的模仿，而是在模仿中创新。企业采取竞争性模仿策略，既可以避免市场风险，又可以节约研究开发费用，还可以借助竞争者领先开发新产品的声誉，使之顺利进入市场。更重要的是，它通过对市场领先者的创新产品做出许多建设性的改进，有可能后来居上。

（三）系列式产品开发策略

系列式产品开发策略就是围绕产品向上下左右前后延伸，开发出一系列类似的但又各不相同的产品，形成不同类型、不同规格、不同档次的系列产品。采用该策略开发新产品，企业可以尽量利用已有的资源，设计开发更多的相关产品，如海尔围绕客户需求开发的洗衣机系列产品，适合了城市与农村、高收入与低收入、多人口家庭与少人口家庭等不同消费者群的需要。

在选择不同策略的基础上，企业应根据具体情况选择相应的新产品开发的方式。

独立研制方式：这种方式指企业依靠自己的科研和技术力量研究开发新产品。

联合研制方式：是指企业与其他单位，包括大专院校、科研机构及其他企业共同研制新产品。

技术引进方式：技术引进方式是指通过与外商进行技术合作，从国外引进先进技术来开发新产品，这种方式也包括企业从本国其他企业、大专院校或科研机构引进技术来开发新产品。

自行研制与技术引进相结合的方式：这种方式是指企业把引进技术与本企业的开发研究结合起来，在引进技术的基础上，根据本国国情和企业技术特点，将引进技术加以消化、吸收、再创新，研制出独具特色的新产品。

仿制方式：按照外来样机或专利技术产品，仿制国内外的新产品，是迅速赶上竞争者的一种有效的新产品开发方式。

任务 2　分析消费者对商品名称、商标、包装的心理要求

案例导入

给汽车起个好名字

汽车制造厂家都想为生产的汽车起个好名字。美妙的商标名称能取悦用户，打开销路。

德国大众汽车公司的桑塔纳高级轿车，是取“旋风”之美誉而得名的。桑塔纳原是美

国加利福尼亚一座山谷的名称，该地因生产名贵的葡萄酒而闻名于世。在山谷中，还经常刮起一股强劲的旋风，当地人称这种旋风为“桑塔纳”。该公司决定以“桑塔纳”为新型轿车命名，希望它能像桑塔纳旋风一样风靡全球，结果好名字带来了好销路。

汽车的商标名称也有因疏忽而受到“冷遇”的，往往使其销路大减。20 世纪 60 年代中期，美国通过汽车公司向墨西哥推出新设计的汽车，名为“雪佛莱诺瓦”，结果销路极差。后来经调查发现，“诺瓦”这个读音，在西班牙语中是“走不动”的意思。又如，福特公司曾有一种命名为“艾特赛尔”的中型客车问世，但销路不畅，原因是车名与当地的一种伤风止咳药读音相似，给人一种“此车有病”之感，因此问津者甚少。

更有趣的是，美国一家救护公司成立 30 年来，一直把“态度诚实、可靠服务”作为宗旨，并将这 4 个词的英文开头字母“AIDS”印在救护车上，生意一直很好。然而，自从艾滋病流行以来，这种车的生产一落千丈。因为印在救护车的 4 个英文字母恰恰与艾滋病的缩写（AIDS）完全一致，患者认为这是运送艾滋病人的车而拒绝乘坐，行人也时而嘲弄司机。这家公司最终只得更换用了 30 多年的老招牌。

资料来源：冯丽华．营销心理学：第 2 版．北京：电子工业出版社，2009：196-197.

问题与思考：

试从营销心理学角度分析，为什么要给汽车起个好名字？

知识探究

你认为商品的名称、商标、包装等因素对消费者的消费行为会有影响吗？有什么影响？要想回答这些问题，就必须了解商品名称、包装、商标与消费心理的关系。

一、 商品名称与消费心理

（一）商品名称及其心理功能

商品命名实际上是选择适当的词或文字来代表商品的过程。对消费者而言，商品名称是引起其心理活动的刺激信号，它的基本心理功能是帮助消费者识别和记忆商品。商品名称的好坏给消费者的视觉刺激感受程度和心理上引起的联想差别很大，从而使消费者对生产企业的认知感也不同。美孚石油公司商品名称的确立，花费了 40 万美元，调查了 55 个国家的语言，编写了一万多个用罗马字组成的商标后才得以确定。他们之所以肯花大本钱用在商品的命名上，就是因为他们深深认识到，一个商品的名称代表着一定的商品质量与特征，是企业经营信誉的象征和标志。

1. 商品名称的含义

商品名称是指运用语言文字对商品主要特征概况反映的称号。简单地说，商品名称就是企业为产品取的名字。它不仅是使消费者借以识别商品的主要标志之一，也是引起消费者心理活动的特殊刺激物。商品命名的根本目的是使商品的名称与消费者的心理相吻合，对消费者产生积极的影响。

2. 商品名称的心理功能

（1）认知商品。

商品名称是某种商品的代号，命名的实质是选择语言文字来代表特定的商品。因此，商品名称要能够使消费者通过名称迅速了解商品的基本效用和主要特征，这就要求商品名称要与商品的实体特征相适应，名实相符。实际上，许多商品的命名都遵循了这一原则。比如，“五粮液”之名，好就好在消费者可以顾名思义，通过名字就可以知道这种酒由五种粮食酿造而成，从而留下深刻的印象。

（2）便于记忆。

商品的名称主要用来吸引消费者，加深消费者对商品的印象，所以商品的名称应易读易记，以便减轻记忆难度。认知心理学的研究成果证明：记忆材料越少越容易记忆。这就要求商品的名字要简捷、形象，其寓含的内容应为广大消费者所熟悉。“简捷”是说商品名称的字数要尽量少，像“董酒”等由于字数少，容易被记住。“形象”是说商品应尽量根据本身特性，以某种事物命名，显示其生动、形象。如“雪花”牌啤酒，使人目睹或听到商品名称，就会联想到冬天的漫天雪花飞舞，感到啤酒的清爽宜人，并由此帮助消费者对这一商品的记忆。

（3）引人注意。

这是商品命名最主要的目的，也是最重要的要求。好的商品命名应能在众多同类商品名称中脱颖而出，迅速引起消费者的注意。

（4）诱发情感。

商品名称采用代表一定价值的图像、文字信号，能够使人产生对相关价值的联想，并诱发人的联想情感。例如，绿色容易使人产生对树木、花草的联想，从而感到平静与安宁。根据消费对象的心理特征，起一些用意良善的名字，更能引起消费者积极的情感体验，如“百岁”酒有延年益寿的美好祝愿，特别符合老年人的心愿。但是，起的名字如果引起的是消极的情感体验，就会给商品的销售带来消极的影响，如“火山”牌冰箱给消费者的情绪体验就是消极的。

（5）启发联想。

激发联想是商品命名的一项潜在功能。通过名称的文字和发音使消费者产生恰当、良好的联想，可以引发其良好的心理感受，激发购买欲望。福州有一种传统佳肴名曰“佛跳墙”，佛本不食荤，但闻此佳肴的香味，也按捺不住跳出寺墙而食之，可以想见其味道是如何之美了。即使没有见过此菜的人，只要闻其名，也能勾起想象和向往，产生非尝不可的欲望。

（二）商品命名的心理策略

1. 商品命名的原则

（1）商品名称要有助于建立和保持品牌在消费者心目中的形象。

品牌名称要清新高雅，不落俗套，充分显示出商品的高品位，从而塑造出高档次的企业形象。

（2）商品名称要有助于产品区别于同类产品。

选择名称时，应避免使用在同类商品上已经使用过的或音义相同、相近的名称。如果不注意这点，难免会使消费者对品牌认识不清而对企业认识模糊，鲜明的企业形象的建立更是无从说起。

（3）商品名称要充分体现产品的属性所能给消费者带来的益处。

商品名称要能够反映商品带给消费者的效用，从而通过视觉的刺激，使消费者产生对产品、对企业认知的需求。这是企业形象深入人心的基础。如："飘柔"洗发水能使消费者发挥头发飘逸顺美的想象；"舒步"皮鞋可以使消费者联想到脚蹬鞋子时的舒适。

（4）商品名称要符合大众心理，能激发消费者的购买动机。

商品名称要能够激发消费者购买动机，使企业形象的树立有一个立足点。这是商品名称最需要注意的问题。如，女性用品的命名应秀美小巧，男性用品的命名应雄健粗犷，儿童用品的命名就应活泼可爱，而老年用品的命名则应吉祥稳重。一个优秀的品牌名称除能吸引人们的注意力外，还会使人产生美好的联想。比如，香料以玫瑰命名，香上加香；而"内衣"则不宜用"玫瑰"命名，因为玫瑰带刺，穿上这种牌子的内衣，会使人产生一种如芒刺背的联想。

（5）商品名称应注意民族习惯的差异性。

各个国家地区都有其不同的文化背景和偏好，只有针对各地区实际，树立的企业形象才更有效，更具针对性。国内外各地区的喜好、禁忌不同，商品的命名更应慎之又慎。

2. 商品命名的主要方式

（1）商品的主要效用。

即商品的名称要反映出商品的主要性能或功能。此法药物及具有药物功效的商品和日用工业品采用得多一些。如"活络丹""百日咳""胃必治""感冒冲剂""乌发宝""缝纫机"等，这些名称可以作为条件刺激物准确而迅速地传达所特指的商品的特性、用途，便于消费者快捷地认识特定商品的作用，进行选择消费，取得消费者的信赖。

（2）商品的主要成分。

这种方法直接反映了制造商品的主要成分。如前面提到的"五粮液"，还有"人参蜂王浆""羽绒防寒服""珍珠霜""电子石英钟"等，采用这种命名方法的多是本身采用名贵、先进的原料。在名称中昭示其成分，既可以增加消费者对商品的信任，又可以激发消费者的尊重感，打开商品的销路。

（3）商品的产地、人名。

采用这种命名方法的商品一般是具有悠久历史的传统名特产品。如"刘伶醉""王麻子剪刀""张小泉剪刀""李宁运动服""云烟""茅台酒""青岛啤酒""洋河大曲""龙井茶"等。由于采用这种命名方法的大多是一些传统名牌商品，因此能引起消费者的有关联想和强烈的情绪体验，强化消费者的信赖感，从而产生连续的惠顾。

（4）商品的生产企业。

以企业名称命名的商品，突出了商品生产者的老字号和信誉效应，能加深消费者对企业的认识，有助于突出品牌形象，以最少的广告投入获得最佳的传播效果。如索尼、日立、东芝等，都是以企业名称作为品牌的名称的典范。

（5）商品的制作方法。

以商品制作方法命名，可提高商品的威望，增强消费者对商品的信任，如精制大米、二锅头等。

（6）商品的外观、色彩。

根据商品外形、外观命名，如"动物饼干""琥珀桃仁""宝塔糖""竹叶青酒""冰糖"等，这种方法可以将商品优美动人的外部形态直接诉诸消费者的感觉器官，易于使商品在消费者心目中留下深刻的印象。根据商品色彩命名，如"红菇""黑木耳""翡翠烧卖"等。这种方法能突出商品的色彩，吸引消费者的兴趣和注意，勾起视觉联想，加深对商品的印象。

（7）以外文译音命名。

多用于进口商品、外来商品，为了简便易懂，直接借用外语的名称，如“阿司匹林”“盘尼西林”“阿迪达斯”“尼龙”“三明治”“威士忌”“桑塔纳”“可口可乐”等。这种方法能在一定程度上满足消费者求新、求异、求变的心理要求，激发消费欲望。

（8）以美好形象的事物命名。

用形象美好的事物名称命名，可以引起人们对商品的注意与好感，并追求某种象征意义，如“宝马”牌汽车、“雪莲”牌毛衣等。或以具有感情色彩的吉祥词或褒义词命名，以引起人们对商品的好感，如“富康”汽车、“金利来”、“长寿面”等。

资料链接

五粮液名称由来

今天，“五粮液”之名，可谓家喻户晓，然而它的名称的由来，却鲜为人知。

清朝道光年间，年庚尧兼理川陕两省总督，挪用为云贵两省筹措的饷银，在四川钻探盐井，广开酒坊。于是很多陕西酒商便纷纷来到曲酒之乡——宜宾，筑窖酿酒。为能酿出质量更高的曲酒，他们辟蹊径，掘幽微，酿出了一种以高粱、大米、荞麦等几种粮食为原料、滋味绵长、醇香怡人的曲酒，并名之曰“杂粮酒”。后来，由于太平军将领石达开兵入四川，陕西酒商纷纷离川返家，“杂粮酒”便渐渐停产，然其馨、其名却使人刻骨铭心。到了二十世纪二十年代末，“利川永”烤酒作坊老板邓子均奉宜宾商会主席姜柏年之命，重酿“杂粮酒”。几经周折，最后由当时的名医孙我山根据中药配方的加减原理，结合药定量情况，采用高粱、麦子、大米、玉米、糯米五种粮食为原料，终于重新酿出了香浓味正的“杂粮酒”。姜柏年品尝后以“春花”名之。后来，邓子均为了扩大此酒的销路，亲携“春花”酒数瓶拜谒宜宾团练局长霍东恒，霍东恒等品其味，赞不绝口，但却认为此等佳酿以“春花”名之，俗而平，即命团练局文书杨惠泉重新取上一个好名字，杨惠泉询问了酿酒情况，沉吟片刻，“此酒既然用五种粮食做成，何不名之‘五粮液’”，此名一出，举座称赞。如此名之，既表示出其酒质如琼浆玉液，又说明了它是由五种粮食酿造而成，使人闻名领味。“杂粮酒”自此遂以“五粮液”之名流芳海内外。

二、 商标与消费心理

（一）商标的内涵

商品仅有名称是不够的。为进一步区别生产经营者制造销售商品的质量、性能、规格、特点，并在必要时诉诸法律保护，商标必不可少。商标是商品的标志，通常用图案、文字明显地说明商品的牌号、质量、规格和特点等。商标经过注册登记后，具有专利，并受到法律保护，假冒、伪造商标要受到法律制裁。商标是商品经济的产物，商品经济越发达，商标的使用越普遍，而且它的作用越来越重要，不仅区别不同厂家的产品，而且起着诱导消费心理、促进销售的主要作用。

1. 商标的含义

商标（Trademark）是指生产者、经营者为使自己的商品或服务与他人的商品或服务相区别，而使用在商品及其包装上或服务标记上的，由文字、图形、字母、数字、三维标志和颜色组合的一种可视性标志。国际保护工业产权协会在柏林大会上曾对商标做出的定义："商标是用以区别个人或集体所提供的商品及服务的标记"。

2. 商标的心理功能

（1）识别商品的功能。

商标是商品的一种特定标志，具有显著的识别功能。它有助于消费者在购买商品过程中辨认出他们所需要的商品，并便于消费者了解、记忆商品的生产经营单位，对同类商品进行比较，确定商品的质量、性能。在现实购买活动中，许多消费者就是根据商标购买商品的。

（2）质量保障的功能。

英国法官早在19世纪就认识到商标与商品质量之间的关系："即使公众不知道具体的生产者，但只要一个商标或者名称与商品来源的联系已被当做质量的代表，该商标或名称就可以受到保护。"同一商标的商品往往代表一定的质量标准和技术要求。因此，商标的确定就有利于实行商品标准化，并保证商品应达到的标准，而消费者对商品的忠诚与信赖，正是在此基础上建立起来的。名牌商标更是如此。

（3）传播促销的功能。

商标设计的目的不仅在于使消费者识别、辨别商品，更重要的是把商标所代表的商品在更大的范围内更迅速地传播给消费者，并通过各种渠道向社会各个消费者群体渗透。有了商标，就可以将其作为广告宣传手段，以打开市场，扩大销路。较之于广告，商标更具有经济性、灵活性和宣传面的广泛性。消费者在选购商品时，多是记住商标，凭商标识别商品质量的优劣，即认牌购货。特别是商标那鲜明独特的图案、色泽，使消费者很容易辨别熟悉或需要的商品，根据他们以往的经验和所获得的信息，很快地做出购买决策。

（4）保护的功能。

商标在国家的商标管理机构注册后，就取得专利权，受到法律保护。禁止他人假冒或仿造。商标的保护功能十分重要。它一方面维护商品生产者、经营者的信誉，保护企业的经济利益，另一方面引导消费者认牌购物，保护消费者的经济利益。但商标只有经过注册之后，才能发挥其保护功能。如"芭蕾"牌珍珠霜，在东南亚地区很受消费者欢迎，但被外商在香港、印度尼西亚、新加坡等地抢先注册，外贸部门后来花了二十万美元的代价，才买回该商标的专用权。

（二）商标设计的原则

1. 识别性原则

识别性是商标的最基本功能。商标的特殊性质和作用决定了商标形式法则和特殊要求，这就是具备各自独特的个性，不允许丝毫的雷同。鲜明生动的形象有很强的视觉冲击力，给人心理上的回味，在回味中得到一种心理上的享受。商标可以具有企业名称所不具备的功能和作用，名称虽然可以使人看懂，可不能在人们头脑中建立一个清楚有力的、固定的、统一的形象。只有富于创造性、具备自身特色的商标，才有生命力，如同旗帜一样鲜明、醒目。个性特色越鲜明，视觉表现的感染力就越强，刺激的程度越深，保持的时间就越长。

2. 简洁性原则

人在单位时间里所接受的信息量有限。注意商标的时间极短，商标图案或文字表现若过于复杂难懂，消费者就不易辨认和记忆，这将影响消费者对商品或企业的认知。国际上对商标的图案、文字设计趋向于简洁化。商标简洁鲜明的具体要求是：图案画面不可过于复杂，宜用单纯醒目的易于理解和记忆的图案，宜用简明线条和单纯明快的色彩；商标文字不可过长，也不可生僻难懂，而且要念起来顺口悦耳；商标的图案和文字要自然和谐，能表现出鲜明的个性特征，易于识别和记忆。

3. 感染力原则

形象生动的商标，易捕捉消费者视觉，从而引起注意，产生强烈感染力，达到过目难忘的效果。寓意美好、含义隽永的商标，往往引发人们美好的联想，也是富有感染力的。商标要达到有感染力的效果，必须注意一个问题，即商标的图案、文字、内容与企业本身的内容应尽量相符或相似，也要与主销对象相关联，切不可相去甚远。如“奔驰”牌汽车的商标图案是一个方向盘，给人以联想。

4. 禁忌性原则

一些文字、图形是禁止用作商标的，各国在禁用商标方面有不同的规定，应注意其差别性。由于各国风土人情、社会文化背景不同，有些在一国常用或为消费者所喜爱的商标，在另一些国家就未必适宜使用。在商标设计方面，似乎已形成一种国际规范，即在选择商标的文字、图形和色彩时，避免采用销售国禁用的或消费者忌讳的东西，如瑞典的国旗为蓝色，该国禁用蓝色作为商标，如果用蓝色作商标就会被认为对他们国家的不尊重；阿拉伯国家禁忌黄色；法国人认为黑桃是死人的象征；印度人把不完整的月亮看作不祥之兆；欧洲人把新月看作美好的象征；日本人认为荷花是不吉利的象征；美国人不喜欢山羊；法国人忌用核桃作商标；意大利人忌用菊花作图案，等等。

（三）商标运用的心理策略

商标设计涉猎十分广泛，既要考虑商标设计的艺术性、实用性，又要考虑商品本身特点和注册的需要，即法律性和专业性。在商品经济日益发达、市场竞争日趋激烈的情况下，怎样设计出醒目响亮、吸引顾客的商标，已成为企业产品策略中的一项内容。为此，许多企业不惜重资，耗费大量的人力、物力，以期获得理想的效果。然而，在商标设计中，更主要的是要考虑采用什么样的商标策略。运用什么样的商标策略，则决定企业生产的各类产品所采用的商标形式。

商标策略是指企业为实现、实施商标战略，根据商品特点、市场状况、企业自身条件而制定的商标工作与方式方法。商标策略是企业营销策略的重要组成部分，是企业对所生产的产品是否使用商标、使用制造者的商标还是销售者的商标、使用独立商标还是统一商标的策略。

1. 是否使用商标

在市场上，我们所见到的商品大部分都有商标，这是因为使用商标无论是对企业还是对消费者都有很多好处，但是这并不意味着所有的商品都必须使用商标。商标的使用是以一定的费用为代价的，当某些商品受特殊因素的影响，不需要或无明显效果时，也可以不使用商标。选择不使用商标的策略，主要有下面三种情况：

第一，从商品本身的性质来看，有些商品不可能在生产过程中形成一定的特性而与其他商品相区别，消费者在选购时也没有识别商品来源的要求，像一些蔬菜、水果和电力等，就可以选择不使用商标；

第二，从商品经营的特点看，有些商品属于国家计划品种，由国家统一经营，像特殊钢材、飞机、大型设备等，可不使用商标，但需要附有质量标准、产品规格、厂家名称、地址等情况说明，以对商品负责；

第三，从消费者习惯来看，人们长期习惯于无商标商品，像食盐、糖、熏肉等，可采用无商标策略。

现实生活中，市场上流通的商品大部分都有商标，无商标的商品比重很小，并且随着我国社会主义市场经济的建立还有继续缩小的趋势。这是由于一些企业在营销实践中逐步感到，仅用厂名等代表商品的质量和信誉有很大的局限性，不利于竞争力的发挥。目前，在一些发达国家的市场上的商品几乎无一例外地使用商标。像蔬菜这样历史上从未使用过商标的商品，也通过塑料袋等特别包装贴上商标。

2. 使用制造者的商标还是销售者的商标

一般情况下，商标是商品制造者的标记，但商业的发展使商业企业逐渐在市场上形成自己的声誉，所以企业如果是在消费者对本企业的产品不熟悉、不了解的市场上推销产品，或本企业的声誉远不及销售者的声誉时，则宜采用销售者的商标，也可先采用销售者的商标，待此商品为市场所接受、取得顾客信任后再转用制造者商标。

3. 使用统一商标还是独立商标

(1) 统一商标策略。

统一商标策略，也称单一商标策略，是指企业生产经营的商品均使用同一商标。如青岛海尔集团的电冰箱，用的都是“青岛海尔”商标；佳能也实施单一商标策略，其生产的办公设备、个人用品和工业设备三大部分产品，数字多功能复印机、全彩色复印机、打印机、传真机、照相机、双筒望远镜、半导体生产设备等，都使用“佳能”商标。在世界知名品牌中，香奈儿、耐克、微软、索尼、麦当劳等，也实施单一商标策略。

实行统一商标策略的优点：在推广新商品时，可节省商标设计费、注册费、续展费等有关费用；一次性广告宣传，能使所有的商品受惠；若老商品在消费者中具有较高的信誉，则可带动新商品很快打开销路。采用统一商标策略，其商品必须是同类或类似，且档次基本一致。否则，不宜使用。

(2) 独立商标策略。

独立商标策略，也称个别商标策略，是指企业根据商品的不同情况而采用不同的商标。它主要适用于四种商品：

第一，不同类别的商品采用不同商标，如美国通用汽车公司生产的不同种类的汽车，就分别使用了“凯迪拉克”“别克”“雪佛兰”等多个商标。

第二，不同档次的商品采用不同商标。一般来讲，当生产经营的商品档次不同时，应分别设计商标。这是一种企业根据生产的产品的质量、档次不同而分别采用不同商标的形式，如在瑞士名牌表中，“劳力士”“欧米茄”代表最高等级的手表，而“天梭”“浪琴”是次一级的手表。上海民族乐器一厂生产的民族乐器，“敦煌”牌代表高档乐器、“牡丹”牌代表中档乐器，而“鹦鹉”牌则代表低档乐器。用不同商标代表商品的不同档次，在家庭用品、烟、酒等产品上较为常用，它便于消费者“认牌购货”。

第三，不同品种的商品采用不同商标。即产品品种不同，使用不同的商标，如宝洁旗下的“飘柔”“护舒宝”“佳洁士”“舒肤佳”“汰渍”“玉兰油”等均属于不同类型产品对应的不同商标。

第四，新商品。使用个别商标策略，可使企业的整体声誉不受个别商品声誉降低的影响；分散商标使用过程中对企业的风险威胁；有利于提高生产经营的灵活性。

4. 保留与更换商标策略

一般来说只要商标在市场上还有一定声誉，还能使商品销售获得满意的经济效益，就应保留继续使用，采用保留商标策略。但如果当商标或由于设计上的原因或由于管理上的原因或由于消费者爱好转移等在消费者心目中形象不佳，声誉受损，致使商品销路受到严重影响时，可考虑采用更换商标策略。更换商标有几种途径：一是骤然改变，即重新设计，以收到令人耳目一新的效果；二是缓慢改变，即新商标在一定时间内保留旧商标的某些特点，随着时间的推移，逐步过渡到新商标上来，这一途径费用低，风险小，但效果不如前一种显著。

（四）品牌与商标的关系

品牌是一种名称、术语、标记、符号或图案，或是它们的相互组合，用来识别和区分其他组织及其产品或服务，并通过其产品或服务所提供一切利益关系、情感关系和社会关系的综合体验的总和。品牌与商标两者既有联系，又有区别。

商标是品牌的一部分，是品牌中的标志和名称部分，它使消费者便于识别。但品牌的内涵远不止于此，品牌不仅仅是一个名称和符号，更是一种综合的象征，需要赋予形象、个性、生命。品牌标志和品牌名的设计只是建立品牌的第一道工作，也是必不可少的一道程序。但要真正成为品牌，还要着手品牌个性、品牌认同、品牌定位、品牌传播、品牌管理等各方面的内容完善。这样，消费者对品牌的认识，才会由形式到内容、从感性到理性、从浅层到深入，从而完成由未知到认识到理解到确信再到行为的阶段，形成忠诚顾客。品牌的法律保护由商标权利来保障，商标是品牌在法律上的形式体现。商标是一种法律概念，而品牌是市场概念。

资料链接

2015 年全球品牌价值榜前 20 名见表 6－1。

表 6－1　2015 年全球品牌价值榜排名前 20 名

排名	品牌	品牌价值（亿美元）	一年价值变动（%）	品牌营收（亿美元）
1	苹果 Apple	1 453	17%	1 823
2	微软 Microsoft	693	10%	933
3	谷歌 Google	656	16%	618
4	可口可乐 Coca-Cola	560	0%	231
5	IBM	498	4%	928
6	麦当劳 McDonald's	395	−1%	878

续前表

排名	品牌	品牌价值（亿美元）	一年价值变动（%）	品牌营收（亿美元）
7	三星 Samsung	379	8%	1 878
8	丰田 Toyota	378	21%	1 711
9	通用电气 General Electric	375	1%	1 291
10	Facebook	365	54%	121
11	迪士尼 Disney	346	26%	264
12	美国电话电报 AT&T	291	17%	1 324
13	亚马逊 Amazon. com	281	32%	875
14	路易威登 Louis Vuitton	281	−6%	101
15	思科 Cisco	276	−2%	481
16	宝马 BMW	275	−5%	835
17	甲骨文 Oracle	268	4%	388
18	耐克 NIKE	263	19%	283
19	英特尔 Intel	258	−8%	559
20	沃尔玛 Wal-Mart	247	6%	3 130

资料来源：http：//money. 163. com/15/0515/10/APLA90H900253G87. html，2016-10-15.

三、包装与消费心理

（一）商品包装的含义及功能

1. 商品包装的含义

包装是指在流通过程中，为保护产品，方便储运，促进销售，按一定的技术方法所用的容器、材料和辅助物等的总体名称；也指为达到上述目的，在采用容器、材料和辅助物的过程中施加一定技术方法等的操作活动。

2. 商品包装的功能

（1）保护商品。

商品包装最基本、最原始的作用之一就是保护商品，商品在运输、储存和销售过程中，会受到各种因素的影响，可能发生物理、机械、化学、生物等变化，造成商品损失、损耗。商品包装可以使商品在运输、储存、销售等活动中得到保护，不致损坏。有无安全功能是检验包装质量的重要指标之一。结实、牢固、各种防护性能（防震、防雨、防晒）良好的包装装潢，可以给消费者一种安全感——这里面的商品一定完好无损，从而增加他们的购买信心。现代的包装在安全功能上已不仅仅局限于保护商品的“本来面目”，还要保证商品性能安全可靠。

（2）吸引注意。

随着科学、文化和经济的发展，商品包装的吸引注意的功能必将占据越来越重要的地位。新奇和与众不同的设计可以满足消费者的猎奇心理，第一时间吸引住消费者眼球。若想使自己的包装设计在琳琅满目的货架上脱颖而出被消费者注意，就要发挥包装设计的外观魅力。消费者在浏览、选购产品时，能否产生进一步的其他心理活动的关键是视觉这一第一印象。

(3) 传递信息。

现代的包装装潢单纯为保护商品的愈来愈少，旨在商品包装装潢起保护作用的同时，兼起宣传商品的品牌、用途、性能等，使消费者通过裸露于外的包装接收到厂家向他们转达的商品信息越来越多。这种将保护作用与表现商品的形象和广告宣传融为一体的包装形式称为POP（Point of Purchase）包装，或焦点广告。如有一种滋补药剂的包装盒上，除了有突出的商品名称、醒目的商标图案、详细的作用与用途、用法、用量的介绍，以及注意事项外，还有间接的广告语“青春，健美，长寿”。这便是典型的POP包装。

(4) 提供便利。

商品包装的便利功能是指包装为商品从生产领域向流通领域和消费领域转移提供的一切方便。其内容主要包括：方便运输、方便装卸、方便储存、方便分发、方便销售、方便识别、方便携带、方便启闭、方便使用、方便回收、方便处理等。便利功能使商品与物流各环节具有广泛的适应性，使物流操作快捷、准确、可靠、便利。同时，包装提供的便利功能还适应市场营销的需要，为消费者带来方便，有助于扩大商品销售。

(5) 提升商品价值。

商品包装有的装潢漂亮，有的风格独特，有的具有象征意义，有的便于携带、保管、使用，有的还能重复利用，等等因素，使商品的价值在消费者心目中得到提高，消费者往往愿意以高于普通包装的价格购买，以满足种种心理需求。由此可见，商品包装也成为商品增值的手段。

(6) 促进销售。

就消费动机来讲，商品包装最直接的目标是激发消费者进行购买也就是刺激消费，制定商品包装计划时首先考虑的就应该是这一目标。商品包装的宣传功能可以传达商品的品牌、商标、性能、用途、特点、形象等。假如人们过去从未接触过某种商品，通过包装上的文字、图案，便可了解它，留下印象，如果包装质量高，还会给消费者留下深刻印象，形成认牌购买。尤其在自选商场，许多没有明确购买目标的人，面对琳琅满目的商品会感到茫然不知所取，在这种情况下，商品包装装潢如果附有详细的性能、用途、使用等的说明，以及生动鲜明的广告语，对于消费者的购买决策会产生相当大的影响。

（二）商品包装设计的心理要求

商品包装设计涉及许多方面，如美学、销售学、商品学、价格学等。包装的最终目的是方便消费者、吸引消费者，从而尽快地使商品从生产领域转移到消费领域。因此，包装设计所要考虑的最主要方面是消费者心理需求。只有消费者喜欢、满意，产品才有销路，才有强大的生命力。一般来讲，消费者对包装设计的心理要求包括以下几个方面。

1. 方便性

商品包装在购买、携带、储存、使用和传达信息等各个方面都要尽可能为消费者提供方便。如包装易于打开，有简单易懂的产品成分构成、使用方法、注意事项等内容，这些为消费者购买、使用带来便利，使消费者感受到企业的用心。

2. 适应性

包装材料、形式的选择，要根据商品的性质、状态、重量和用途综合考虑。一些易碎怕压或贵重商品，应设计带有衬垫材料的包装结构；一些易于腐烂变质的商品，应设计密封式包装，而一些多次或重复使用的商品应便于开封和保管。

3. 安全性

现代包装技术无疑大大延长了产品的保存期，提高了商品的美观性和商品价值。但是，由于使用了种类繁多的包装材料，如玻璃、陶瓷、金属、纸、橡胶及塑料等，在一定程度上增加了产品的不安全因素。“买得放心，用得安心”是消费者最基本的心理诉求，因此在包装上应尽可能将安全问题讲清楚，以消除消费者的顾虑。

4. 直观性

直观形象也是消费者对商品包装的基本心理需求之一。商品包装的商业性决定了包装设计应突出表现商品的真实形象，要给消费者以直观的形象，所以包装设计应真实客观，直观的视觉形象是迎合消费者心理需求的最佳表现手法。

5. 艺术性

商品包装要想引起消费者兴趣、博得消费者喜爱，讲求艺术性是至关重要的。这就要求包装设计做到实用性和艺术性相结合，在包装造型、图案、色彩等方面表现出艺术创作的美感。

（三）商品包装设计的心理策略

1. 按照消费习惯和实用需求心理设计包装

消费习惯是人们在长期的社会生活中形成的习惯性的消费行为。习惯一旦形成，就相对稳定，不会轻易改变。消费习惯对消费者的购买行为有重要影响，因此商品的包装设计，特别是一些大众化商品的包装设计要充分考虑消费习惯，从这方面讲，商品的包装设计分为四种形式。

（1）惯用包装。

惯用包装指某种或某类产品长期沿用的、特有的包装形式。如各种酒类的包装，多用透明的高颈玻璃瓶。这种包装的心理意义在于让消费者对某一包装外观产生深刻印象，以后见到此包装即晓得是什么商品，从而加快认识活动的心理过程，同时，惯用包装又能起到很好的广告作用，只要想起购买某类商品，必先回忆起印象深的那种。

（2）分量包装。

分量包装是指将商品按数量进行包装。这种包装方法比较科学。它既能适应不同消费者的使用习惯或生理特点，又能给消费者比较精确的数量与价格信息，方便使用。分量包装是商品包装的发展趋势，特别是随着小家庭的增加及生活的多样化，人们对商品的需求趋向于数量少、品种杂、质量高，这就要求商品包装要适当变化，如茶叶按一两、二两、半斤包装等。采用这种形式主要是给消费者使用上的方便感；有的商品一次购买量大，买后一时用不完，造成浪费，而小分量的包装却给消费者以便宜感，其实价格都一样。

近年来，我国出口商品包装也越来越重视分量包装，这是由于经济发达国家的家庭烹饪一般都是采用罐装的半成品，而罐装数量要适合家庭一次的用量，过多过少都会影响其销路。再有，调味品的包装一般要适合三口之家一个星期的用量，调料瓶大都放在冰箱内的拉格里，因此，在调料瓶的形状设计上也要考虑这一点。

（3）配套包装。

配套包装是指将用途相同、种类不同的各种商品组合在一起的包装，它不仅便于消费者购买和使用，也为消费者提供了消费模式，增加了商品的新鲜感与名贵感。如成套化妆品的包装，酒具、茶具的包装，毛笔、砚、墨、印泥组合在一起的包装等，均属配套包装。这种包装要求包装材料讲究、印刷精美。

(4) 系列包装。

系列包装是指生产厂家将种类不同但用途相近的商品，以同名称或商标采用同一图案的包装方法。系列包装常用于当生产厂家创出某一商品的牌子后，相继推出其产品，借名牌产品在消费者中的信誉，打开其他产品的销路，这样促销效果较好。

2. 按照消费者消费水平设计包装

(1) 等级包装。

等级包装是按照商品的价值等级设计与其匹配的包装，也可以对同类同质的商品采用精装、简装两种区分等级的包装，这种包装是为了适应不同经济收入、不同社会地位和不同购买用途消费者的需要。

(2) 特殊包装。

这是为了适应消费者的某些特殊要求，针对某些特殊商品，多数为名贵商品，专门设计的包装形式。如一些稀有珍贵药材、艺术精品、珠宝首饰、古董字画等贵重商品的包装往往采用这种形式。这类商品的包装设计往往构思精巧、结构独特、材料上等、制作精细、保护性强，甚至这种包装本身也成了艺术品。特殊包装是一种突出商品名贵性的包装，这种包装能满足求名、求荣等消费者的心理需求。

(3) 礼品包装。

礼品包装是指对一些用于馈赠他人的商品的包装形式。这种包装在国内外都很盛行，符合消费者进行社交活动和希望与人沟通的心理要求。由于各国的具体情况不同，不同民族的风俗习惯存在差别，包装设计也各有特色。我国的礼品包装设计一般装饰华丽，富有喜庆情调、民族色彩，大都采用一些福、禄、寿、喜、龟、凤、麟、龙、神仙佛圣等文字图案。如经常馈赠亲友的糕点、糖果等，其包装大都具有上述特点。

(4) 简便包装。

简便包装是指成本低廉、构造简单的包装形式。其特点是经济实用、便利卫生，包装形式主要是塑料袋、纸袋、纸盒。这是一种比较普遍的包装形式，具有很大的经济意义，特别适用一些大众化的普通日用的熟食制品、蔬菜水果、服装等。这种包装符合普通消费者求实、求利、求便的心理，是一种主要的包装形式。

(5) 复用包装。

复用包装是指能周转使用或具有多用途的包装形式，它除了作商品包装外，还可以为消费者提供其他的用途。所以，这类包装设计要注意其适用性、耐用性与艺术性。可以利用消费者一物多用的心理，吸引消费者愿意出较高的价钱购买，如市场上常见的漂亮的饼干盒、糖盒、茶叶盒。还有些包装容器设计成杯、瓶、碗、提包等式样，当商品使用后，这些包装既可作生活用品，又可作玩具，还可作工艺品，起到长期广告的作用。事实证明，复用包装对消费者有很大的吸引力，可以适当推广。

3. 按照消费者性别、年龄设计包装

人们在性别、年龄上的差异，必然导致生理和心理需要的不同，从而引起对商品及商品包装的不同要求，随着市场的细分化不断深入，这种作用也表现得越来越明显。

(1) 女性化包装。

女性化包装是以表现追求精巧、优雅、清新等心理要求为特征的包装。女性消费品的包装要突出其流行性、装饰性和艺术性。漂亮的包装对女性具有很强的吸引力，常常会促成潜在购买者向现实购买者的转变。

（2）男性化包装。

成年男性通常性格沉稳，男性商品包装应采用刚劲、粗犷、庄重、大方的设计风格和表现手法，包装设计要突出科学性和实用性。

（3）少儿用品包装。

少儿用品包装要迎合孩子天真活泼的特性，包装设计要色彩鲜艳、图像生动，同时具有知识性和趣味性，满足孩子求知欲强、爱模仿、好奇心重的心理需求。现在很多儿童食品附赠不同的玩具，吸引了大批儿童重复购买。

（4）青年用品包装。

年轻人求新、求奇、求异，喜欢与众不同，以这类人群为目标市场的产品包装无论从色彩上，还是造型上，都可以大胆新颖一些，以求突破传统，引领时尚。

（5）中年用品包装。

中年消费者以追求美观、大方、时尚等心理需求为特征，包装设计要时尚与实用相结合，知识与情感相结合，突出时尚性。

（6）老年用品包装。

老年消费者追求朴实、庄重、实惠、使用安全便利，产品包装设计要满足此类消费者的心理需求，包装设计采用传统与实用相结合，突出舒适性和便利性。

项目小结

产品是企业生存和发展的核心和基础，企业只有不断向市场提供丰富多样、质量优良的产品，才能在竞争中处于优势地位。新产品的开发与推广是企业赢得市场的关键。市场营销中所指的新产品是相对于未被满足的需求而言的，凡是对产品整体概念中任何一部分的创新和变革，能很好地满足消费者需求的产品都属于新产品范畴。依据创新程度的标准，可将新产品分为创新型新产品、改进型新产品、换代型新产品、仿制型新产品四类。新产品的创意来源既包括企业内部也包括企业外部。新产品的开发过程通常涵盖构思产生、构思筛选、概念的发展和测试、制定营销战略计划、商业分析、产品开发、市场试销、商品化八个阶段。

企业新产品的研发，仅仅是成功的起步，新产品最终能否被市场所接受才是成功的关键。在企业经营活动中，许多客观现象是引起消费者心理现象产生、发展和变化的基础。诸如商品的命名、商标设计、商品包装等方面，无不对消费者的心理产生重要的影响作用。因此，我们还要研究和了解商品生产和经营的各种活动和消费心理的关系，从而达到更加理想的商业经营效果。任务 2 从商品命称、商标设计、商品包装等方面与营销心理的关系进行了研究。

商品名称是指运用语言文字对商品主要特征概况反映的称号，是商品的主要识别标志之一。商品名称代表着一定的商品质量与特征，是企业经营信誉的象征和标志，具有特定的心理功能。商标是商品的标志，具有识别商品、质量保障、传播促销、保护的心理功能，包装是指在流通过程中，为保护产品、方便储运、促进销售，按一定的技术方法所用的容器、材料和辅助物等的总体名称。商品的命名、商标、包装技术等外部因素在发展中越来越受到消费者的重视，对消费者心理具有明显的影响和作用。商品名称、商标和包装的设计要充分考虑消费者的消费习惯、消费水平和消费心理。

实训练习

一、选择题

1. 手机由普通手机发展到智能手机，这类新产品属于（　　）。

A. 创新型新产品　　B. 换代型新产品

C. 改进型新产品　　D. 仿制型新产品

2. 积极的情绪可以增强人的活动能力，使人倾向于接近、拥有引起积极情绪的对象。根据这一原理，商品命名或包装应（　　）。

A. 简单　　B. 寓意美好　　C. 易读　　D. 通俗

3. 漳州水仙是以（　　）进行命名的。

A. 人名　　B. 地名　　C. 功效　　D. 外观色彩

4. 出口瑞士的商品商标设计应避免出现蓝色，体现了包装的（　　）原则。

A. 识别性　　B. 简洁性　　C. 感染力　　D. 禁忌性

二、实训

选择你喜欢的一个品牌，对其商标和 LOGO 设计进行分析，指出其特色。

项目七
洞察消费者的价格心理

问题引入

问题： 同学们，如果你是企业管理定价的高管，你有没有考虑过：同一种商品为什么消费者的心理价位不同？定价过程中稍稍使用一些定价技巧，就会刺激消费者进行购买；有些商品频频降价，但消费者却不买账，为什么？要想弄清这些问题，就要了解和洞察消费者的价格心理，了解和洞察消费者对价格的敏感程度。

学生讨论、回答问题，教师点评。

学习目标

知识目标： 了解消费者价格心理的概念、特征；理解消费者的价格判断。掌握价格制定和价格调整时消费者的心理变化及相应对策。

能力目标： 掌握价格制定和价格调整时消费者心理变化理论在实践中的具体应用；能够分析和洞察消费者在购物时的心理价格门槛，并根据分析结果确定商品销售价格。

任务1　理解消费者的价格心理与价格判断

案例导入

“高档西服”变身记

在繁华的闹市有一家服装店，该店卖各种款式的西服。由于店面到期，服装店老板低价处理存货。其中一套原价 320 元的西服，老板的促销价是 120 元。当老板把 120 元的价签挂在这套西服上时，好多消费者进店来看，但是大家看过西服后，都摇摇头走了。老板很纳闷，心想：“我做出这么大的让利，大家为什么不买呢?”他很生气。于是，他拿起笔，在“120”后面添了个“0”，这套西服从普通西服摇身一变，变为“高档西服”。老板想，反正没人买，定个高价也无所谓，为其他西服提提档次吧。没想到，老板刚刚调完价格，进来的消费者试了试，就高兴地花1 200元买走了。

问题与思考：

老板把价格调高以后，为什么就快速地将那套西服销售出去了？

知识探究

价格心理是指消费者在购买过程中对价格刺激的各种心理反应及表现。它是由消费者自身的个性心理和对价格的知觉判断共同构成的。消费者的价格判断既受其心理影响，也受某些客观因素，如销售环境、气氛、地点、商品等因素的影响。价格判断同时具有主观性和客观性。

一、 消费者的价格心理功能①

价格是消费者最敏感的因素。研究消费者价格心理现象，目的是阐明商品价格如何符合消费者的心理需要、促进企业的商品销售。

商品价格对消费心理的影响以及影响过程中消费者所产生的价格心理现象，即商品价格的心理功能。企业在制定商品价格时，不仅要弄清价格的经济学功能，如刺激生产、合理配置、利用资源等，更要弄清价格的心理学特殊功能，使商品价格符合消费者的心理要求，消除他们对商品价格的种种疑虑，促进其购买。

（一）比值比质功能

价格以价值为基础，并随价值的波动而变化。商品价值的构成有生产过程中的活劳动耗费和物化劳动耗费，也有流通过程中的活劳动耗费和物化劳动耗费。根据这个理论，消费者在选购商品时，应该主要考察商品的价值。然而，研究却发现：当两种商品内在质量类似，包装略有差别，价格相差较多时，青年人愿购买价高的，中老年人可能选择价低的；当贵重商品价格较低时，却引起了消费者对其品质的疑虑。这是由于消费者在心理上把商品价格当作比较商品价值和商品品质的标准。价格的心理功能作用导致“好货不便宜，便宜没好货”“一分价钱一分货”等购物心理现象。尽管有些产品定价很高，但仍然获得较好的销售。

（二）自我意识比拟功能

商品价格不仅仅能使消费者用于比较商品价值和品质，还能使消费者产生自我意识比拟的心理功能。消费者往往把商品价格与个人的偏好、情趣、个性心理特征联系起来，通过价格的比拟来满足社会心理的需要。这种比拟功能产生于消费者对自身和自身以外客观物质的认识，也有个人的主观臆想与追求。

1. 社会经济地位的比拟

消费者通过追逐高档名牌或进口商品以显示自己的社会地位和经济状况，并获得心理满足。有一些消费者则愿意到廉价商店去购买优惠价、有折扣的商品，认为这类商品适合自己的经济能力，符合个人的地位，也能得到心理上的慰藉。

2. 文化修养与生活情趣的比较

有些消费者热衷购高价文物、工艺品，花高价听音乐会，购高级乐器、高级音响，购

① 李文同．消费者心理与行为学．郑州：河南人民出版社，2010：280-289.

买大量的精装书籍，有些是专业工作需要，但也有数量不少的人是为了显示自己有较高的文化修养和高雅的生活情趣，以获得心理满足。

（三）调节需求功能

价格对商品需求有较大影响，价格高低对需求有调节作用。一般来说，在其他条件不变的情况下，商品价格下降，其需求量会增加；价格上涨，其需求量会减少。所以，价格和需求相互影响、相互制约。

二、消费者的价格心理特征

（一）习惯性心理

习惯性心理是指由于消费者长期、多次购买某些商品，通过对某些商品价格的反复感知而逐步形成的心理。这种习惯性心理一旦形成，就会对消费者的购买行为产生直接的影响。一般来说，在现代市场经济条件下，由于各种因素的影响，消费者很难对商品价格制定的客观标准有正确的了解，因此在多种情况下，消费者对商品价格的认知，只能根据他们反复多次购买体验来实现，特别是对于那些经常购买的日用商品，由于长期购买从而形成衡量商品价格的一个心理尺度。如果商品价格在这个尺度之内则被认为是合理的、可接受的；反之，则被认为是不合理的、难以接受的。消费者这种习惯心理的形成，从心理学的角度讲，就是由于人们的意识流反复通过一条路径之后，留下的痕迹逐渐加深，变得越来越容易通过。

消费者的价格习惯性心理一经形成，是比较难以改变的。当商品价格变动时，消费者的心理会经历一个打破原有习惯，由不习惯、不适应到逐步习惯、比较适应的过程。

为此，企业必须清醒地认识到价格习惯性心理对消费者购买行为的影响。对那些超出习惯价格的商品价格调整，要采取十分慎重的态度。必须调整时，要把调整幅度限定在消费者可接受的范围内，同时做好宣传解释工作，以使消费者尽快接受并习惯调整后的价格。

（二）敏感性心理

敏感性心理是指消费者对商品价格变动的反应程度。这种敏感性既有一定的客观标准，又有消费者在长期购买实践中逐步形成的一种心理价格尺度，具有一定的主观性。这两者共同作用，影响消费者对不同种类商品价格变动的敏感性。一般来讲，与消费者日常生活密切相关的商品价格，特别是需求弹性系数较小的商品，消费者的敏感性就高，如食品、蔬菜、肉类等。这类商品的价格略有变动，消费者马上会做出反应；对一般生活用品，特别是需求弹性系数较大的商品，如钢琴、组合音响、高档家具等，即使价格上调几百元，也不会引起消费者强烈的反应，即消费者对这类商品的价格敏感性较低。不过消费者对价格变动敏感性心理的反应强度，会随着价格变动的习惯性适应程度提高而降低。

（三）倾向性心理

倾向性心理是指消费者在购买过程中，对商品价格选择所表现出的倾向。商品的价格有高、中、低档的区别。一般地讲，价格高的商品质量优异；价格低的商品质量较差。由于消费者的社会地位、经济收入、文化水平、个性特点、价值观念等方面存在较大差异，不同类型的消费者在购买商品时会表现出不同的价格倾向。现阶段，中国消费者的消费心理呈现出多元化特征，既有追求商品款式新颖、功能先进、高档名贵的价格倾向心理，又有讲求经济实惠、价格低廉的价格倾向心理，还有居于二者之间的要求商品功能适用、价格适中的价格倾向心理。把以上消费心理按高、中、低分成三个需求档次，消费者会根据自己的价格倾向心理，做出不同的价格选择。

资料链接

“不二价”背后的消费者心理

某一天，地处延平北路的新华皮鞋公司门口，挂出了“不二价”的特大招牌。这在当时的延平北路可谓风险冒得太大。因为当时人们到延平北路买东西，厂商们都把售价提高两倍左右，以便于还价时给折扣。新华皮鞋公司实施“不二价”不久，很多顾客就对它的皮鞋非常中意，可总觉得照价钱付钱亏了，使许多眼见成交的生意吹了。该公司老板认为“顾客会货比数家，会再回来的”，便决定挂一阵子。果然不出所料，时隔不久，新华皮鞋公司门庭若市。许多顾客到可以还价的商店购买，打折后皮鞋的价格往往比新华皮鞋公司的还要高。因此，顾客纷纷回头光顾。

资料来源：翟建华．价格理论与实务．辽宁：东北财经大学出版社，2009.

（四）感受性心理

感受性心理是指消费者对商品价格及其变动的感知强弱程度。它表现为通过某种形式的比较所出现的差异，对消费者形成刺激的一种感知，价格的高与低，昂贵与便宜，都是相对的。一般说，消费者对价格高低的认识不完全基于某种商品价格是否超出或低于他们心目中的价格尺度，还根据与同类商品的价格进行比较，以及购物现场的不同类商品的价格比较来认识。比较结果的差异大小，形成了消费者对价格高低的不同感受。

三、 影响消费者心理价格的社会因素①

（一）价格预期心理

价格预期心期是指在经济运行过程中，消费者群体或消费者个体对未来一定时期价格水平变动趋势和变动幅度的一种心理估算。从总体上看，这是一种主观推测，它是以现实社会经济状况和价格水平为前提的推断和臆想。如果形成一种消费者群体的价格预期心理趋势，就会较大地影响市场某种商品现期价格和预期价格的变动水平。

（二）价格攀比心理

攀比是人的一种常见的心理活动。价格攀比心理常表现为不同消费者之间的攀比和生产经营者之间的攀比。消费者之间的攀比会导致盲目争购、超前消费，乃至诱发和加重消费膨胀态势，成为推动价格上涨的重要因素。同时，不同经营者之间的价格攀比会直接导致价格盲目涨跌。

（三）价格观望心理

这是价格预期心理的又一种表现形式，是以主观臆断为基础的心理活动。它是指对价

① 贾妍，陈国胜．消费心理应用．北京：北京大学出版社：2010，150-159.

格水平变动趋势和变动量的观察等待，以期达到自己希望达到的水平后，采取购买或其他消费行动，从而取得较为理想的对比效益，即现价和期望价格之间的差额。

（四）价格倾斜和补偿心理

倾斜心理在心理学中反映某种心理状态的不平衡。补偿心理则反映掩盖某种不足的一种心理预防机制。两者都是一种不对称心理状态的反映。这种心理状态来自利益主体对自身利益的强烈追求。如消费者购买商品时，在讨价还价中，总希望以自己给出的最低价成交，这就是价格倾斜心理的一种反映。如果消费者在购买某种商品时，其价格未达到他预期的最低价格阈限，则他希望能够在购买其他商品时得到补偿，这是价格补偿心理的一种显现。

四、 消费者的价格判断

（一）消费者判断价格的三种途径

（1）与市场上的同类商品的价格进行比较。这是普遍使用的、最简单的一种判断商品价格高低的方法。

（2）与同一售货场中的不同商品的价格进行比较。例如，60 元一件的商品，把它摆在多数为 60 元以上商品的甲柜台，和摆在多数都是 60 元以下商品的乙柜台，消费者的价格感受和判断是不一样的。多数消费者会认为甲柜台标价 60 元一件的商品便宜，乙柜台标价 60 元一件的商品贵。这种心理现象是消费者在判断价格的过程中，受周围陪衬的各种商品价格的影响产生的一种错觉。

（3）通过商品自身的外观、重量、包装、使用特点、使用说明、品牌、产地等进行比较。例如，是否名牌、商品包装装潢是否精美、色彩是否协调、各种附件说明是否齐全等，都会使消费者产生不同的价格判断。

（二）影响价格判断的主要因素

1. 消费者的经济情况

这是影响消费者价格判断的主要因素。例如，对同样一条标价 300 元的领带，月薪 3 000元的消费者和月薪上万元的消费者对价格的感受和判断是完全不同的。

2. 消费者的价格心理

习惯性心理、倾向性心理、敏感性心理等价格心理都会影响消费者在购买商品时的价格判断。例如，商品价格一旦高于消费者习惯的价格，他们就会认为太贵了。

3. 出售场地

同样的商品以同样的价格分别在专卖店和集市上出售，消费者会感到后者的价格太高。因为消费者一般对集市上出售的商品价格判断标准较低，而对专卖店的价格判断标准较高。

4. 商品的类别

同一种商品因不同的用途，可归为不同的商品类别。消费者对不同类别的商品价格判断标准不同，因而对价格的感受也不相同。一块手帕，既可用来擦汗，也可用作头饰。发挥前一种用途的手帕属于日用品，后一种属于装饰用品。这样，10 元钱一块的手帕，对前者来说太贵，对后者来说尚可接受。

5. 消费者对商品需求的紧迫程度

当消费者急需某种商品而又无替代品时，价格即使高些，消费者也可能接受。

任务 2 运用消费者心理制定价格

案例导入

“心血管支架”缘何高价？

当今社会，高盐、高糖、高脂的生活方式，导致现代人更容易患上心脑血管疾病，尤其是冠心病高发。这种病症的出现，促使医疗器械的研发变得必要。在治疗中，有一种办法是植入冠脉支架。当病人需要进行这种手术时，医生往往会给消费者推荐几种不同价格类型的支架让病人自行决定，不论哪一种都价格不菲。具有支付能力的病人（支付能力来源于本身的积蓄或通过其他途径筹集得到）最终往往会选择价格最高的冠脉支架。

问题与思考：

病人为什么会选择价格最高的支架？他们的心理变化是什么？如果你是医疗器械生产研发企业的领导，如何为你的医疗器械定价？

知识探究

在市场营销组合中，价格是唯一直接产生收入的因素，因此占有十分重要的地位。

价格表现的是在商品交换过程中，消费者所获得和使用的产品或服务的价值。从狭义上讲，价格只是一种产品或服务的标价。当消费者为这种产品或服务付出价值时，消费者的心理会产生各种变化，消费者对于商品或服务的价格是敏感的。心理因素对价格敏感性的影响可能是大脑思维活动的结果，在消费者进行购买决策时的心理模型中，大脑被看作预测的机器，不断地产生随行就市的预测。许多影响价值观念的心理作用产生于神经系统功能、决策偏见和行为影响。价格管理需要对影响感知价值的心理作用有一个很好的理解。

价格制定策略是企业营销战略的重要组成部分。制定合理的商品价格，是企业市场营销管理中的一个十分重要的问题。因为它不仅关系买卖双方的切身利益，而且关系商品是否能成功地走向市场和消费者消费水平能否稳步提高。企业在决定商品价格时，一般要考虑三个基本因素，即成本、需求和竞争。鉴于商品价格的高低主要受这三大因素的影响，各种定价方法可归纳为成本导向定价法、需求导向定价法和竞争导向定价法三大类。但是，在许多行业中，顾客感知驱动的定价已成为定价的主流方法。通过市场调研可以直接或间接地确认顾客支付意愿，即消费者的价格心理，根据消费者的价格心理去制定价格。任何一种商品价格的推出，必须得到消费者的承认并加以接受，才可称为成功的定价。因此，企业在制定商品价格时，除了要考虑以上三大因素的影响以外，还必须考虑消费者的价格心理，针对消费者的价格心理表现，采用适当的心理定价策略，制定出令企业满意、让消费者易于接受的合理价格，心理定价策略主要有十一种。

一、 尾数定价法

尾数定价法是指保留价格尾数，采用零头标价，也叫零头定价法。一般讲，价格较低的商品，采取零头结尾，特别是奇数结尾，给人以便宜的心理错觉；因标价精确给人以信赖感，而易于扩大销售。这种说法其实不完全正确，因为定价是个十分复杂的过程。必须注意的是，如果产品追求高价位而非低价值的形象，切忌使用这种定价法。这种尾数定价产生的心理影响还与文化有关。中国人往往认为 6、8 这样的数字比较吉利，所以在定价中数字 6 和 8 应用较广泛。

二、 整数定价法

整数定价法是指采用合零凑整的方法，制定整数价格。整数价格又称方便价格，适用于某些价格特别高或特别低的商品。对于某些价格较贵的商品，要采取整数定价，取消尾数，使消费者产生“一分钱，一分货”的感觉，满足其高消费心理，提高商品的“身价”，维护商品的声誉，增加企业盈利。例如，洗衣机定价 900 元不宜定为 899 元。对于某些价值极小的小商品，如定价 4.99 元不如定价 5 元，对消费者来讲在购买时会更方便。

三、 分档定价法

分档定价法是指把不同品牌、规格、型号的同一类商品（名牌商品除外）比较简单地划分为几档，每档定一个价格，以简化交易手续，便于顾客选购，节省顾客的时间。服装业、水果业、蔬菜业等行业，普遍采用这种定价方法。分档定价，既体现出商品质或量上的差别，又提高了营销效率，消费者还会感到营销人员认真负责，提高了满意度。

四、 声望定价法

声望定价法，是指利用消费者的“求名心理”，制定高价的策略。价格高低通常被看作商品质量最直观的反映，特别是消费者购买名优产品时，这种心理意识尤为强烈。因此，对那些在消费者心目中享有声望、具有信誉的产品制定高价，可以扩大销量。这种声望定价策略，不仅在商业中广泛应用，在饮食、服务、修理、科技、医疗、文化教育等行业也应用广泛。这种定价策略既补偿了提供名优产品或服务的企业的必要耗费，也有利于满足不同层次的消费需求。一定意义上，高价格是名牌效应的重要组成部分。消费者经常以购买高价格的名优产品来显示自己的社会地位和经济地位，获得心理上的满足。

五、 习惯定价法

习惯定价是指按照消费者的价格习惯心理定价的策略。日常消费品的价格，一般易于在消费者心目中形成一种习惯性标准，符合其标准的价格容易被消费者所接受，偏离其标准的价格则易引起消费者的怀疑。高于习惯价格常被认为是变相涨价；若低于习惯价格又会使消费者怀疑是否质量有问题。因此，这类商品定价要力求稳定，避免价格波动带来不必要的损失。在不得不变价时（如原材料涨价），应采取改换包装或品牌等措施，减少消费者的抵触心理，并积极引导消费者逐步形成新的习惯价格。

六、 招徕价格策略

招徕价格是指低于一般市价，个别的甚至低于营销成本，以招徕顾客的定价策略。例如，有的零售商在其商品组成中，特别设置了几种低价畅销商品，有的则是把一些商品以处理价、大减价来出售，以招徕顾客。顾客多了，不仅卖出了低价商品，也带动和扩大了一般商品和高价商品的销售。

七、 撇脂定价法

撇脂定价法，是指在新产品进入市场的初期，利用消费者的“求新”“猎奇”的心理，高价投放新产品，高价高利以期迅速收回成本，获取利润，以后再根据市场销售情况逐步适当降价。这种定价方法的英文原意是在鲜牛奶中撇取奶油，先取其精华，后取其一般。先制定高价，从市场上“撇取油脂”，以获取利润，当竞争者纷纷出现时，“奶油”已被撇走，再逐渐降价，这时企业只是比先前赚得少一点而已。企业之所以能这样做，是因为购买者主观认为某些商品有很高的价值。

资料链接

撇脂定价法的应用

苹果公司的 iPod 产品是最近几年来最成功的消费类数码产品，一经推出就获得成功，第一款 iPod 零售价高达 399 元美元，即使对于美国人来说，也是属于高价位产品，但是有很多“苹果迷”既有钱又愿意花钱，所以还是纷纷购买。苹果的撇脂定价取得了成功，但是苹果认为还可以“撇到更多的脂”，于是不到半年又推出了一款容量更大的 iPod，当然价格也更高，定价 499 元美元，仍然卖得很好。苹果的撇脂定价大获成功。

八、 渗透定价法

渗透定价法是指以低价投放新产品，使产品在市场上广泛渗透，从而提高企业市场份额，然后再随市场份额的提高调整价格，实现企业盈利目标的一种方法。这种定价策略是迎合消费者求廉、求实的购买心理，低价给消费者以物美价廉、经济实惠的感觉，从而刺激消费者的购买欲望。待新产品打开销路、占领市场以后，再逐步提价。

九、 理解价值定价法

理解价值定价法是指根据消费者对于某种商品的价值观念或对商品价值的感受及理解程度（而不是根据产品成本）进行定价的策略。有些营销学者认为，把买方的价值判断与卖方的成本费用相比较，定价时更应侧重考虑前者。因为消费者购买商品时，总会在同类商品之间进行比较，选择那些既能满足自己消费需求，又符合自己支付标准的商品。消费者对商品价值的理解不同，会形成不同的价格限度。如果价格刚好定在这一限度内，就会促进消费者购买。为此，企业要研究该种商品在不同消费者心目中的价格标准，以及在不同价格水平上的不同销量，并做出恰当的判断；进而有针对性地运用市场营销组合中的 4P 价格因素去影响消费者，使消费者形成一定的价值观念；然后还要估算投资额、销售量、单位产品成本和利润，制定出符合消费者需求的期望价格。

十、 折让价格策略

折让价格策略是指在特定的条件下为鼓励消费者购买，以低于原定价格的优惠价出售。它主要有以下几种形式：

（1）量折让价格。

根据消费者一次或累计购买商品数量或金额给予价格折让。

（2）季节折让价格。

为了刺激消费者在淡季购买季节性商品而给予的价格优惠。

（3）新产品推广折让价格。

这是为了打开新产品的销路，鼓励消费者踊跃购买新产品而制定的优惠价格。

（4）心理折扣。

即企业把某种产品的价格定得很高，然后大力宣传大减价。

资料链接

餐饮折扣对消费者的心理影响

餐饮折扣也叫作折扣销售、打折、让利酬宾等，它是餐饮业激烈竞争的产物，也是商家鼓励顾客调整其消费行为方式，使自家提高市场占有率得以获利的一种常见策略。

餐饮业的折扣对消费者究竟会产生怎样的心理影响呢？

餐饮业的折扣符合消费者追求经济实惠的心理需求。

从餐饮消费心理角度来说，经济实惠的需求也已成为广大消费者心理需求的一个重要方面。因为餐饮市场已进入家庭消费和个人消费的时期，消费者追求物美价廉、经济实惠的需求越发明显，更多的消费者在消费过程中对餐饮价格和服务员的服务质量特别敏感，希望物有所值。例如“物有所值”仍然是多数顾客选择餐饮服务时的刚性要求，特别是那些吃得多、见得广、对价格比较敏感的顾客，自然会对“物有所值”有非常具体、直接的认识。餐饮打折对消费者有着极强的吸引力，确实符合消费者追求经济实惠的心理需求。

餐饮折扣给了消费者看得见的实惠。

直接让利于消费者，通过看得见摸得着的餐饮折扣，使消费者享受到价格优惠，消费心理得到了极大的满足。以婚宴为例，在婚宴经营中，各餐饮业都竭力发挥自己的特色和优势营造喜庆氛围，拓展延伸项目，增加婚宴服务的含金量。例如在餐饮方面给予打折优惠的同时，有些高星级饭店充分利用设施，提供豪华迎亲轿车，专门为婚宴铺上只有在接待重要客人时才铺的红地毯，新人可以在酒店豪华套间免费过新婚之夜等。

餐饮折扣有时也会造成顾客心理的负面影响。

在执行餐饮折扣的过程中，有时也会造成顾客心理的负面影响，打了折反而不能起到促进营业的作用。比如折价酬宾时折价的理由或时机不合适，就容易引起消费者的疑惑和反感，尤其是引起前期已进行了“高价”消费的顾客的不满，长此以往，将导致顾客流失；还有些餐饮部门在营业时搞假打折，先大幅提价后再打折，或华而不实，消费者得不到实实在在的实惠，认为商家把自己当作傻瓜，反而会打消消费的念头。

资料来源：http：//blog. sina. com. cn/s/blog _ 50407e8501008jxw. html，2017-12-26.

十一、 处理价格策略

处理价格策略，是指在企业营销过程中，由于多种原因会出现商品滞销压库和商品质量下降的现象，在这种情况下，多采取降价处理策略。

为了制定合理的处理价格，需要考虑消费者对廉价处理商品的心理反应，以期达到降价促销的目的。

任务3 运用消费者心理调整价格

案例导入

X品牌的消失

某二线运动服装品牌在大学附近开设了一家分店，店内商品琳琅满目，装潢奢华优美。开店初始，店内顾客如织，大家纷纷表示对这个品牌感兴趣，并且纷纷购买。在产品销售状况良好的时候，店长觉得应该回馈消费者，给消费者更多实惠，刺激他们更多地购买此品牌运动服装。于是，店长制定以下价格调整策略：

在我国某些特定假日来临时都会打8折，购买两件及两件以上可打6.5折。这些假日包括“三八”妇女节、五一劳动节、端午节、八一建军节、教师节、国庆节、双“十一”、圣诞节、元旦、春节。

当这个策略实施后，在前两个节日来临的时候，销量确实大涨，并且给该店带来巨大收益。但是，后来，店长发现，销量却在逐渐下滑，滞销，最后这个品牌消失了。

问题与思考：

既然是同一种促销策略，为什么销量前期大涨，后来却下滑，甚至滞销了呢？什么因素导致X品牌的消失？价格上涨和下降时，消费者的心理变化有哪些？

知识探究

企业营销实践中，商品价格的变动与调整是经常发生的。调价的原因有很多，如企业自身的条件发生了变化，市场供求态势发生了变化，商品价值变动，市场货币价值与货币流通量变动，国际市场价格波动，消费趋向变化，市场营销环境的变化等。企业在调整商品价格时，一方面要充分考虑以上诸多因素的影响；另一方面要充分考虑消费者对商品调价的心理反应。

一、 消费者对价格调整的心理反应

价格调整可以分为两种情况：一种是降价，另一种是提价。企业无论提价还是降价，这种行为必然影响消费者的切身利益。因此，消费者对价格变动的反应十分敏感，这种反应首先通过需求价格弹性表现出来。此外，消费者对企业调整价格的动机、目的的理解不

同，也会做出不同的心理反应。一般情况下，消费者无法直接了解企业调整价格的真实原因，因此在心理反应上难免会出现偏差。

（一）消费者对调低商品价格的心理反应

调低商品价格，会对消费者有利，理应激发消费者的购买欲望，促使其大量购买。然而，在现实生活中，消费者会做出与之相反的各种心理反应：由“便宜＝便宜货＝质量低劣”等一系列联想引起疑虑；购买便宜货有损购买者的自尊心和满足感；此产品式样已过时，将会被新型产品所取代；降价商品可能是过期商品、残次品或低档劣质品；价格还会进一步下跌，等一等再买；削价商品肯定是质量下降，拒绝购买。所以有些时候降价是有害的。如何避免降价带来负面效应？营销定价人员在调低价格时，应该关注消费者对调低商品价格的心理反应及消费者接受调价价格的心理机制。

1. 消费者的求廉心理

求廉心理是一些消费者表现出来的普通心理。爱还价，“价格太贵”是一些消费者的口头禅，其实“便宜”与“占便宜”不一样。价值100元的东西，100元买回来，那叫便宜；价值100元的东西，50元买回来，那叫占便宜。消费者经常追求所谓的“物美价廉”，其实，消费者不仅想占便宜，还希望“独占”，这给商家有可乘之机。如在终端销售中，讨价还价比较普遍，许多商家经常打出“最后一件”“最后一天”等宣传语，或者是打出“跳楼价”“一折”等概念让消费者来讨价还价等，使消费者感觉物美价廉，占了便宜。所以适当调低价格，满足消费者求廉心理有助于增加销量，提升企业利润。

2. 消费者的疑虑心理

消费者的疑虑心理表现在价格调低以后，消费者对商品质量产生怀疑，认为“便宜没好货”，开始抵触购买这种商品。这时，这种策略的提出对企业的销量和利润带来负面影响。

（二）消费者对调高商品价格的心理反应

调高商品价格，通常对消费者是不利的，会减少需求，影响商品销售，所以价格上涨具有挑战性。但实际生活中，消费者对企业提价的心理反应可能是：这种商品很畅销，不赶紧买就买不到了；这种产品很有价值；这种产品价格看涨，将来一定很贵，先买下来保值；商品已经涨价，可能还会继续涨价，将来购买会吃亏，不如现在就买。由此可见，商品价格的调整引起消费者的心理反应是错综复杂的。调高价格既可能刺激消费者的购买欲望，促进销售，也可能抑制其购买欲望，使需求减少。因此，企业调整价格时，一定要认真分析各种因素的影响，准确把握消费者的心理反应，采取适宜的调价策略，以便实现促进销售、增加企业盈利的目标。

1. 消费者的忠实心理

每个产品都会有它的忠实的消费者，这部分消费者的外在表现是价格波动对其购买需求影响不大，对其心理刺激也不大。这部分消费者只会尊重自己的购买习惯进行购买，不受外界变化的刺激。所以针对这部分消费者的消费心理，调高价格只会为企业带来更多的利润，不会减少销量。

2. 消费者的攀比心理

消费者的攀比心理是基于消费者对自己所处的阶层、身份以及地位的认同，从而选择所在的阶层人群为参照而表现出来的消费意识。消费者的攀比心理更在乎“有”——你有我也有。如很多商品，在购买的前夕，萦绕在消费者脑海中最多的就是“谁谁都有了，我也要去买”。对营销人员来说，我们可以利用消费者的攀比心理，出于对其参照群体的对比，有意强调其参照群体的消费来达成销售。针对消费者的这种心理调高商品价格，一些消费者购买后，带动其他消费者产生攀比心理，最后刺激其购买。

3. 消费者的炫耀心理

消费者的炫耀心理主要表现为产品带给消费者的心理成分远远超过实用的成分。正是这种炫耀心理，在中国目前并不富裕的情况下，创造了高端市场，同时利用炫耀心理，在国内企业普遍缺乏核心技术的情况下，有助于获取市场，这一点在时尚商品上表现得尤为明显。在终端的销售过程中，许多国外奢侈品品牌纷纷抢占中国市场，许多消费者通过对品牌的购买来炫耀其身份与地位；一些广告直接就是“成功男人的象征”“成功的生活方式”等；一些企业通过设计时尚的外观造型来标榜个性；一些消费者为了炫耀其地位与财富，不惜重金对自己进行包装。①

资料链接

越贵越畅销的绿宝石

美国亚利桑那州一家珠宝店采购到一批漂亮的绿宝石。此次采购数量很大，老板很怕短期卖不出去，影响资金周转，便决定减价销售，以达到薄利多销的目的，但事与愿违。原以为会被抢购一空的宝石，很多天过去了，消费者却寥寥无几，老板谜团重重，是不是价格定得还高，应再降低一些？

就在这时，外地有一笔生意要老板亲自去洽谈，老板已来不及仔细研究那批宝石该降价多少，临行前只好匆忙写了一个纸条给店员：“我走后若绿宝石仍销售不畅，按1/2的价格卖掉。”由于着急，关键的字体1/2没有写清楚，店员把其理解成“按1～2倍的价格”，店员们将绿宝石先提价一倍，没想到购买者越来越多；又提价一倍，结果，没几天，被一抢而空，老板从外地回来，见宝石销售一空，一问价格，大吃一惊，当知道原委，老板、店员同时开怀大笑，歪打正着。

资料来源：杨海莹．消费心理学：第2版．北京：高等教育出版社，2006.

二、 价格调整的心理策略

（一）降价的心理策略

1. 企业必须考虑降价的情况

企业的生产能力过剩，需要扩大销售，而又不能通过产品改进和加强销售工作来扩大销售；在强大的竞争者的压力下，企业的市场份额下降；企业的成本费用比竞争者低，试图通过降价来掌握市场或提高市场份额，从而扩大生产和销售量，降低成本费用。在这种情况下，企业往往主动降价。

① http：//www.cnadtop.com/brand/xiaofeizhe/2010/4/6/84df3de7-5670-468d-ab81-6e13fbaf5e6a.htm，2010-04-06.

2. 商品降价应具备的条件

企业要达到预期的降价目的，商品应具备与消费者心理要求相适应的特征：消费者注重商品的实际性能与质量，而较少将所购商品与自身的社会形象相联系；消费者对商品的质量和性能非常熟悉，如某些日用品和食品，降价后仍对商品保持足够的信任度；能够向消费者充分说明降价的理由，并使其接受；制造商和产品品牌信誉度高，消费者在以较低的价格买到“好东西”时，才会感到满意。

3. 准确把握降价时机

降价时机选择得好，会大大刺激消费者的购买欲望。根据营销经验，一般认为：对于时尚和新潮商品，进入模仿阶段后期就应降价。对季节性商品，应在换季时降价。对一般商品，进入成熟期的后期就应降价。根据我国近年来出现的“假日经济”现象，节假日实行降价优惠可以促进销售。店庆也可作为较好的降价时机。

应该注意的是，商品降价不能过于频繁，否则会造成消费者对降价不切实际的心理预期或者对商品的正常价格产生不信任感的负面效应。

4. 降价幅度要适宜

降价幅度应以吸引消费者购买为宜。幅度太小，不能刺激起消费者的购买欲望；幅度太大，企业可能会亏本经营，或引起消费者对商品质量的怀疑。经验表明，削价10%～30%有利于刺激消费者的购买；超出50%时，消费者会产生疑虑。

（二）商品提价的心理策略

1. 商品提价的原因

一般讲，商品价格的提高会对消费者利益造成损害，引起消费者的不满。但在营销实践中，一个成功的提价可以使企业的利润大大增加。引起企业提价的主要原因有：由于通货膨胀、物价上涨，企业的成本费用提高，企业不得不提高产品价格；企业的产品供不应求，不能满足其所有顾客的需要。

2. 商品提价的心理策略

为使消费者接受上涨的价格，企业应针对不同的提价原因，采取相应的心理策略，包括做好宣传解释工作、组织替代品的销售、提供热情周到的服务、尽量减少消费者的损失等，以求得消费者的理解与支持。

无论采取何种策略提价，为了减少顾客的不满，企业提价时应当向顾客说明提价的原因，并帮助顾客寻找节约途径。

项目小结

商品定价是一种战略性的挑战，由于它关乎企业利润的获取，所以在营销工作中，它是极其重要的一环。企业要想做出合理的定价或价格调整，就必须分析消费者对价格的反映和心理。而消费者对价格的判断则受消费者本身的经济状况、心理状态、商品的销售场地、商品的类别和消费者对商品需求的紧迫程度等几个方面的影响。所以企业制定价格时应先重点研究消费者心理状态，参照尾数定价法、分档定价法、声望定价法、习惯定价法、招徕定价法、撇脂定价法、渗透定价法、理解价值定价法、折让定价法和处理价格法等进行合理定价。如果企业想调整产品价格则应该注意涨价和降价时消费者的心理变化及消费者的不良心理反应。

实训练习

一、简答题

1. 消费者的价格心理特征有哪些？
2. 消费者判断价格的三种途径分别是什么？
3. 影响消费者价格判断的主要因素有哪些？
4. 价格制定的心理策略有哪些？
5. 消费者对价格调整的心理反应是什么？
6. 价格调整的心理策略有哪些？
7. 影响消费者价格心理的社会因素有哪些？
8. 消费者有哪些价格心理功能？

二、实训

1. 为你熟知的某企业开发新产品，并调研消费者对这类产品的心理价格，同时制定合理价格。

2. 为你所熟知的某企业已有产品调整价格，并阐明价格调整时，规避消费者不良心理反应的措施。

项目八
探讨营销信息沟通与消费心理的关系

问题引入

问题：作为普通消费者，你有没有考虑过："为什么我们讨厌广告，但是我们的购买行为却时刻受着广告的诱导？为什么我们讨厌公关，但公关活动的参与者还是很多？为什么我们讨厌推销，但是我们又买着商家推销的商品？"如果你是企业营销经理，你有没有考虑过："如何把消费者潜在或现实的需求激发出来，并促使其进行购买？在激发需求过程中，你利用了消费者的哪些心理？"要想弄清这些问题，就要了解和探讨营销信息沟通与消费者心理之间的关系。

学生讨论、回答问题，教师点评。

学习目标

知识目标：了解消费者广告心理、公共关系心理和推销心理的概念、特征；理解并掌握消费者对广告、公共关系和推销的心理状态，并能够综合运用营销策略来满足消费者的各种各样的心理。

能力目标：掌握促销与消费者心理理论在实践中的具体应用；能够分析和探讨消费者接触到广告、公共关系和推销时的心理，并善加利用。

任务 1　研究广告的心理运用

案例导入

令消费者讨厌的广告

研究者曾做过一个调查，随机抽样调查了 500 名消费者。

第一项调查内容是消费者对于电视节目中间插播广告的态度。99.6%的消费者讨厌电视节目中间插播广告。他们的态度是讨厌至极，见到播广告就换台，或者在插播广告期间做其他事情。

第二项调查内容是当消费者去超市购买洗发水时，货架上洗发水琳琅满目，品牌众多，价格品质功效各异，消费者会做出怎样的选择。当消费者选定一个品牌时，他选定这个品牌的理由是什么？38.7%的人说会选择已经用过的品牌，43.9%的消费者则说会选择通过广告了解过的品牌，其他12.4%的消费者说会根据营业员的介绍，另外5%的消费者则随机购买。

问题与思考：

消费者对广告的态度是真实的吗？既然消费者讨厌广告，为什么还受广告的诱导呢？这项调查说明了什么问题？

知识探究

一、 广告心理的含义

广告心理是心理学的应用领域之一，同时服务于营销心理，它主要研究说服消费者购买商品的心理过程，即研究广告传播活动过程中所涉及的消费者的心理特征、心理现象、心理变化及消费者共同表现出来的心理活动规律等内容。

广告心理的研究内容十分广泛，主要包括：广告的心理功能、广告媒体的心理特点、加强广告效果的心理学规律及广告的心理效应的测定等。广告活动是通过广告媒体作用于人并为人所接受的过程，这一过程涉及十分复杂的心理活动。人们对信息接收的特点如注意、感觉与知觉，人们对信息的理解与记忆，人们对广告信息的信服及人的个性所决定的对广告信息的偏爱与偏见等，都是广告心理学要研究的问题。

广告心理学的作用是促使广告传播突破常识水平，使广告传播符合人的心理规律，并有效地应用这一规律，使得广告的内容能够顺利地进入消费者的内心世界。[①]

二、 广告心理实施成功的标准

在日常生活中，许多广告不会给人们留下任何印象，没有达到说服或推销的效果，这当然是失败的广告。相反，有些广告则让人久久难以忘怀，取得了极佳的传播效果。从广告心理的角度来看，一个出色的、能打动人心的广告具有以下五个基本特征，这些特征就是对AIDMA心理法则的应用，AIDMA心理法则如图8-1所示。

图8-1 AIDMA法则

① 吴柏林．广告心理学．北京：清华大学出版社，2011.

（一）引起注意——A（Attention）

一则成功的广告需要能够引起消费者的注意，制造噱头并牢牢地抓住消费者的眼球。通过对比、新奇感、艺术性、悬念和恰当的时空位置等增加广告的刺激强度，使消费者看一次或听一次就能被吸引、被打动。当消费者注意到了广告，这则广告就成功了一半。

（二）产生兴趣——I（Interest）

消费者兴趣的产生往往是由于信息传播者传递的信息符合其经验域，也就是说消费者的经验域与信息传播者的经验域重合部分较大，这样信息传播者传递的信息才能让消费者更好地理解、体会，才会产生兴趣。一则广告是否实施成功，是否能够取得良好的效果，使消费者产生兴趣是一个重要的评判指标。

（三）激发欲望——D（Desire）

欲望是人性的组成部分，它构成了人类行为最内在与最基本的根据与必要条件。在欲望的推动下，人不断占有客观的对象，从而同自然环境和社会形成了一定的关系。广告就是通过各种表现形式，将消费者的欲望激发出来，使其表现出对产品或服务强烈的占有欲。

（四）强化记忆——M（Memory）

广告主除了希望其广告能够有效地吸引消费者的注意外，还希望消费者能够永久地记住其广告信息，起码能在一定时间内留存。记忆是比较、判断的基础，只有能让消费者记忆强化的广告才最能唤起人们的比较，使人产生判断，进而促进其购买行为。

（五）促使行动——A（Action）

广告传播的最终目标是说服消费者去进行购买。因此，出色的广告应该具有很强的说服力，让人们从产生信任直到形成忠诚。要做到这一点，广告主还需想方设法调动消费者积极的情感与情绪，努力影响、强化或改变消费者的态度。

三、广告设计和实施过程中对消费者心理的把握

（一）广告定位心理

只有广告定位精准，才能有效地将广告传播出去，广告的有效到达率才能显著提高。在广告定位初期，广告传播者最应该关注的就是广告定位心理。广告定位的心理要求包括满足消费者的需要、面向特定精准人群、强化在消费者心中的相对优势。

广告定位心理是广告心理的首要内容，所以，对于广告定位心理的方法要予以重视。

1. 市场领导者的广告定位心理

作为市场领导者，这类广告传播者的商品已经在市场上占据领导地位，其设计广告要符合以下几种消费者心理。

（1）认知吝啬心理。

由于消费者这种心理的存在，要求广告传播者继续大力强调产品优势和特点，但陈述要简洁明了。消费者是认知吝啬者，试图花费尽可能少的努力处理尽可能多的信息，时间

紧迫或认知忙碌的消费者会启用捷思法或决策捷径来加快他们的购买决策。① 这种时候，消费者期望能够迅速获得信息并做出决策。

（2）从众心理。

从众是指由于个人的观念与行为受群体的引导或压力，而趋向于与大多数人相一致的现象。消费者在很多购买决策上，会表现出从众倾向。比如，购物时喜欢到人多的商店；选择品牌时，偏向那些市场占有率高的品牌；选择旅游点时，偏向热点城市和热点线路。消费者具有这种心理状态时，作为市场领导者的广告传播者更具有优势。这种情况下，广告设计方法要着重考虑引导和加剧消费者的从众心理，广告设计要强调品牌优势和占有品牌带来的诸多好处。

（3）推崇权威心理。

消费者推崇权威的心理，在消费形态上，多表现为决策的情感成分远远超过理智成分。这种对权威的推崇往往导致消费者对这类消费产品无理由的选用，进而把消费对象人格化，从而实现产品的畅销。针对消费者这种心理，作为市场领导者的广告传播者可以使用明星代言，或把自己产品的设计者打造成本产品的行业权威人士进行宣传。

2. 市场追随者的广告定位心理

作为市场追随者，这类广告传播者的商品已经在市场上占据一席之地，但不是消费者的心中首选，消费者对这类商品的态度是类比之后进行决策。对于这类广告传播者来说，设计广告要符合消费者的求廉心理。

设计广告时，以已在人们心目中占有绝对地位的同类商品为参照，强调诉求商品价格的差异和质量的相同，以此来吸引消费者。这类广告传播者可使用逆向定位方法进行广告心理定位。逆向定位是指用有较高知名度的竞争对手及其声誉来引起消费者对自己的关注、同情和支持，以达到在市场竞争中占有一席之地。当大多数企业广告的定位都是以突出产品的优异之处的正向定位，采取逆向定位反其道而行之，利用社会上人们普遍存在的同情弱者和信任诚实的心理，反而能够使广告获得意外的收获。逆向定位作为差异化营销策略的一种，它成功的关键是既找到与众不同的切入点，又能迎合消费者的观念，即所谓“意料之外，情理之中”。只有把握了这个平衡点，才能取得成功。

3. 市场挑战者的广告定位心理

市场挑战者是指那些对于市场领先者来说在行业中处于第二、第三和以后位次的企业。处于次要地位的企业如果选择“挑战”战略，向市场领先者进行挑战，首先必须确定自己的策略目标和挑战对象，然后选择适当的进攻策略。即以积极的态度，提高现有的市场占有率。由于这种市场定位的“挑战”特性，决定了其进行广告宣传应以“攻”为主，创品牌、创特色。这类广告传播者要把握以下消费者心理。

（1）求美心理。

消费者在选购商品时不仅仅关注商品的价格、性能、质量、服务等，更关注商品的美观性，强调商品的艺术美。消费动机的核心是讲究“装饰”和“漂亮”。所以，针对消费者这种心理，广告传播者的定位方法应该是采取产品形象定位。这种定位是以突出企业的主要产品或名牌产品在同类产品中具有的优势和特质，而这种优势和特质与企业的整体形象具有某些方面的融合性，即具有企业整体形象的鲜明代表性。

---

① TIM J. SMITH. 定价策略．周庭锐，张恩忠，赵智行，译．北京：中国人民大学出版社，2015.

（2）求名心理。

消费者在选购商品时，特别重视商品的威望和象征意义。商品要名贵，牌子要响亮，以此来显示自己地位和特殊，或炫耀自己，其核心动机是“显名”和“炫耀”。同时，他们对名牌有一种安全感和信赖感。精明的商人，总是善于运用消费者的求名心理做生意，一是努力使自己的产品成为品牌，二是利用各类名人推销自己的产品。

4．市场补缺者的广告定位心理

作为市场补缺者，这类广告传播者的商品在市场上尚不为人所熟悉，或未引起人们足够重视。对这类广告传播者来说，设计广告要注重消费者的猎奇心理和效用最大化心理。

（1）猎奇心理。

猎奇心理，泛指人们对于自己尚不知晓、不熟悉或比较奇异的事物或观念等所表现出的一种好奇感和急于探求其奥秘或答案的心理。当消费者产生这类心理后，其自身对商品信息的探寻积极性非常强烈，这会给这类广告传播者带来极大的机会。在这类消费者心理定位基础上，广告传播者可使用是非定位对商品进行宣传。是非定位就是打破既定思维模式下的观念体系，创立一种超乎传统的新观念。美国七喜汽水广告定位，就属于典型的是非定位，由于其典型性，很多地方又把是非定位称为“非可乐定位”。

（2）求实心理。

消费者在选购商品时不过分强调商品的美观悦目，而以朴实耐用为主，其核心动机是商品的“实用”和“实惠”。对于这类消费心理，广告传播者应重点把握“实用”，即商品的有用性进行宣传。

推荐采用的定位方法是功效定位法，功效定位是指在广告中突出广告产品的特异功效，使该品牌产品与同类产品有明显的区别，以增强竞争力。广告功效定位是以同类产品的定位为基准，选择有别于同类产品的优异性能为宣传重点。美国七喜水汽水的广告宣传，就以不含咖啡因为定位基点，以显示与可口可乐等众多饮料的不同。

（二）广告创意心理①

广告活动是营销工作的重要组成部分，而广告活动的广告创意是通过一系列的心理活动来完成的，因此，探寻消费者心理活动的轨迹和特点，是营销心理过程中的一项重要工作。

广告界有句名言：“科学的广告术是依据心理学法则的。”广告创作离不开心理活动及其规律，从心理学的角度去揭示广告创意的心理机制，分析广告作品产生认知、认同的心理过程是很有必要的。成功的广告创意需要把握消费者的心理，消费者接受广告的心理过程从对广告创意的认知开始到对广告创意做出反馈结束，创意者要对这一过程中消费者的心理变化规律有深刻的了解，主动运用心理学的原理知识来指导自己的实践，为广告创意寻求合理的依据。

1．广告创意的认知心理

认知也称为认识，是指人认识外界事物的过程，或者说是对作用于人的感觉器官的外界事物进行信息加工的过程，它包括感觉、知觉、记忆、想象、思维、语言、情感等心理

---

① 陶化冶．广告创意与表现．大连：大连理工大学出版社，2014.

现象。广告创意者应该遵循消费者认知心理进行广告创意，广告创意作品能使消费者从无意注意到有意注意，从有意注意到产生记忆，再到用自己生活的经验域进行想象、联想，直至产生某种特定的情感。

2. 广告创意的认同心理

“认同”意指个体向比自己地位或成就高的人的认同，以消除个体在现实生活中因无法获得成功或满足时而产生的焦虑。认同可借由心理上分享他人的成功，以为个人带来不易得到的满足或增强个人的自信。认同心理在广告创意中的应用表现为给消费者提供“比其地位或成就高的人”——名人（广告代言人），让其进行认同模仿，达到广告促进销售的目的。

对于广告创意者来说，每个消费者的能力、性格和气质是千差万别的，作为广告创意者，在创作过程中，应该深刻了解目标消费群体的个性心理特征，在此基础上寻找相似的、能够引起他们共鸣的创意方案和变现元素，以取得消费者的认可和认同。一般来说，用广告塑造的产品或品牌的性格特征与目标消费群体的个性特征相似程度越高，消费者越容易接受，才能越好地达到宣传产品或塑造品牌形象的目的。

（三）广告诉求心理

广告诉求是指在广告创意和策划中，通过对人的知觉、情感的刺激和调动，对人们观念、生活方式的影响，以及对广告主、商品特点的宣传，来迎合和诱导人们，以最终促发消费者购买动机的过程。人的欲望是由需求引起的，但是有些时候人的欲望也会被广告所诱导。广告诉求的目的就是唤醒或激发消费者对自身潜在需求的意识和认知。广告诉求包括理性诉求和情感诉求两类。

1. 广告的理性诉求①

广告的理性诉求指的是广告诉求定位于受众的理智动机，通过真实、准确、公正地传达企业、产品和服务的客观情况，使受众经过概念、判定、推理等思维过程，理智地做出决定。也就是说，理性诉求是以商品功能或属性为重点的诉求方式。在广告中突出强调自己的商品所具有的特性或优越性，通常是提出事实或进行特性比较。例如，大宝护肤品的广告“要想皮肤好，早晚用大宝”、保健品黄金搭档的广告“花一样钱，补五样”、王老吉的广告“怕上火，喝王老吉”等都是采用了理性诉求的方式，达到了很好的广告宣传效果。

在广告实践中，如何判断一个广告是否使用了理性诉求手段呢？这就涉及理性诉求标志的问题。有人指出，只要一个广告中包含以下 14 条关于产品的事实性信息线索中的一个或一个以上时，该广告就是理性诉求广告。这些线索有：价格，质量，性能，配料，销售的时间、地点以及联系电话，特价销售，口感，营养，包装，售后服务，产品安全特点，独立研究（即由独立研究机构进行的研究），公司研究（即由广告主进行的研究），新产品的概念。

理性诉求的基本思路是：明确传递信息，以信息本身和具有逻辑性的说服加强诉求对象的认知，引导受众进行分析判断。理性诉求的内容多种多样，但在实际运用中，具体的诉求方法主要有以下几种。

---

① 张丽娟，刘清华．广告原理与实务．北京：北京交通大学出版社，2013.

(1) 阐述重要的事实。

当广告集中传达产品特性、性能、购买利益时，阐述最重要的事实并做利益承诺是最常用的方法。阐述的语言要求精练、准确。经常采用直接陈述、提供数据佐证、列图表、与同类产品类比等方法，提供给受众产品信息。例如，舒肤佳香皂主要强调其“杀菌和长时间抑制细菌再生”，其广告就是一个小孩在游泳池受到各种不洁环境的影响，然后一位家庭主妇出现，提出细菌危害家人健康，而舒肤佳则可以杀菌和抑制细菌再生，所以舒肤佳才是最佳的选择。广告正是通过这种方式告诉消费者如果购买宝洁产品会获得什么样的效果，以达到劝说消费者购买的目的。

(2) 解释说明。

在传达产品特性时，广告还可以做一系列的特性演示并示范功能和效果，从而加深受众的理解。提供成因或示范均可以使用图文结合的方式展现，以增加可信度。提出疑问并解答的方式可以有效地将受众的关心点引向广告的诉求重点。例如，海尔药业为了推销自己的海尔采力，频繁地对人们进行亚健康科普教育，从而使亚健康观念深入人心。

(3) 理性比较。

比较主要采用理性诉求的方式进行，和竞争对手做比较，以突显自身优势。既可以含蓄地比较，不指明品牌，也可以针锋相对地比较。优势品牌通过比较可以展示自身的优势；弱势品牌通过比较可以提升品位，展示独特之处。例如，著名的阿司匹林就曾经遭遇过泰诺的挑战。泰诺在广告中说：“有千百万人是不应当使用阿司匹林的。如果你容易反胃或者有溃疡，或者你患有气喘、过敏或因缺乏铁质而贫血，在你使用阿司匹林前就有必要先向你的医生请教。阿司匹林能侵蚀血管壁，引发气喘或者过敏反应，并能导致隐藏性的胃肠出血。”结果泰诺一举击败了老牌的阿司匹林，成为首屈一指的名牌止痛和退烧药。

(4) 观念说服。

理性诉求还可以就本产品或服务给受众带来一种新的消费观念、产品选择观念。广告可以从正面来阐述自己的新观念或理念，也可以反驳旧有的错误观点。例如，李维斯牛仔裤广告在制造黑色代表流行的理念。正统的牛仔裤颜色无疑是蓝色，但是李维斯却推出了黑色牛仔裤。广告是这样的：在一个歌舞厅门口，凡是穿蓝色牛仔裤者不得入内，但是一个帅气的小伙子却因为身穿黑色牛仔裤而备受歌舞厅的欢迎。

2. *广告的情感诉求*

广告的情感诉求是指针对受众的心理、社会或象征性需求，表现与企业、产品、服务相关的情感和情绪，通过引起受众情感上的共鸣，引导受众产生购买欲望和行为。在一个高度成熟的社会里，消费者的消费意识也日益成熟，他们追求的是一种与自己内心深处的情感和情绪相一致的“感情消费”。在广告创意中有效地运用情感诉求，以亲切、柔和的广告画面、自然流畅的广告语言、诚恳的广告诉求来打动消费者。这样不仅能够强化人们对企业产品的好感，而且有助于人们建立对企业产品的忠诚度。因此，以情感为诉求重点来寻求广告创意是当今广告发展的重要趋势。

情感诉求在广告中具有极大的魅力和说服力，在实际运用中，情感表现应注意克服庸俗的感情投入，要使情感自然融入广告诉求点。现代人比较青睐的情感诉求方法主要有以下几种。

(1) 美感。

人们已不仅仅追求物质满足，他们在要求广告能告知他们信息的同时，还要求有艺术性和娱乐性，满足其心理上的审美需要，所以，没有震撼的艺术感染力的广告是很难与受众产生情感共鸣的。众多的广告活动表明，具有极强的艺术性和表现力的广告总是容易引起受众的注意与兴趣，起到引导消费的作用。因为它使人们在获得信息的同时得到了艺术美的享受，正因为具有艺术表现力，它才能营造一种生机勃勃、富于情趣的意境，才能极大地增强广告作品的吸引力和感染力。因此，一则令人赏心悦目的广告，可以使人心情舒畅，给人带来美的享受，获得以情动人的效果。

（2）幽默感。

莎士比亚说："幽默和风趣是智慧的闪现。"幽默广告的表现手法使人发笑，产生兴奋、愉快等情绪体验。当今社会大量的信息通过广告向社会传播，使人目不暇接，在一定程度上已显现饱和状态，受众在精神上产生了保护性抑制情绪。在这种情形下，广告采用幽默诉求的方法，可有效缓解受众精神上的压抑情绪，排除其对广告所持的逆反心理。使受众在一种轻松、愉快、谐趣的氛围中自然而然地接受广告所传递的商业信息，并完成对商品的认识、记忆、选择和决策的思维过程，从而更有效地达成广告的宣传目的。麦柯克伦·施皮曼研究机构也曾对500则电视广告作过调查，结果表明，逗人发笑的广告更容易被记忆，而且更具有说服力。

目前在美国黄金时段播出的广播和电视广告中，幽默广告分别占30.6%和24.4%。在其他国家，幽默广告所占的份额也不少。在夏纳国际广告节上获奖的作品中，也有不少是采用幽默诉求的手法。它们超越了民族语言和接受心理的障碍，成为普遍受欢迎的广告诉求方式。

但幽默广告本身具有一定的风险。如果幽默广告与产品特点结合得不恰当，受众会因为幽默的无趣而对产品产生厌恶感。换言之，幽默广告需要广告主有更高的想象力、知识、经验和道德感。同时，不是所有的产品都适合做幽默广告。一般而言，感情需求性产品（如快餐、甜点、软饮料等）多用幽默广告促销。如一则餐馆广告是这样的："请来本店用餐吧！不然你我都要挨饿了。"一语双关，使人发出会心的微笑。然而，与生命、资产有关的产品或服务则不宜用幽默诉求，如药品、保险产品就是如此。因为人们认为金钱、财产、生命和死亡都不是被取笑的对象，应当严肃对待。

（3）亲热感。

亲热感这一维度反映着肯定的、温柔的、短暂的情绪体验，它往往包含着生理反应以及有关爱情、亲情、友情的诉求。广告画面中人物的亲热关系，比如，深情的恋人、嬉戏的母子、互勉的朋友等，都容易使受众产生同感，引起共鸣。

（4）恐惧感。

优秀的广告能打动受众的心灵，在心理层面上造成震撼力和影响力。这种"打动""震撼""影响"，不仅来自正面诉求，也来自反面诉求，利用人们普遍存在的害怕、担忧、担心的心理，在广告创意中运用和发展恐惧诉求，这正是国内外不少广告大师的创作手法。

所谓的"恐惧"诉求，是指通过特定的广告引起受众害怕、恐惧及其有关的情感体验，从而使受众渴望追求一种解救，自然就引向广告推荐的产品。广告主通过它来说服消费者，改变其态度与行为。从心理学角度来看，恐惧诉求广告，其恐惧的强度在于与商品或服务之间的关联性。如果恐惧的强度太小不足以引起受众的注意，而强度太强则会导致受众的逃避。对于与生命密切相关的商品或服务，应用强度大的恐惧诉求广告；而对一般的商品或服务，则应该以比较弱的恐惧来传播。

目前，恐惧诉求广告应用最广泛的是在公益广告领域，因为它往往可以改变人们早已固定形成的行为模式和观念。以戒烟为例，虽然“吸烟有害健康”的道理人人都懂，可是并不一定能引起人们对生命的关注。有一则运用恐惧诉求传播戒烟的公益广告则可以说是比较成功的：随着香烟的燃烧，鲜红肺部逐渐变黑，把死亡的恐惧呈现给人们看。这则广告用真实的客观事实说明了吸烟对人体造成的危害，一经播出，反响强烈，效果非同寻常。

资料链接

方太的公益广告《让家的感觉更好》

为了更好地传播“让家的感觉更好”的理念，方太公司特意创作了一首公益歌曲，并邀请著名歌星黄格选录制成 MTV，歌词大意是：

匆忙的脚步追随分秒
年轻的心需要依靠
爱是永恒的家园
有你就有我们的热血燃烧
美好的生活
只因为有你
让家的感觉更好
美好的生活
只因为有你
漂泊的日子
难以忘掉
让家的感觉更好、更好

歌词中，每句话都传达着一种渴望回归的心情，一种对家的渴望，反映了方太品牌的理念和价值取向：希望通过方太人的一流产品、一流服务、一流文化，为每一位消费者创造幸福而温馨的家。

资料来源：马谋超．广告心理．北京：中国市场出版社，2008.

（四）广告实施心理

在广告创意与设计结束后，广告活动就开始进入实施环节，在广告实施的时候，依然要关注消费者的心理，以期获得更好的实施效果。在广告实施阶段，根据消费者的心理需求，分别采取以下策略。

1．广告的差别策略

广告的差别策略是以发现差别和突出差别为手段、充分显示广告主企业和产品特点的一种宣传策略，包括产品差别策略、劳务差别策略和企业差别策略等。

产品差别策略，是指突出产品的功能差别、品质差别、价格差别、花色品种差别、包装差别和销售服务差别的广告宣传策略。因为产品的上述差别可以是新旧产品间的差别，也可以是同类产品间的差别，因此，广告的产品差别策略是具有竞争性的。运用广告差别策略时，首先要发现该产品的功效差别，在设计制作广告作品时要突出它的功效差别，给予消费者能够获得某种利益的鲜明印象。

劳务差别策略的基本原理与产品差别相同，主要是突出和显示同类劳务中的差别性，从而说明本企业的服务能给消费者带来更多的方便与利益。

企业差别策略包括企业设备差别、技术差别、管理水平差别、服务措施差别和企业环境差别等在内的各项内容。

产品差别策略、劳务差别策略和企业差别策略是在实践中运用较多、效果也较好的差别策略。此外，还有心理差别策略和观念形态差别策略等也较为常用。

2. 广告的系列策略

广告的系列策略是企业在广告计划期内连续地和有计划地发布有统一设计形式或内容的系列广告，进而不断加深广告印象、增强广告效果的手段。广告系列策略的运用，主要有形式系列策略、主题系列策略、功效系列策略和产品系列策略等。

3. 广告的时间策略

广告的时间策略，就是对广告发布的时间和频度做出统一的、合理的安排。广告时间策略的制定，要视广告产品的生命周期阶段、广告的竞争状况、企业的营销策略、市场竞争等多种因素的变化而灵活运用。广告的时间策略是否运用得当，对广告的效果有很大影响。

广告的时间策略在时限运用上主要有集中时间策略、均衡时间策略、季节时间策略、节假日时间策略；在频率上有固定频率和变动频率两种基本形式。

任务 2　研究公共关系的心理运用

案例导入

聪明的导购员

某品牌服装导购人员在某天营业时间内陆续接待了以下四种消费者：

消费者 A 风风火火地冲进服装店，喊道："快点给我选套西装，我要去参加一个重要的面试！快点！快点！"

消费者 B 高兴地奔着服装店内的某套服装而来，看样子是看中了那套服装，但是，同行的朋友却推荐了另一套，消费者 B 的注意力瞬间转移到了朋友推荐的服装上。

消费者 C 慢悠悠地闲逛，走进服装店时，慢慢地浏览店内的服装，认真选购。

消费者 D 同样进入了服装店，仔细转过服装店，看过店内所有衣物后，站在两套衣服面前，左右为难，不知应作何选择。

聪明的导购员经过一番努力，最后四个人都买走了各自需要的服装。

问题与思考：

你觉得这个聪明的导购员是如何做到让四个人都买走了他所销售品牌的服装的呢？如果你是这个品牌服装的导购人员，对于这四种顾客，你应该如何分别向他们推荐合适的服装呢？

知识探究

一、 公共关系的含义

公共关系是一种人与人之间的关系。这里所说的人包括3种形态，即个体的人、群体的人和有组织的人。因此，可以把主动影响人与人之间关系的一方看作公共关系的主体，把主体影响的对象看作公共关系的客体。公共关系是公共关系主体为实现自身的根本利益或特定利益而追求沟通、理解、支持，建立人与人之间良好关系的过程。

作为一种充满主动性的活动，公共关系旨在提高自身的知名度、树立和完善自身的形象。公共关系的本质是满足公众与组织双方的需要，任何一种主动性的行为都只有在对方响应和配合的基础上才能产生积极的效果。没有对方的响应和配合，人与人之间的良好关系是不可能建立起来的。另外，既然公共关系的主体和客体都可能是个体的人，那么就不能完全排除人与人之间的交往包括人们私下的交往。

二、 公共关系心理

公共关系心理是与公共关系行为和公共关系活动相关的心理现象。营销人员在营销工作中要善于使用这种心理，使这种心理能够更好地服务于企业。作为特定的公共关系领域中的心理现象，公共关系心理本身具有以下几个方面的特征。

（一）双向性

公共关系是一个社会组织与其公众之间的关系。公共关系活动的过程从心理学的角度来看就是寻求组织与公众之间的相互沟通、理解和支持的过程。因而，公共关系心理具有双向性的特征。一方面，能否达到互相沟通、互相理解和互相支持的目的，取决于能否正确地认知和把握公众心理；另一方面，还要取决于公共关系主体能否根据公众心理和公共关系活动的要求，有意识地调整和改善自身的心理。

（二）利益性

在公共关系主体与公共关系客体之间，存在着许多矛盾。在各种矛盾背后，有一对矛盾始终居于主导地位，那就是主体与客体之间的利益矛盾。公共关系主客体双方都有维护自身利益的要求。因而，公共关系活动从根本上讲是一种利益性活动，这也就决定了公共关系心理的利益性。公共关系主客体双方维护自身利益的心理贯穿于公共关系活动始终，渗透和作用于公共关系心理的全过程。

（三）情感性

公共关系活动是情感色彩非常强烈的活动。一个组织开展公共关系活动是为了塑造良好的形象，协调组织与公众之间的关系，以使公众对组织的产生信任、好感。因此，公共关系工作也是情感工作，用真诚和热情去打动公众是公共关系工作的有效手段。公共关系活动的情感性也就决定了公共关系心理的情感性。

（四）广泛性

公共关系心理的广泛性是由公共关系的广泛性决定的。一方面，公共关系的触角遍及社会各行各业，有商店、工厂、学校、银行、政府机关等，从而使公共关系心理设计的领域和范围相当广阔。另一方面，公共关系心理学本身是在许多学科基础上发展起来的综合性交叉学科，因此它与同类分支心理学的研究对象一样，具有广泛性。并且，公共关系心理的广泛性比很多同类分支心理学的研究对象更明显，更突出。

三、 公众心理[①]

公众心理是公共关系活动的承受者对主题行为的感知与反映，它是组织调整自身行为以塑造良好形象的根据。公众心理能为社会组织的管理者提供战略决策依据。一个社会组织的生存和发展，直接依赖于其心理环境的优劣。具体说来，就是在公关活动中，须将公众原则置于首要地位，即通过最大限度地满足公众的基本需要，调动其积极的情绪情感体验。

公众心理主要包括以下两方面的内容。

（一）公众个体心理分析

1. 公众心理特征

人们在长期复杂的社会生活中形成了一系列心理活动和心理现象。这些心理现象在以大脑的活动过程表现出来时，就是感知、记忆、思维、情感、意志等心理过程，它们体现着心理活动的一般规律性。人的现实的心理活动总是在一定的个体身上发生的，个体的心理活动既体现着一般规律，又具有个别特点。个体心理活动的特点，当以某种机能系统或结构的形式在个体身上固定下来时，就使其带有经常、稳定的性质。这种在个体身上经常地、稳定地表现出来的心理特点就是个性心理特征。因此，个性心理特征是个人的比较稳定的心理特点的总和，是一个人区别于他人的整体特性。具体来讲，它包括人的能力、性格和气质。

（1）能力。

能力是人顺利完成某种活动所必需的心理特征，或者是完成一项活动的本领。能力存在于人的具体活动之中，并直接影响活动的效率。但是，要顺利完成某种活动，单凭某一方面的能力是不够的，只有多种能力的综合才能完成。人们把在活动中多种能力的结合叫才能，能力对人的活动的影响具体表现为：有才能者其活动激烈而准确、敏捷而深入；低能者其活动迟钝而贫乏、无力而肤浅。

一般而言，对人的能力可从以下几个方面把握：

1）一般能力与特殊能力。一般能力是人在各种活动中都必须具备的，并在各种活动中表现出来的基本能力，如观察力、记忆力、想象力、思维力等。特殊能力是为某种专业活动所必需并在专业活动中表现出来的能力，如数学计算、音乐、绘画能力等。一般能力与特殊能力之间没有严格界限。人在顺利活动时，既有一般能力参与其中，又有特殊能力参与其中。一般能力在某种活动领域中得到特殊的发展，就可能成为特殊能力；特殊能力发展的同时，一般能力也会得到提高。

2）能力类型差异与水平差异。既然能力是人的个性特征，个人之间必然存在着能力的差异。这种差异既有质的差异，也有量的差异。质的差异除了表现为每个人可以具有不

---

① 彭彦琴，江波．公关心理与实务．广州：暨南大学出版社，2002.

同的特殊能力外，还表现在完成同一种活动，不同的人可能采用不同途径或能力的不同结合，这就是能力的类型差异。量的差异则表现在能力发展水平和表现的早晚上。如平常所说的一个人有无能力或能力大小等，就属于量的差异。心理学家的研究表明，从智力发展水平（量的差异）看，人的智商也具有一定的差异性。

（2）性格。

性格是指对现实的一种稳定的态度体系和行为方式。也就是说，性格是表现在人的态度和行为方面较稳定的心理特征，如果断、寡断、勇敢、懦弱、勤劳、懒惰等。值得注意的是：性格有优劣、好坏之分。性格的核心品质是个人的政治思想和道德品质。性格中也包含许多从属的品质，加大方、严肃、细致、耐心等。对从属品质的评价，通常要看它依从于哪些核心品质而定。性格包含许多具体内容，是多侧面的复合体。具体来说：

1）性格具有态度特征。表现在对社会、对集体、对他人的态度方面，有爱集体、正直、诚实、有同情心、礼貌、善交际；或者相反，对集体漠不关心、阿谀奉承、弄虚作假、没有同情心、傲慢、孤僻等。表现在对自己的态度方面，则有谦虚与傲慢、自信与自卑、严于律己或任性、大方或羞怯等。

2）性格的意志特征。意志表现为一个人的性格，往往有果断或犹豫不决、勇敢或懦弱、坚定或动摇、严谨或散漫、沉着冷静或鲁莽从事等。

3）性格的情绪特征。情绪表现为人的性格，主要有心情舒畅或抑郁低沉、宁静的或易于激动的等。

4）性格的理智特征。这主要表现为主观性与客观性、粗略性与精细性、严谨性与轻率性等。

总之，性格对于动机、行为的影响是十分深刻的，因为人的性格和他的思想观点、理想信念以及世界观有着密切的关系，思想观点制约着一个人的性格，影响着一个人的行为举止、习惯和意向。

（3）气质。

气质是人的典型而稳定的心理特点，是人的心理活动的动力学特点。它主要表现为一个人的情绪体验的反应速度（快慢）、强度（强弱），表露的隐显程度，心理活动的指向性，动作的灵敏或迟钝等方面。比如有的人情绪活动速度快且强烈，外部表现明显；有的人相反，外部表现不显著，表情冷淡，似乎无动于衷。

心理学家根据人的心理活动在动力方面表现出的特点（感受性、耐受性、反应灵敏性、情绪兴奋性、内向或外向性、可塑性等）的不同程度的结合，把人的气质分为胆汁质（不可压制型）、多血质（活泼型）、黏液质（安静型）和抑郁质（弱型）4 种类型。

1）胆汁质（不可压制型）的人：情绪激昂，易冲动，态度直率，脾气暴躁，精力旺盛，情绪外露性明显，反应速度快，但不灵活。

2）多血质（活泼型）的人：情绪易兴奋，热情，反应快而灵活，善于交际，容易动感情，外部表露明显，感情丰富，注意力易转移。

3）黏液质（安静型）的人：情绪不易兴奋，安静，能克制自己的冲动，对人感情真挚，内向性明显，对事物不敏感，反应比较缓慢。

4）抑郁质（弱型）的人：处事谨慎，能深思熟虑，比较细腻，内向性明显，优柔寡断，易神经过敏，行动呆板。

气质并无好坏之分，任何气质都有其积极的一面，也有其消极的一面。气质是人生而具有的，它体现在人的一切心理活动过程中，而不以活动的动机、目的、内容为转移。气质的特点一般通过人与人之间的相互交往显示出来。气质对于人的实践行为有一定的影响，了解人的气质对于增强交往的针对性与灵活性，具有十分重要的意义。

个性与行为有着密切的关系，对人的个性的了解，不仅可以说明他现实的行为，也有助于预测他的未来行为指向。

公共关系的主体和客体都是人，它是人与人之间的关系。人的自觉能动性最具体地表现为人是有能力的人，人的能力在公共关系活动中不仅表现在主体活动者方面，也表现在主体活动的对象方面。同样，人的气质和性格在公共关系活动中也同样通过主体和客体两方面表现出来。特定的公共关系活动总是在特定的人与人之间进行的，特定的气质和性格制约着人的自觉能动性的发挥。对于不同气质、不同性格的公众应当采用不同的施加影响的方法，选择特定的公共关系活动的实施者也应当对气质和性格的特点予以考虑。从最具体的公共关系活动来看，起关键作用的是公共关系活动者的人际影响力，而人际影响力受制于气质和性格方面的感染力，因此公共关系心理学必须研究人的气质和性格。

2. 公众心理倾向

（1）公众的需要倾向。

公众需要是指公众生理和心理上的匮乏状态，即感到缺少什么，从而想获得它们的状态。个体在其生存和发展过程中会有各种各样的需要，如饿的时候有进食的需要，渴的时候有喝水的需要，在与他人交往中有获得友爱、被人尊重的需要等。

作为公众中的个体，其需要是丰富多彩的。根据需要在人类发展史上的起源可分为：

1）生理性需要。生理性需要是指个体为维持生命和延续后代而产生的需要，如进食、饮水、睡眠、运动、排泄、性等。生理性需要是人类最原始、最基本的需要，是人和动物所共有的，而且具有明显的周期性。

2）社会性需要。社会性需要是指人类在社会生活中形成的、为维护社会的存在和发展而产生的需要，如求知、求美等。社会性需要是人类特有的，它往往被打上时代、阶级、文化标签。

另外，根据需要的对象可分为物质需要、精神需要。美国心理学家马斯洛将人类需要按从低级到高级的顺序分为5个层次，即生理需要、安全需要、归属和爱的需要、自尊的需要和自我实现的需要。

（2）公众的兴趣倾向。

兴趣是指一个人积极探索某种事物的认识倾向。当一个人经常主动观察某种事物时，说明他对这个事物产生了兴趣。兴趣不是天生的，是在社会实践活动中产生和发展起来的。在社会实践中，人们的兴趣是多种多样的。

首先，根据兴趣的内容或倾向性，可以把兴趣分为物质兴趣和精神兴趣。物质兴趣是指人们对物质产品的兴趣，精神兴趣指的是人们为满足精神需要而形成的态度倾向。

其次，根据兴趣与不同对象的关系，兴趣可以分为直接兴趣与间接兴趣。直接兴趣是指对事物和活动过程本身的兴趣，间接兴趣是指人们对某种事物本身并没有兴趣，而对这种事物可能导致的预想结果感兴趣。

最后，根据人们的意识对兴趣参与的程度不同，可把兴趣分为情趣和志趣。情趣是感情作用于兴趣的结果，一般体现在人们对某一事物或某项活动的喜爱与追求上。志趣是意志作用于兴趣的结果，它可以使人的兴趣保持长久。

尽管兴趣可以分为各种类型，但都有其共同的特点：

1）兴趣的倾向性。这是指兴趣指向的具体对象。人们的任何兴趣都是针对一定的事物而发生的。至于人们的兴趣对象是什么却因人而异，差别极大。如调查中发现许多女性消费者对逛商店、买东西有极大的兴趣，把这看成是一种消遣或享受，而大部分男性消费者将逛商店购物视为负担。

2）兴趣的广泛性。这是指兴趣所包括的具体对象的范围。有的人兴趣单一，对事物的关注与指向特别集中；有的人别兴趣广泛，对许多事物都容易产生好奇。在购买活动中，兴趣贫乏的消费者联想、想象力都较差，行为活动也比较教条。兴趣广泛的消费者想象力和接受能力都很好，常常能高质量地完成购买行为。

3）兴趣的稳定性。这是指兴趣持续时间的长短。人们对各种事物所发生的兴趣，既可能长久不变，也可能经常改变。如缺乏稳定兴趣的顾客，在选取商品时容易喜新厌旧，而兴趣稳定的顾客则对商品了解细致深入，购买活动有条不紊。

4）兴趣的效果性。这是指兴趣对人的活动所产生的效果。有些人兴趣的能动性比较好，一旦对某一事物产生兴趣，就会迅速地把兴趣变为行动，产生一定的效果。但有些人的兴趣却缺乏推动活动的力量，往往会停留在好奇和期望状态中，不能产生实际效果。

在公共关系活动中，公众的兴趣发挥着重要的作用。只有充分重视、利用和引导公众的兴趣，才能使公共关系活动取得实际的成效。具体表现在如下几个方面：

1）公众的兴趣对公共关系目标发挥导向作用。公共关系的目标是公共关系主体的目标，它是由公共关系主体制定的。但是在公共关系目标的制定过程中，公众的兴趣通过自发地对公共关系主体的影响，间接地对公共关系目标的制订产生影响，从而发挥事实上的导向作用。任何公共关系的具体目标只有在迎合公众兴趣的前提下才具有实际的价值，否则只能是一纸空文。

2）公众的兴趣对公共关系过程发挥能动作用。公共关系过程是主客体双向交流的过程，主体发挥主动作用，客体发挥能动作用。客体的能动作用中包括公众兴趣的作用。主体发出的信息和提出的要求，要在公众的兴趣面前受检验。符合公众兴趣的信息和要求能够推动公共关系的发展，而不符合公众兴趣的信息和要求不能推动公共关系的发展。

3）公众的兴趣对公共关系主体发挥启迪和诱导作用。公众的兴趣是最有用的信息之一，对公共关系主体发挥启迪作用；公众的兴趣为开展公共关系活动提供机会和条件，对公共关系主体发挥诱导作用，对公共关系主体来说，有关公共关系兴趣的信息是一种重要的资源，只有积极地利用这种资源，才能使公共关系活动取得实际效果。

（3）公众的价值取向。

价值取向是指在一定价值评价体系的推动下，行为、活动指向主要价值目标的行为类型。由于价值评价体系的结构不同，价值取向类型也不同。行为学家格雷夫斯曾把不同人的价值取向分为 7 个等级：

第一级，反应型。他们的价值取向顺从于生理反应，实际上没有自己的价值评价，形同婴儿。这种类型极其少见。

第二级，依赖型。他们的价值取向服从于传统习惯、多数人的意志和权力，个体的自主能动性很小，缺乏主见、容易受骗。

第三级，自私型。他们的价值取向是冷酷的个人主义，一切从个人的利益出发，不惜以他人的利益和公共的利益为代价，难以合作共事。

第四级，固执型。他们的价值取向具有恒常性，不受或很少受周围的人影响，反过来又以自己的价值取向要求别人，思想比较僵化。

第五级，权术型。他们的价值取向以权力、地位为目的，手段比较隐蔽，善于玩弄权术，踩着别人的肩膀上升。

第六级，社交型。他们的价值取向以取悦、讨好别人为特征，缺乏恒常性而具灵活性，易受暗示；往往被固执型和权术型的人所鄙视。

第七级，现实型。他们的价值取向一般比较理智，既不伤害别人，又有独立的见解，善于在现实环境中发挥自己的主体能动性。

（二）公众群体心理分析

公众群体由于分类与功能的不同，其心理特征也就既有共性又有特殊性。根据公共关系活动的特点，群体的心理特征可以从群体的一般心理特征和特殊角色群体的心理特征两个方面进行分析。

1. 群体心理的一般特征

群体，无论是正式群体还是非正式群体，还是实存群体还是隐形群体，都会表现出群体的一般心理特征。这种特征主要是：

（1）归属心理。无论何种群体的成员，都有一种强烈的归属意识，也即对自己群体的依赖性。这种依赖性就使其成员获得了一种安全感，从而减少了孤独，增强了自信。

（2）认同心理。凡是属于一个群体的成员，都有认同其群体的共同心理特征，也都不否认自己是该群体的成员，这样才使其行为、活动表现出群体的一致性。

（3）凝聚心理。任何群体都对其成员有强烈的吸引力。群体成员之间，由于共同的背景、目标、利益或兴趣与爱好，会相互之间产生强烈的吸引力。一般来讲，群体的范围越小，其凝聚力也就越强。当一个群体面临外界的压力时，其凝聚力表现得也越强。

（4）整体心理与排外心理。由于群体成员之间的凝聚力以及成员对群体的认同，就必然使他们产生或强或弱的整体意识，即意识到自己群体的整体性和共同性，从而也就会产生相对的独立性和排外意识。这种排外性是指成员把自己看作是某一群体的一部分，而反对其他群体的意识。排外心理的产生往往是由群体之间的利益差别或是人们的需求不同造成的。

总之，公众群体心理特征，既是对公关活动客体心理特征的分析，也是社会组织主体心理特征的反映。有效的公共关系活动必须把握群体的一般心理特征，才能提高组织的凝聚力，增强其活动的针对性。

2. 群体角色的心理特征

公共群体心理既有共同性，也有个别差异。人们之间不同的社会联系及社会地位，使得人们在社会中扮演着不同的角色，分属于不同的角色群体，从而也表现出不同群体的角色特征。尽管公众的角色在不同场合有不同的表现，在商店是顾客，乘车时是乘客，上班是秘书，回家是母亲、妻子等，但其基本心理特征无非是其性别、年龄、职业、文化等方面要素的总和。所以公众的角色都是复杂的，其心理特征也综合的。只有全面分析和了解公众角色的心理特征，才能提高公关活动的针对性和目的性。

在分析群体角色的心理特征时，可以从性别、年龄、职业、受教育程度、民族、地域文化等角度去进行分析。从不同角度而言，群体的心理特征都是一致性和差异性共存。

（三）影响公众心理的方法

1. 劝导

劝导就是劝说和引导，它是主动影响公众心理的最主要、最直接的方式。用劝导这种方式影响公众心理的方法称为劝导方法。劝导方法主要有流泻式、冲击式、浸润式和逆行式。这些方法都各有其长处和短处，在运用时应注意扬长避短。

（1）流泻式劝导。

流泻式劝导以告知为主要形式，没有严格的对象范围，没有精确效果预测。就像地上的积水一样自由流泻，碰巧遇到几个坑洼，就会在这几个坑洼处产生作用。广告宣传一般就采用这种流泻式的劝导方法。

流泻式劝导，只要劝导的内容具有真实性和吸引力，它总会对一部分公众产生或多或少的导向作用。从公共关系的目的来看，要提高组织的知名度和美誉度，也需要流泻式劝导的方法，即使流泻式劝导有效率为百分之一，在1 000万名劝导对象中也有 10 万名受影响的公众，这比更有针对性的劝导方法，例如个别劝导的方法有效率要高得多。

（2）冲击式劝导。

冲击式劝导是一种以说服为主要形式的专门性的劝导方法。和流泻式劝导相比，它具有对象明确、意图明确、针对性强、冲击力大的特点。它就像灭火和冲洗船舱用的高压水龙一样，以集中的水力“灭火去污”，用于解决专门性的问题。在公共关系活动中，冲击式劝导对公众心理的影响主要是“变”和“化”的影响。变，就是转变；化，就是化解。公众接受劝导一般有 3 个原因：第一是由于不知而不行，经过劝导由知而行；第二是由于不信而不行，经过劝导由信而行；第三是由于不坚定而不行，经过劝导由坚定而行。前面讲过的流泻式劝导主要解决“不知而不行”的问题，所以对公众心理主要产生“告”和“导”的影响；而冲击式劝导面临的对象通常不存在“不知”的问题，至少“不知”不是主要的问题，主要的问题在于公众已经有了自己的看法、意见，冲击式劝导要解决的问题是转变他们的看法和意见，化解他们的看法和意见。所以它对公众心理的影响主要是“变”和“化”的影响。

冲击式劝导的力度远比流泻式劝导大，它是“灭火去污”，势在必行，行必有果，带有某种暗藏的强制性，往往带来激烈的交锋。在公关活动中，这种方法经常被运用。组织内部某些成员的思想、言行偏离组织的目标时，和组织发展关系密切的群众或个人对组织产生疑惑、误解或意见时，访谈、接待、谈判中发现有必须澄清的问题时，都往往需要运用冲击式劝导的方法。冲击式劝导有时奏效，有时则不灵，关键在于能否对症下药、以理服人。

（3）浸润式劝导。

浸润式劝导是以周围舆论影响公众的方法。它的特点是作用缓和持久，不易形成表面对抗，在潜移默化中对公众的心理产生影响。它就像浸润某种固态的液体一样，虽然不会马上改变固体物的形状和性质，但总会对固体产生或多或少的作用。

浸润式劝导对公众心理的影响是“从”和“同”的影响。从，就是从众；同，就是同化。人是社会的人，人具有合群的倾向。人在对某种事物处于无知状态的时候，或是自己的意见和周围的舆论不合的情况下是否有必要坚持自己意见的时候，合群的倾向往往支配自己的行为，从而产生从众的心理。例如有这样的情况，某位成员对公众提出的某些不合理的要求感到气愤，对个别内部成员的错误感到不能姑息，但在周围舆论的压力和一致劝说下放弃了原则、做出了妥协。有时候自己坚信自己是正确的，但是在周围舆论的一致劝说下，又对自我产生怀疑，最后自我否定、放弃了自己的意见。所以对从众可以作两种基本的划分，做出妥协的从众和意见一致的从众。其中，意见一致的从众还分为无知状态下的从众、无所谓状态下的从众、意见始终一致的从众和意见转变后的从众。意见转变后的从众就是“同化”，同化就是在外部因素的作用下内部发生的趋同于外部影响的质变。浸润式劝导对公众的心理产生从众乃至于同化的影响，显然这种作用与流泻式劝导和冲击式劝导作用形式不同。

（4）逆行式劝导。

逆行式劝导是少数人对多数人或下级对上级进行劝导的方法，是和浸润式劝导相对应的一种劝导方法。浸润式劝导是对被浸润的对象施加影响，而逆行式劝导是被浸润的对象对周围的浸润者施加影响。逆行式劝导的形式和作用就像倒流中的逆流一样，虽然力量相对弱小，但也可能改变潮流行进的方向和路线。

逆行式劝导对公众心理的影响是“疑”和“悟”的影响。疑，就是对已经形成的看法和意见发生怀疑；悟，就是醒悟逆行式劝导的内容合理。我们经常说“真理往往在少数人手里”“群众是真正的英雄”。多数人认为正确的东西有时并不一定正确，上级领导的看法、意见有时也会有片面性。在这种情况发生的时候，逆行式劝导也就有了它发挥作用的余地。

逆行式劝导本身的作用不亚于其他的劝导方法，甚至从防止和纠正错误等角度来说，作用比其他方法更大。公共关系部也有这个责任和义务参与逆行式劝导，甚至可以说他们本身更应当把逆行式劝导视为开展公共关系活动的一种方法和手段。

2. 暗示

暗示是在无对抗条件下，用某种间接的方法对人们的心理相行为产生影响，从而使人们按照一定的方式去行动或接受一定的意见、思想。暗示可以通过语言的形式进行，也可以通过其他方式进行影响暗示效果的因素：

（1）受暗示者的年龄与性别。年幼的儿童容易受暗示，因为他们知识少、经验少，缺乏思考力，故容易轻信他人。暗示的效果表现出性别差异。美国学者勃朗曾研究过暗示的性别差异，发现女子比男子更易接受暗示。

（2）受暗示者的心理状态。受暗示者的心理状态不同，暗示效果不同。人们在疲劳时易受暗示，精神振作时则不然。人们对于毫无经验的事物易受暗示，而对于具有充分知识的事物则不然；人们对于嗜好的事物或习惯行为易受暗示，反之则不然；意志坚强者或感情冷漠者均不易受暗示。个性的倾向性也与受暗示的效果有关系。一种人缺乏主见，随波逐流，他们容易受暗示者的影响；另一种人独立性很强，往往具有反暗示性，反对顺从，反对压服，特别当知道（意识到或猜到）他人企图施以暗示影响的时候，更不会接受暗示。

（3）当时的情境。人们是否接受暗示往往与当时的情境有关。

（4）暗示者的影响力。人们在社会生活中相互发生影响，但有人影响力很大，有人则很小。有社会地位的人比普通人更具有暗示影响力。

（5）暗示刺激的特点。按时效果大小与暗示者出示的刺激特点有关。一种刺激经过多次反复，更容易发生效果。暗示刺激的特殊性和新奇性都较容易产生暗示作用。

3. 感染

在一些情景中，个体想要以某种方式行动，但感到内心有些束缚，阻止个体这样做。当他看到群体中有人以他想要做的方式行动了，他便跟着以这种方式行动。观察学习和榜样行动减少了阻止个体以某种方式行动的内心限制，解除了约束。由榜样带来的内心约束解除就是行为的感染。

从一般意义上，感染是对某种心理状态的无意识、不由自主的屈从。在个体意义上，感染是通过语言、表情、动作及其他方式引起他人相同的情绪和行动。这里主要是情绪的传递。情绪的感染是在无压力的条件下产生的，是一种无意识的和不由自主的屈从，感染者往往产生于发出刺激者相同的情绪，即这是一种情绪上的遵从现象。而行为的感染不同于遵从，在于感染中涉及的冲突发生在个体观察榜样之前，而在遵从范式中，冲突发生在个体观察榜样之后。无论是情绪感染还是行为感染，都是在受感染者和发出刺激者有相近的背景，并受理智制约下完成的。

资料链接

踢猫效应

一位父亲在公司受到了老板的批评，回到家就把沙发上跳来跳去的孩子臭骂了一顿。孩子心里窝火，狠狠去踹身边打滚的猫。猫逃到街上，正好一辆卡车开过来，司机赶紧避让，却把路边的孩子撞伤了。这就是心理学上著名的“踢猫效应”，描绘的是一种典型的坏情绪的传染。人的不满情绪和糟糕的心情，一般会随着社会关系链条依次传递，由地位高的传向地位低的，由强者传向弱者，无处发泄的最弱小的便成了最终的牺牲品。其实，这是一种心理疾病的传染。

古人云：克己、复礼。克己，就是遇事从容，能理智控制好自己的情绪；与人为善，给周边疲倦的心灵以慰藉与鼓励。有位高僧在外出云游前，把自己酷爱的种了满院子的兰花交与弟子，并嘱咐悉心照料。谁知一天晚上弟子忘了将兰花搬回室内，恰巧风雨大作，原本开得正艳的兰花被打得七零八落。弟子忐忑不安等待着师傅的责骂。高僧云游回来，得知缘由，只是淡淡说了一句：“我不是为了生气才种兰花的。”弟子从中得到启发，幡然悟道。

在竞争白热化的今天，时时保持豁达的姿态，很具有挑战性。然而，在压力下还能保持风度，就意味着对自己心理弱点的克服，意味着人格魅力的提升。

任务3 研究推销的心理运用

案例导入

成功推销的背后

开发商在出售临近火车轨道的楼盘时遭遇了瓶颈。很多消费者去看了房子后，都对这个楼盘的居住环境提出了质疑，大家认为，当火车经过时，轰隆隆的声音会影响休息，会影响人体健康，所以，楼盘销售遇冷。楼盘的开发商采取降价、打折、送礼品的方式进行促销，仍没有效果。

一天，一个小伙子去应聘售楼推销员，他面试时说，他有办法把这些遇冷的楼房卖出去。他被聘用后，做了如下措施：

1. 撤掉曾经打折、降价的条幅；
2. 精装修了紧邻火车道的一些样板间，样板间内安装了电视。
3. 准备了几辆大巴车，准备接送看房的人。
4. 打出广告，在某具体时间看房的人，全部送精美礼品，礼品价值千元。

当消费者看到广告后，纷纷都乘坐免费大巴去看房，其中不乏有人是奔着千元礼品去的。当消费者到达集中看房地点时，他们分别被请进已经装修好的样板间。样本间布置温馨，电视正在播着热播电视剧。大家坐在沙发上，感觉很享受，聊着天，喝着茶，看着电视。不知不觉两个小时过去了。这时小伙子走进来问大家，这两小时期间窗外共经过10辆火车，大家是否觉得很吵，是否影响到生活了呢？大家纷纷表示没有感觉到火车经过。小伙子说："如果今天购房，送精装修，送家电。"结果，很多人当场签订了购房协议。滞销房屋被抢购一空。

问题与思考：

小伙子为什么能够将滞销的房屋销售一空呢？他抓住了消费者的哪些心理？

知识探究

一、 推销与推销心理

（一）推销

一般认为，如果从实现商品（服务）销售的意义上讲，推销就是指推销人员通过说服和帮助，促使潜在顾客采取购买行动的活动过程。作为一种复杂的活动过程，推销既是推销人员向顾客传递信息，并由买主向卖主反馈信息的双向沟通过程，又是推销人员向顾客提供技术、各种服务，双方进行情感交流的过程。推销者要针对顾客的内在需要和疑虑，采用各种手段传递充分和可靠的信息，充当顾客的导购参谋和服务帮手，对客户进行耐心的说明和说服，取得顾客的信任。在顾客购买前，要力求使顾客乐意接受该种商品或服务，相信它能给自己带来切实的好处；在顾客购买后，还要追踪了解顾客在消费过程中的实际感受，力求为顾客排忧解难，使顾客在使用产品的过程中获得满足。

（二）推销心理

推销心理是在商品推销活动（商品流通过程）中人们的心理现象和心理活动规律。

推销心理包含的内容大致有：顾客购买行为的心理，它包括顾客的消费需求心理、顾客的个性心理特征、顾客购买行为的心理活动；推销方式与顾客的心理，包括推销技巧、推销礼仪等；推销活动与顾客的心理，包括寻找顾客、接近、面谈、成交等；组织心理，包括推销人员个体心理和推销员的选拔与培训。

二、推销阶段的心理分析与策略[①]

（一）推销准备阶段

准备工作的好坏，直接关系到整个推销的过程，关系到营销目标是否能最终达到。

1. 客户心理

推销过程开始之前，客户的主要心理如下：

（1）决策心理。客户在此阶段首先会明确三个问题：一是采购活动是否必须进行，二是采购对象如何选择，三是确定采购人员。参与采购的人员是客户企业中比较懂技术、懂法律、懂财务的专业人员。

（2）人际心理。即客户对营销人员在人际关系上的种种心埋：一是戒备心理，甚至包括拒绝心理；二是友好交际心理；三是希望受到尊重的心理。

（3）期望成功的心理。一是期望有好的开端，洽谈过程顺利，合作愉快；二是期望交易成功，获得最大利益。

2. 应对策略

企业在应对客户时，应该特别重视准备阶段的心理因素：

（1）了解客户的需要，有针对性地加以满足。企业应搜集有关客户的信息，掌握其需求，并研究如何加以满足。对于现有客户，企业应定期主动联系，最好的方法就是能够在日常交往中逐步解除客户的戒备心理，形成稳固的、相互信任的业务合作关系。

（2）创造令客户信任的条件。企业的产品质量、技术标准过硬，售后服务优良，使其在长期合作中获得客户信任；并通过企业形象塑造，提高企业的社会声誉；同时要采取有力措施，得到客户的认同，使其消除顾虑心理。

（二）初始阶段

1. 客户心理

在此阶段，客户心理主要表现在以下几个方面：

（1）风险知觉。人们的消费行为含有冒险的成分，这是心理学家鲍尔提出的，这种风险有不确定性和使用商品后的可能得失。不确定性越小，知觉到的风险越小；反之，则知觉到的反险越大。

（2）采购前的思考比较。客户在获取足够信息以后，为了进一步减小风险，在做出决策之前，要经过反复的思考过程，这是根据自己的选择标准对各种备选品及企业进行较长

---

① 单凤儒．营销心理学．北京：高等教育出版社，2009.

时间的比较衡量、权衡利弊的过程。

（3）风险判断。为了减少购买风险，客户依据自己对品牌的信赖度高低进行风险判断。对于著名品牌的产品，信赖度高，在做出决策时知觉到的风险小，反之，则知觉到的风险大。

2. 应对策略

根据以上对客户心理的分析，企业应把工作做在客户采购前。

（1）设法利用各种渠道向客户提供充分的咨询和全面客观的宣传，设法减少产品功能、质量和使用后果的不可预测性，降低客户风险知觉水平。如对产品的"三包"承诺，产品检验合格率公布，业务人员恰如其分的产品介绍，社会知名人士的推荐等。

（2）加强与客户的沟通。站在客户的角度，真诚、客观地提供分析意见与建议，以帮助客户进行比较分析、权衡利弊。

（三）报价磋商阶段

1. 客户心理

（1）客户对产品营销价格习惯性的意识。客户对商品的价格的认识，一般是根据多年的购买经验形成的，这种对价格的认识一旦形成，就很难改变，尤其是产品在市场上已经形成了习惯性价格以后，厂商再想改变价格就要花费较大的精力。

（2）客户对产品营销价格的敏感性，即客户对商品的价格变动在心理上的反应程度与速度。如果客户的价格意识很强，报价太高将直接影响到客户的购买需求，甚至会出现抵触情绪。

（3）客户对产品营销价格的感受性，即客户对产品营销价格高低的感觉程度。一般来说，客户对价格的高与低的判断，是从他们对产品质量的判断而来的。客户判断其购买的价值会受到诸如商品的使用价值与社会价值、销售场所、服务方式、商品包装等因素的影响。

（3）客户对产品营销价格的倾向性。这是指客户在购买过程中对商品价格的选择性倾向。这种心理的形成一般受客户个性、价值尺度、购买经验、文化修养等因素的影响。

2. 应对策略

（1）针对客户在报价磋商阶段的心理状态，企业在报价时应该首先了解客户的看法，准确分析和把握客户的价格心理。

（2）要做深入的、令人信服的分析比较，以理服人。应该让客户知道：也许定价略高于竞争产品，但是产品的高质量意味着产品更长的使用期；另外，企业提供给客户优质的服务节约了客户的时间和精力，客户购买快速优质的服务是值得的。

（四）成交认可阶段

成交认可阶段是销售工作的关键阶段。由于产品的不同、对象的不同、所处的社会环境和条件的不同，因而采用的成交技巧与策略也就不同。

成交阶段最大的障碍是客户的疑虑心理，要化解客户心中的疑虑，前提是设法引导客户说出顾虑。一般来说，发生异议的原因不外乎与价格、货源、自己不能做主或忽然感到缺少全盘考虑等因素有关。这时，应以消除客户疑虑为目标，把成交以后的利弊客观地加以比较，促使客户做出购买决定。

资料链接

恰如其分地赞美对方

化妆品推销高手、美国化妆品大王玫琳·凯是如何把握住每一个闪光点？她上门去推销化妆品，女主人非常客气地拒绝了她："对不起，我现在没有钱，等我有钱了再买，你看可以吗？"但细心的玫琳·凯看到了女主人怀里抱着一条名贵的狗，知道"没有钱购买"只是她拒绝自己的借口。于是，她微笑着说："您这小狗真可爱，一看就知道是很名贵的狗。""没错呀！""那您一定在这个狗宝宝身上花了不少的钱和精力吧？""对呀，对呀！"女主人开始很高兴地为玫琳·凯介绍她为这条狗所花费的钱和精力。玫琳·凯非常专心地听着女主人兴奋的介绍，在一个非常适当的时机，她插了话："那是肯定的，能够为名贵的狗花费足够的钱和精力的人，一定不是普通阶层。就像这些化妆品，价钱比较贵，所以也不是一般人可以使用得上的，只有那些高收入、高档次的女士才享用得起。"女主人听后，很高兴地买下了一套化妆品。

资料来源：左夫．高效推销的心理操纵．北京：中国商业出版社，2010.

项目小结

营销信息沟通主要体现在营销活动的促销环节，营销人员在进行营销信息沟通时，要根据消费者的不同心理、企业实际情况，逐步推升，以达到营销目的。本项目主要从广告心理、公共关系心理和推销心理三个角度探讨营销信息沟通与消费心理之间的关系。

实训练习

一、简答题

1. 什么是广告心理、公共关系心理和推销心理？

2. 广告心理实施成功的标准有哪些？

3. 广告定位心理、广告创意心理、广告诉求心理和广告实施心理分别是什么？其相应的策略有哪些？

4. 公共关系心理的特征是什么？

5. 公众心理包括哪些方面？

6. 影响公众心理的方法有哪些？

7. 不同阶段的推销心理应用策略是什么？

二、实训

为你熟知的某企业产品进行促销，并说明在促销中你使用了什么方法及利用了消费者的哪些心理。

项目九

了解营销场景对消费者心理的影响

问题引入

问题： 连锁超市为什么能吸引众多顾客，其顾客群与百货公司的顾客群有何不同？你就读的学校附近或居住的城区商店中有没有“金字招牌”？商场外观设计对顾客心理有哪些影响？许多超级市场将口香糖摆放在收费处，这是为什么？要想弄清这些问题，就要了解商场类型与选址、商场的内外环境及营销服务等营销场景对消费者心理的影响。

学生讨论、回答问题，教师点评。

学习目标

知识目标： 掌握顾客对不同商场类型、选址的心理需求；掌握顾客对商场建筑、出入口、商店招牌、橱窗等外部环境设计的心理要求；掌握顾客对商场布局、内部环境与营销气氛及商品陈列的心理要求；掌握顾客对营销服务的心理要求。

能力目标： 能够运用商场类型、选址、招牌设计心理方法等为新店选址和命名；运用顾客心理原理进行商品陈列、购物场所的设计；能够通过营业场所内外环境设计，激发顾客的购买欲望；能够通过营销服务心理来排除营销服务中的冲突。

任务1　了解商场类型与选址心理

案例导入

沃尔玛“一站式”购物新概念

顾客是否能在店中一次购齐所有需要货品，是否可以得到及时的新产品销售信息，是否可以享有送货上门、免费停车等附加服务，是否可以在任何有空闲的时间入店购物……这些问题都是评价一间商店好坏的重要标志。

在沃尔玛，消费者可以体验“一站式”购物（One-Stop Shopping）的新概念。在商品结构上，它力求富有变化和特色，以满足顾客的各种喜好。其经营项目繁多，包括食品、玩具、新款服装、化妆用品、家用电器、日用百货、肉类果菜等。另外，沃尔玛为方便顾客，还设置了多项特殊的服务类型。

例如，深圳的山姆店营业面积1.2万多平方米，有近400个免费停车位。沃尔玛将糕点房搬进了商场，更设有“山姆休闲廊”，所有的风味美食、新鲜糕点都给顾客在购物劳顿之余以休闲的享受。店内聘有专业人士为顾客免费咨询电脑、照相机、录像机及其相关用品的情况，有助于减少盲目购买带来的风险。店内设有文件处理商务中心，可为顾客提供包括彩色文件制作、复印，工程图纸放大、缩小，高速文印等在内的多项服务。一次购物满2 000元及以上，沃尔玛皆可提供送货服务，在指定范围内送货费每次49元（因为商品价格中不含送货成本）。

在店址选择上，沃尔玛也以方便顾客购物为首要考虑因素。在美国，它的触角伸向西尔斯、凯马特所不屑一顾的偏远小乡镇。从明尼苏达到密西西比，从南加州到俄克拉何马，沃尔玛无所不在。只要哪座乡镇缺乏廉价商店，沃尔玛就在哪里开业。

问题与思考：请分析沃尔玛“一站式”服务有何吸引人之处？这些特色之处分别可以满足顾客哪些需要？

知识探究

以消费者为中心，为消费者服务，是零售商业企业经营管理的核心。因此，零售企业的卖场设计应研究消费者的心理特点，并为消费者提供最适宜的环境条件和最便利的服务设施，使消费者乐意到商店并能够舒适、方便地参观选购商品。通过对商店卖场设计及消费者心理的研究，掌握其规律，使商店卖场设计适应消费者的心理特点，从而扩大商品的销售量，既满足消费者的需求，又使企业获得较好的经济效益。

一、顾客对不同商场类型的心理需求

随着经济的发展，我国的商业零售企业类型发生了很大变化，不同商场类型的出现和业务发展，满足了顾客购物的不同需求。

（一）百货公司

百货公司坐落在城市最繁华的地段，具有以下有利条件：

（1）建筑富丽堂皇、营业场所宽敞，环境布置气派豪华，上下电梯方便，可以满足顾客对舒适购物环境的需求；

（2）经营品种繁多，可提供人们吃穿用等几乎所有的日常生活用品，商品种类应有尽有，能使顾客感受“走百家不如进一家”的便利感；

（3）管理规范，实行明码标价，使顾客有一种价格的信赖感；

（4）接受过训练的专职营业员着装一致、彬彬有礼、态度和蔼，使顾客有一种被尊重的满足感。

百货公司实行面对面的服务，顾客与营业员之间的三尺柜台无形中是一道难以逾越的心理障碍。顾客购物要与营业员打交道，难免会出现心理上的紧张和拘束。同时，容易因等候接待、频繁挑选，特别是营业员的服务态度等问题产生隔阂和不快。

（二）超级市场

超级市场是一种自助售货商店，它淘汰了以往商场面对面售货方式中封闭式的柜台和货架，商品完全采用开架方法，现已成为现代城市零售商业的一种主要形式。超级市场是国际上通行的一种经营形态，产生于20世纪30年代的美国，如今已发展到世界上所有的发达国家和大部分发展中国家。

超级市场能满足顾客以下心理需求：

（1）购物方便感。顾客可实现就近购物，并一次性买足日常生活必需品。

（2）价格低廉感。超市由于场地利用率高，雇员相对减少，商业成本相对较低，且实行薄利多销，给顾客价格低廉之感。

（3）环境舒适感。超市购物场所宽敞亮堂，顾客置身于琳琅满目的货物之中，环境令人感觉愉悦。

（4）购物愉悦感。自助销售方式使顾客从紧逼性推销的压力中解放出来，可随心所欲地选取自己喜爱的商品，且可以改变主意，把已经挑选的货物放回原处或进行调换，增加了购物的乐趣。

（5）节约时间感。超市购物实行一次性集中付款结算方式，减少了传统销售方式分柜台单件商品逐一付费所花费的时间。

由于超市销售的都是中低档产品，精品销售难以被顾客接受。同时，售中服务和附加服务较少，顾客在购物中没有比较周到的服务，受尊重的感觉不明显。

（三）连锁商店

连锁商店是指经营同类商品、隶属同一企业或同一经营体系控制的商店群，它实行商品标识、商品陈列、服务规范等方面的统一。

（1）连锁商店既可实现规模经营，又能适应分散购物，较之百货商店具有更贴近顾客的便利性。

（2）其统一的店貌、标准化的商品和服务，可满足顾客认准服务品牌、方便消费、放心消费的心理。

（3）连锁超市具有多种业态模式，可满足顾客的不同需求。如仓储式商场，实行仓储和销售一体化、低价销售，提供有限服务，采取自我服务为主的销售方式，价格一般比同类商品的市场价格低10%～15%。顾客对其低价位尤其感兴趣。德国的麦德龙、美国的沃尔玛都实行仓储式销售。

不同业态模式的连锁店差异较大，常给顾客造成一些认知上的障碍。如专卖店的高价位与连锁超市的低价位，可能使一些顾客产生错觉。

（四）专业化商店

专业化商店是指经营特定类型同类商品的商店，如食品商店、服装商店、家电商店、五金商店、建材商店、妇女用品商店等，它能在一个相对狭窄的商品门类范围内，提供前面三类商场难以配齐的商品，以“专”取胜。此外，还有销售商品门类范围更为狭窄的手机商店、陶器商店等，上海豫园商城甚至还有雨伞店、手杖店。专业化商店的另一种类型是专卖店，专门经营某一品牌的商品，提供相关的服务，比如海尔专卖店等。专业化商店能满足有特定购物品种意向，或对品牌、款式有严格要求的顾客心理需求。

二、商场选址心理

俗语说，“一步差三市。”商业企业的地理位置对企业经营起着至关重要的作用。

（一）商场选址的重要性

1. 商场选址是一项长期性投资

不论是租赁的店址，还是购买的店址，一旦被确定下来，就需要大量的资金投入来营建店铺，当外部环境发生变化时，它不可能像人、财、物等其他经营要素一样可以及时调整，店址具有长期性、固定性的特点。

2. 商场选址是对市场定位的选择

店址在某种程度上决定了店铺客流量多少、顾客购买力大小、顾客的消费结构以及店铺对潜在顾客的吸引力等。选址适当，店铺就占有“地利”的优势，能吸引大量顾客，生意自然兴旺。

3. 商场选址反映了服务理念

从一般角度看，影响顾客购物心理的主要因素是“方便”。店址选择要以便利顾客为首要原则。从为顾客节省购物时间、节省购物交通费用的角度出发，应选择方便顾客购物的店址。

4. 店址是制定经营策略及目标的重要依据

不同的地区有着不同的社会环境、地理环境、人口分布、交通状况及市政规划等特点，它们分别制约其所在地区的顾客来源和特点。在制定经营策略及目标时，必须要考虑以上因素，以符合顾客需要。

资料链接

路南还是路北

上海南京路上的第一百货生意兴隆、享誉全国，云集了来自各地的顾客。从外滩到静安寺的南京路段中，第一百货正好处于1/3处，接近于黄金分割。有人从顾客心理角度分析，认为人们从外滩溜达到此，购物的欲望恰好达到最高。

1915年，香港永安公司经理郭泉携港币50万元来到“十里洋场”筹建上海永安公司，在南京路选好地点后，却又因把店址建在路南还是路北而犹豫不决。为了使店址更方便顾客来店，便派了两人分别坐在路南和路北，只要身边走过一个人，就往各自的口袋里放一粒豆子。结果，路南的行人多于路北的人。据此，郭泉和他的兄弟把店址选在了路南。由于永安公司店址选择合理，虽历经沧桑，几经易名、易手，但它始终生意兴隆。

（二）商场选址的条件

一般来讲，满足顾客需求是商场经营的宗旨。因此商场选址必须首先考虑方便顾客购物，为此商店地址应符合以下诸多条件，通常应具备两条以上。

1. 商业活动频度高的地区

商店林立的商业街，由于商家集聚，就会造成一个规模大、密度高的顾客群。商业经营具有明显的马太效应，很多顾客有浓厚的从众心理，人越多，认为商品越吸引人，购买兴趣就越高。人流密集，商家集聚，是商场设置的理想区域。但此种地段属经商的黄金之地，寸土寸金，地价高费用大，竞争性也强。因而虽然商业效益好，但并非适合所有商场经营，一般只适合大型综合商场或有鲜明个性的专业商店的发展。

2. 人口密度高的地区

居民聚居、人口集中的地方是适宜设置商店的地方。在人口集中的地方，人们有着各种各样的对于商品的大量需要。如果商店能够设在这样的地方，致力于满足人们的需要，那就会有源源不断的生意。由于在这样的地方，顾客的需求比较稳定，销售额不会骤起骤落，可以保证商店的稳定收入。

3. 符合客流规律和流向的人群集散地段

这类地段适应顾客的生活习惯，自然形成市场，所以能够进入商场购物的顾客人数多，客流量大。商场地址如选在这类地段，会对顾客有较大吸引力，很容易培养忠实顾客群。

4. 交通便利的地区

车站附近是过往乘客的集中地段，人群流动性强，流动量大。如果是几个车站交汇点，则该地段的商业价值更高。选择交通比较便捷、进出道路比较畅通、商品运输安全省时、主要顾客购买路程不远或乘坐公交车站数不多且不必换车的地方设置商场，能给顾客提供便利购物的条件，从而可以较好地满足顾客的便捷心理。

5. 靠近人们聚集的场所

将店址选在影剧院、商业街、公园名胜、娱乐场所、旅游地区等，这些地方可以使顾客享受到购物、休闲、娱乐、旅游等多种服务的便利，是商场开业的最佳地点。

6. 同类商店聚集的街区

因为经营的种类繁多，顾客在这里可以有更多的机会进行比较和选择，故而可以招徕大量顾客。“同行密集客自来”，这是古已有之的经营之道。

（三）商场选址与地势的关系

一般情况下，商场选址都要考虑所选位置的道路及路面地势情况，因为这直接影响着商店的建筑结构和顾客流量。通常，商店地面应与道路处在一个水平面上，这样有利于顾客出入店堂。但在实际选址过程中，路面地势较好的地段地价都很高，商家在选择位置时竞争也很激烈。所以在有些情况下，商家不得不将商场位置选择在坡路上或路面与商店地面的高度相差很多的地段上。在这种情况下，最重要的就是必须考虑商场的入口、门面、阶梯、招牌的设计一定要方便顾客，并引人注目。如果商店位置不得不设在高处，比如二三层楼以上，则应使入口处的楼梯尽量设计在建筑物的表面位置，而不能在店内，应对楼梯加以装饰，如以电动滚梯代替楼梯、外罩玻璃罩等，外观既要美观又要醒目，对顾客具有吸引力。

地形、地貌等地势对商店位置选择的主要影响表现在：

1. 方位情况

方位是指商场坐落的方向位置，以正门的朝向为标志。方位的选择与商场所处地区气候条件直接相关，如风向、日照均对店面的朝向有很大影响。以我国北方城市为例，通常以北为上，所以一般商业建筑物坐北朝南是最理想的地理方位。

2. 走向情况

走向是指在商场所选位置顾客流动的方向。比如我国的交通管理制度规定人流、车流均靠右行驶，所以人们普遍养成右行习惯，商场在选择地理位置进口时应以右为上。如商场所在地的道路如果是东西走向的街道，而顾客又主要从东边来时，则以东北路口为最佳方位；如果道路是南北走向，顾客主要是从南向北流动时，则以东南路口为最佳位置。

3. 交叉路口情况

交叉路口一般是指十字路口和三岔路口。一般来说在这种交接地，商场建筑的能见度大，但在选择十字路口的哪一侧时，则要认真考察道路两侧，通常要对每侧的交通流向及流量进行较准确的调查，应选择流量最大的街面作为商场的最佳位置和店面的朝向。如果是三岔路口，最好将商场设在三岔路口的正面，这样店面最显眼；但如果是丁字路口，则将商场设在路口的“转角”处，效果更佳。

（四）商场选址与顾客心理

1. 商品种类与店址选择的心理

（1）顾客普遍、经常需求的商品。

顾客普遍、经常需求的商品即日常生活必需品。这类商品同质性大、选择性不强，同时价格较低、顾客购买频繁。顾客在购买过程中，求方便心理明显，希望以尽可能短的路程，花尽可能少的时间去实现购买。所以，经营这类商品的商店应最大限度地接近顾客的居住地区，设在居民区商业街中，辐射半径500米以内，步行时间在10～20分钟为宜。

（2）顾客周期性需求的商品。

对这类商品，顾客是定期购买的。在购买时，一般要经过广泛比较后，方能选择出适合自己需要的商品品种。另外，顾客购买这类商品一般是少量的，有高度的周期性，因此，经营这类商品的商店宜选择在商业网点相对集中的地区，如地区性的商业中心或交通要道、交通枢纽的商业街。

（3）耐用消费品及顾客特殊性需求的商品。

耐用消费品多为顾客一次购买长期使用的商品，购买频率低。顾客在购买时，一般已有既定目标，在反复比较权衡的基础上再做出选择。特殊性需求的商品购买的偶然性大、频率低、顾客分散，所以经营这些类别商品的商店，商圈范围要求更大，应设在客流更为集中的中心商业区或专业性的商业街道，以吸引尽可能多的潜在顾客。

（4）高档奢侈类商品。

高档奢侈类商品应根据顾客对商品价格的需求心理选择店址。高档文化艺术类商品、黄金钻石等奢侈饰品、钢琴等贵重物品的商场，应设在高收入顾客群生活地或商业街或与高档商店相毗邻的地段，以适应顾客购买高档物品时对商场档次、商场信誉、外部环境的心理要求。

2. 消费习俗与店址选择的心理

我国地广人众，不同地区、不同民族的人们消费习惯各不相同。商场选址要考虑人们消费习俗的不同，因地而异，使购物更适应于顾客的消费习惯。如南方人夜生活很丰富，集销售、餐饮、休闲娱乐于一体的大型商业广场一定要设置在便于人们晚间出行与集聚的地点。

3. 业态分布与店址选择的心理

业态是服务于某一顾客群或某种顾客需求的销售经营形态，必须依据顾客对不同业态的需求心理来选择店址。标准食品超市应贴近居民区，以居民区的常住居民为主要顾客群，并与大型超市保持一定距离，其选址最好离大型超市 5 千米以外；仓储式会员店应优先考虑交通方便，不以靠近居民区为第一选择目标，因为它可以以低价吸引人。

4. 竞争环境与店址选择的心理

商场选址要考虑业种、业态分布，或与其周围的其他商品类型相协调，或能起到互补作用，或有鲜明特色。同类小型专业化商家接壤设店，可形成特色街，吸引人流，满足顾客到特定的商业街购物的特定心理预期。如果一家珠宝玉器商店孤零零地开在汽车配件一条街中，谁也不会相信它能够招徕顾客。

5. 配套场所与店址选择的心理

仓储式会员店一般停车场面积与营业面积之比为 1∶1，以方便频繁地进货与顾客大批量购物后的运输用车停放；以低廉价格销售商品的大卖场可设在市郊结合部，以便在配备与营业面积相适应的宽敞的停车场的同时，降低地价成本，尽管路远一些，但可以满足顾客的求廉心理。

6. 地域环境与店址选择的心理

（1）选择繁荣商业中心作为商店的设置地点。

可利用中心的影响力和辐射力产生的聚合效应来发展自己。商店设在林立繁华的商业中心，一般都能使消费者产生信任感和向往心情，特别是对于耐用消费品和选购品的购买，消费者大多愿意到商店众多的商业街购买，以便更好地对比和选购，因此，在这类地区建立大中型综合性商店或专业性突出的专卖店都能取得较好的经营效果。在我国，如北京的“王府井商业街”、上海的“淮海路商业街”以及广州的“北京路商业街”等都是此类商业中心，其影响力和辐射力都是跨地区的。商业中心一般交通便利，人口密集，客流量大，功能配套齐全，并以中高档商品为主，来此购物的消费者大多表现出较强的求名、求全、求美的心理特点，对价格的敏感程度相对较低。

（2）选择居民小区的商业网点作为商店的设置地点。

居民小区的商业网点群分布广泛，地理位置与所在区域的消费者需求十分接近，经营类型以小型、大众型的超市和食品店、水果店、便利店为主，经营的商品应以日常生活必需品为主，以方便周围消费者的日常购买。因此，商店的设置，一要密度大，二要均匀分布。购买这类商品的消费者一般表现为较强的求便、求实心理。国外有一种分析认为，家庭主妇对周围步行不超过 500 米便可购物的副食商店、便利店最为满意，再远则有不方便的感觉。同时，这类商店由于覆盖面很小，消费者相对稳定，所以商店在经营中要特别注意该辐射区内居民的构成及购买力状况。

资料链接

华联超市的选址

华联超市公司在选址时重视市场调查。他们深入居民住宅地、企事业单位，调查店址附近居民的人口总数、购买力水平、职业结构、消费需求特点，在这些基础上总结出：为了能从传统的大型百货零售店中把消费者吸引过来，超市经营的商品只能以物美价廉而取胜，以薄利多销的方式赢利。这样就必然把商品定位于低值易耗、消费频率高、多次重复购买的商品上，其目标消费群必然是广大的普通市民。明确了企业的市场定位后，华联超市连锁店选址标准定为两类：(1) 深入新楼盘区，针对新居民区商业网点少，经营居民日常吃、穿、用的基本生活用品，给周围居民的生活起居带来方便。(2) 在交通便利、居民密集的老城区，以附近住宅区的居民、学校和中小型企业集团等为供应对象，销售日常吃、穿、用等基本生活用品，同时不断推出时令商品展销，吸引消费群。

(3) 选择城乡交界地带作为商店的设置地点。

选择在城乡交界地带设置商店的优势在于：无竞争者，地价低廉，可进行大面积的专业化营销，可降低经营费用，经营类型以货仓式商场、家具城、装饰材料城以及购物中心等为主。如货仓式商场将零售、批发和仓储各个环节合二为一，并采用小批量形式出售商品，进而大幅度降低商品的零售价格，尽管这类商场环境设计简单、地理位置偏僻、服务设施简陋，但因其价格低廉的突出优势，迎合了大多数消费者的心理需要。

任务 2　运用消费心理设计营销场景

案例导入

星巴克体验

星巴克给品牌市场营销的传统理念带来的冲击同星巴克的高速扩张一样引人注目。在各种产品与服务风起云涌的时代，星巴克公司却把一种世界上最古老的商品发展成为与众不同的、持久的、高附加值的商品。然而，星巴克并没有使用其他品牌市场战略中的传统手段，如铺天盖地的广告宣传和巨额的促销预算，而是一直致力于向顾客提供最优质的咖啡和服务，营造独特的“星巴克体验”，让全球各地的星巴克店成为人们除了工作场所和生活居所之外温馨舒适的“第三生活空间”。

(1) 招牌或广告牌的设立。基本上以香槟色为招牌的外观底色，以圆形女神象征标志及绿色立体字表现 logo，简单明了。

(2) 天花板的设计。局部裸露的楼板喷深灰色漆，将楼板的视觉拉高，柜台区、天花板及咖啡取餐台均加强重点设计，以突显区域性。

(3) 灯光及照明。为渲染气氛及柔和的感觉，店内一律使用重点照明设备，并在靠窗座位及沙发座位采用手绘吊灯。

(4) 地面设计。过道使用复古砖拼贴处理，既美观又营造出温馨的感觉；座位区使用木地板，创造温暖的感觉。

(5) 橱窗设计。橱窗以落地窗玻璃为主，高度在100厘米以下，配合主题将不同图案贴在玻璃上，保留原来的透明性。

(6) 柜台设计。基本上以功能区为主，有蛋糕柜及结账柜台，尾端设有取餐区，此区特别设计吊灯，强调此区位置，使消费者便于识别；价目板设计以清楚为主，在颜色及造型设计上，均配合主题。

(7) 座位区设计。靠壁为固定沙发区，搭配活动桌、活动椅；中央为活动桌、活动椅，桌面为深色及浅色木纹，间或搭配棋盘图案、人形图案或螺旋图案，活泼又有创意；靠窗为高吧桌椅，座位面对窗户。

(8) 动线规划。星巴克还极力突现美国式的消费文化，顾客可以随意谈笑，甚至挪动桌椅并随意组合。这样的体验也是星巴克营销风格的一部分。

问题与思考： 谈谈星巴克营造独特的“星巴克体验”给你的启示。

知识探究

顾客的购买行为通常是在一定的购物场所或环境中实现的，购物环境的优劣对顾客购买过程的心理感受具有多方面的影响。因此，适应顾客的心理特点，提供良好的购物环境，是扩大商品销售的必不可少的条件。消费者对商店完整印象的形成可以说是由商店外观、内部环境及营销服务三因素共同作用的结果，本任务将重点阐述商店外部和内部环境因素。

一、 商店外部环境设计心理

当消费者沿街行走时，他们的感观会受到来自各个方面的刺激，闪烁的霓虹灯、招牌和橱窗内精美的展示唤起了他们的好奇心，使他们不由自主地步入商场。可见，商场外部环境的装饰设置与消费者的购买行为有直接的关系。

（一）建筑结构设计心理

建筑是一种艺术，是物质和精神的统一。商场建筑不仅具有形态功能，也具有心理功能。从形态功能来讲，它应满足作为购物场所的空间需要；从心理功能来讲，它应能给人以形式美感，产生美的感受，由此吸引更多的顾客，造成良好的购物情绪氛围。

商场建筑物是消费者最先看到的商场外部形象，建筑物风格特点直接体现了商场的形象。商场建筑不同于一般建筑物的结构，它有自己的特点：

(1) 建筑外观需体现出与商场经营一致的风格，因为风格会在消费者心目中形成某种心理感受。此外，建筑外观还应追求风格独特，既体现民族风格，又显出现代气息，或者将两者有机结合。

(2) 与经营品种协调。有些专营店的建筑设计能够很巧妙地将其经营的产品特征融入其中，给顾客一种独特的感受。

(3) 简洁明快、高雅庄重。商场的外观设计并不需要过于花哨，同时要考虑到商场内部的格局安排，包括通风、采光和光照等，一切以简洁并且体现商业设施的特点为主。

1851年伦敦为第一次世界工业博览会建造的展览馆“水晶宫”，以预制铁件安装成架，表面全部镶上玻璃，内部宽敞明亮，外观晶莹轻灵，使人耳目一新，后来被许多追求高雅、新颖的商业场所争相效仿。上海豫园商城的仿古建筑，犹如形态各异的亭台楼阁，古色古香，具有浓郁的民族特色，让人感觉仿佛是置身于百年以前的老城厢。加上众多传统商店和特色商品闻名遐迩，吸引了国内外的游客前往旅游和购物。

（二）出入口设计心理

出入口是顾客从店门到货架、进出商场的通道，在设计上应以方便顾客出入、形式大方、宽度足够、能吸引顾客的视线为基本考虑点。考虑到大型商场进出人流较多，相应地要开设多个出入口，以满足顾客从不同方位便利进出的要求。如果出入口的位置和宽度设置不合理，造成拥挤的现象，会使人望而却步，造成客源流失。从出入口开放程度来看，可设计成以下几种类型：

1. 封闭型

封闭型也称两小一大型，即小店门、小橱窗和大招牌。这种类型的店面设计原则是：面向大街的一面用橱窗或有色玻璃遮蔽起来，入口尽可能小些，同时，商店招牌应醒目、高大、引人注意，而橱窗则应小些，陈列物也应简单、大方，数量不多但精美华贵。它突出了经营贵重商品的特点，设计别致、豪华，给人以高档的感觉，并且创造了幽静、文雅的购物环境和气氛。这种形式适用于经营金银首饰、名贵工艺品、艺术瓷器等高档商品和特殊商品，以及经营西餐、咖啡饮料等。顾客进入这类商场可以因其封闭的出入口产生神秘、幽雅、高贵的感觉，这类商场主体顾客为具有特定消费意向的人群，客流量不多，故不会影响顾客的出入。

2. 半封闭型

半封闭型也称三大型，即大招牌、大店门、大橱窗。这种类型的店面设计原则是：大店门，入口适中，既适应客流量大的需要，又给人以宽敞明亮的感觉，使消费者能看清店内大体结构；大招牌往往给人以“大店”“名店”的印象，显示经营者的实力和信誉度，有利于吸引更多消费者的注意；大橱窗可使消费者未进店前，即可了解商店所经营的主要商品种类，有利于吸引更多的浏览者和过往行人。采用这种形式多是一些经营日用工业品或其他生活用品的大中型零售商店、各类超级市场等。

3. 开放型

开放型也称两大型，即大店门、大招牌。这种类型的店面设计原则是：商店正对大街的一面或两面全部开放，有时干脆无店门，没有橱窗，消费者出入随意，没有任何障碍；门口只要有醒目、简单的大字招牌即可。这种设计适宜于经营食品、水果、蔬菜等商品的农副产品商店、农贸市场、食品店等。此类商场销售的商品是人们最直接的生活必需品，面向的顾客面最广，因此出入口设计较简捷，能满足顾客方便、实用、经济的心理需要。

4. 畅通型

畅通型出入口的商场常设有两个以上店门，有的还明确区分和标明出口、入口位置。这种类型的出入口适用于规模宏大、客流量众多、经营品种繁杂的商场，比如百货商店、超级市场、大型商场等，可给人以方便、气派之感，能最大限度地适应人们进出商场的需要。

（三）招牌设计心理

招牌是商店标志名称的俗称，是顾客寻找和识别商家的标记，它起到招徕消费者的作用，也是商业企业的一块永久广告。消费者逛商店、购买商品往往是在商店招牌的引导下进行的。所以说，一块设计独特、具有典型色彩的招牌，往往能激发消费者的注意和联想，刺激消费者的购买欲望。

1. 招牌的心理功能

（1）引导消费。

商场招牌是商场的标贴，它常常直接间接地将商场的行业属性、服务标志或服务领域简明扼要地加以反映，为消费者寻找目标提供了极大的方便，客观上充当了消费者购买活动的向导，有助于消费者迅速地实现购买目的。新老顾客凭借招牌可以找到自己要去的商场，新顾客即使不知商场的经营业务，也能根据商场招牌明确或大致地领悟其主营项目或服务范围。如“华联超市”“博步皮鞋商店”“亨得利钟表眼镜店”“大学鞋店”“健民药店”等。

（2）激发兴趣。

一个构思独特、富有形象性和艺术感的商场招牌，能够牢牢抓住顾客的视线，极大地引起顾客的兴趣，使人产生非进去看看不可的欲望。例如，宁波一家小店，招牌上写着“老牌×××名店”，四个字中间有三幅小画，第一幅画是一个小缸，第二幅画是一只鸭子，第三幅画是一只黄狗，往来者无不好奇，进店后方知是一家汤圆店，小店的创始人是一位名叫“江阿狗”的人。麦当劳的金黄色“M”招牌，老远就能引起人们的注意，并激起了对它浓厚的兴趣，有人认为招牌的含义是一个欢迎的拱门，有人认为招牌的含义是一个竖着放的汉堡包。总之，采用语义双关、寓意良好、引人联想的词语命名的招牌，都会引起消费者的注意和兴趣。

（3）易于传播。

招牌是一种广告形式，它不仅能招徕消费者，而且还能传递信息、扩大影响，所以，一些造型独特、文字精练、寓意深刻的招牌往往在消费者的记忆中留下深刻的印象。例如，北京的“百草堂”药店、天津的“狗不理”包子铺和福州的“味中味”酒家等招牌易读、易记，高效地发挥了它的识别功能和传播功能。北京的“全聚德”，杭州的“得月楼”，历经岁月的洗礼，因其名富有特色，再加上几代人对品牌的精心培育，深深地印刻在人们的心里，并广为传播，成为“金字招牌”。

（4）象征信誉。

一些招牌历史悠久、传统独特，经过几代人的培植，其招牌名称本身就具有巨大的无形资产。比如“杏花楼”“吴良才眼镜店”“张小泉刀剪商店”等，这些招牌象征着商家由来已久的信誉，使人一见招牌，就被其中的特色内涵所感染，不禁产生信任、仰慕之感，形成品牌珍贵与产品超值的联想。

2. 招牌设计心理

招牌是商场的名字，是用文字描绘的商业广告，用于识别商场、招徕生意。具有高度概括性和吸引力的商场招牌，不仅便于消费者识别，而且可以形成鲜明的视觉刺激，对消费者的购买心理产生重要影响。招牌的关键在于命名，招牌的命名要做到引人注目、朗朗上口、易记，以满足消费者的方便、信赖、好奇、慕名和喜庆吉祥等心理需要，吸引众多的消费者。招牌命名的具体方法有以下几种：

（1）自然朴实、贴近顾客。

众多商家为商场起一些大众化的名称，比如“为民超市”“为民百货”“大众饭店”。这类名称直截了当地将商家的服务宗旨向人们作自我展示，自然朴实，能起到贴近顾客的心理作用，顾客顾名思义地会认为这是面向大众消费的商店。大众化名称的不足之处是重复度比较高，难以形成深刻印象。

（2）融入温情、以情感人。

商场命名如能寓情感于其中，可使顾客感到脉脉温情。“全聚德”饭店的名称，给人以亲切温暖的感觉，使前往聚餐的亲朋好友倍感温馨，增加欢乐的气氛；“圆缘园茶坊”的特殊标志由三个同音字组成，既有趣味，又充满情感，新老朋友在这里面相聚品茗，会平添三分情趣。

（3）与众不同、激发兴趣。

商场名称忌千篇一律、千人一面。起一个富有特色、与众不同的店名可以引起人们的注意，激发人们的兴趣。比如“傣家村大酒家”“红房子西菜馆”“小绍兴酒家”，名称给人以与众不同的感觉。形式需与内容要保持一致，不能只是在名称上做文章，一定要真有特色，防止给人以故弄玄虚之感。

（4）含义隽永、意味深长。

有些百年老店名称内涵丰富，文化品位和历史感强，给人留下深深的印象。如“醉翁亭”“朵云轩”，这些店名本身古朴典雅、意味深沉，使人看后受到一种文化上的享受，值得长久回味。这类店名已为社会大众所熟知，有些本身已包含了经营业种的含义，因此店名的后半部分常省略不写。

（5）直呼其名，强化记忆。

有些商场经营单一的商品品牌，如品牌店、专卖店，这时商场名称就可以直接以商品的名称来命名，比如“鳄鱼”“春兰”。另外还有一些引进的业态，像连锁商店的名称，如“家乐福”“麦当劳”“肯德基”，直接以商品的名称或引进商家的名称命名，可以产生品牌效应，加深顾客印象，商场名称直接起到了广告的作用。

（6）寓意美好、使人向往。

追求喜庆吉祥是各民族消费者受其民族文化传统影响，长期形成的一种重要的心理需求，以寓意美好的词语、数字或事物命名，可以给消费者以吉祥如意的心理感受，增添一份对商场的好感。例如，“家乐福”超市的含义是家庭幸福快乐，“康宁”药房给患者一种药到病除的祥兆，“状元楼”因寓意读书人金榜题名，前程似锦而备受考生的喜欢。

资料链接

SONY公司的由来

日本索尼公司（SONY），原名为东京通信工业公司（Tokyo Tsushiin Kogyo），1953年，日本索尼公司创始人盛田昭夫第一次出国时，就察觉到他们公司的全名

“东京通信工业公司”放在产品上不大好看，读起来像绕口令。他在去美国视察时，发现根本没有人知道怎么发音。产品将来要打入美国，为此，盛田昭夫考虑，应该想出一个独特的品牌名称，让别人一眼就认出他们的产品。盛田昭夫和井深大研究很久，决定只要一个简短的四五个字母的名字，不要另外设计商标，因为大部分消费者记不住设计不佳的商标，所以，名字就是商标。新名字必须让全世界每个人都能认出来，让说不同语言的人都能读出来。盛田昭夫和井深大常常一起翻字典，希望能找一个读起来顺口、响亮的名字。如果取原来名称的3个字的第一个拼音字母组成的TTK作名称，而在美国这类名称多如牛毛。如ABC、NBC、RCA等。有一天，他们翻到一个拉丁字Sonus，意为“声音”，听起来很有音感，刚好同该公司从事的行业关系密切，于是他们开始在这个字上打转。当时，日本已使用许多外来的英语，很多人叫可爱的小男孩Sonus。跟这个拉丁字相关的其他字，不管是Sonuy或者Sunuy，都有乐观、光明、积极的含义，这点非常符合他们的自我形象。美中不足的是，Sonuy读起来与日本字“输钱”谐音，有些“触霉头”。后来盛田昭夫灵机一动，去掉一个“u”，拼成“Sony”。这就是Sony的由来。

SONY公司这个名称充分体现了设计店铺名称的原则：简洁、独特、新颖，具有鲜明的个性，从而使SONY公司财运亨通，而且也成为消费者爱不释手的品牌。

资料来源：孙喜林，荣小华．营销心理学．大连：东北财经大学出版社，2005.

（四）橱窗设计心理

橱窗是以商品为主体，通过背景衬托，并配合各种艺术效果，进行商品介绍和宣传的综合性艺术形式，它是商店外观的重要组成部分。一个主题鲜明、风格独特、色调和谐的商店橱窗，如果能与商店的整体风格结合在一起，不仅能起到改善其整体形象的作用，而且能起到向消费者介绍商品、引导消费的作用。

1. 橱窗设计的心理功能

（1）引起注意的功能。心理试验表明，当消费者漫步在繁华的商业街时，即使是有明确购买目标的消费者，目光也常常是游移不定的。在走向目标商店或无目标漫步时，总是四处观望。店门、招牌、橱窗等都在视觉范围之内，由于近距离观看，橱窗处于最佳视觉范围，所以最先引起注意。同时，橱窗内琳琅满目的商品，对视觉器官的直接刺激作用大于门面的其他部位。因此，橱窗具有引起注意的重要功能。

（2）激发兴趣的功能。橱窗展示商品的最大特点是在一定范围内，以商品实物，配以特定的环境布置，创造某种适应消费者心理的意境。再加上橱窗设计的艺术手法，不仅能给消费者一个经营项目的整体形象，还能给消费者以新鲜感和亲切感，极大地激发消费者的购买兴趣。

（3）暗示的功能。心理学认为，暗示是指在无对抗态度条件下，用含蓄间接的方式对人们的心理和行为产生影响。这种心理影响表现为使人们按一定的方式行动，或接受一定的信念。橱窗展示是使消费者接受某种销售暗示的有效途径，橱窗展示作为一种无声的暗示，对消费者的诱导在于意境的遐想，也就是通过橱窗布置的小环境，使消费者看后能产生某种心理联想。

2. 橱窗设计的心理策略

(1) 突出主营商品，传递市场信息。消费者观赏、了解和评价橱窗陈列的商品，最主要的还是想获得商品信息或为自己选购商品收集有关资料。商场经营的商品种类繁多，不可能将所有的商品都陈列出来，所以橱窗陈列的首要一点就是要选择有代表性的商品、流行性商品、新产品、适时应节的商品、引导消费的商品，以取得吸引消费者的效果。其次，要根据陈列商品的性质、用途和特点，考虑商品的展示形式和摆布位置，以最佳的形式与角度展示商品。最后，要注意橱窗照明灯光的处置和色彩、对比度的运用，以产生一种特有的气氛，吸引消费者的注意和购买。

(2) 有一定的"艺术美"，给消费者以艺术享受。商品是橱窗展示的主体，但简单、孤立的商品罗列堆砌，往往会给人以僵硬、刻板的感觉，难以实现橱窗应有的心理功能，也难以吸引顾客。因此，橱窗设计必须认真研究大众审美趋势，从适应消费者求美心理出发，进行橱窗布置的艺术构思，运用多种艺术处理手法，如运用对称与不对称、重复与均衡、主次对比、虚实对比、大小对比、远近对比等艺术手法，用构图把各种商品有机、生动地结合起来，较好地再现商品的外观形象和品质特征；用清新悦目、统一和谐的色彩来增强商品的美感，有效地增强橱窗的艺术魅力，让消费者在美的享受中，加深对商品的视觉印象并形成购买动机。

(3) 利用景物渲染，激发消费者的联想。橱窗是商品世界，是时代生活精华场景的缩影，寓意含蓄的艺术构思可创造出诱人的意境，使消费者产生美好的联想。用以景抒情的艺术手法去体现主题，对陈列内容进行间接地描绘和渲染，使橱窗陈列具有耐人寻味的形象，能使观赏者从寓意含蓄的艺术构思中，联想到美好愉快的意境。橱窗设计要利用景物布置，以景抒情，加强消费者对橱窗主体的感受，并透过其对情调的描绘与渲染，满足消费者情感上的需要，激发消费欲望，促进消费行为。

环保、休闲成为今日时尚的主题，这在北京国贸大厦的某家专卖店中有很好的体现。绿色、黄色由于接近自然而被广泛运用，简约、朴素的模特不仅为橱窗展品更换提高了效率，同时也为消费者提供了更广阔的想象空间。有一家时装店，通常是在一个橱窗内安排3/5的空白，仅仅象征性地挂出一套时装，而背影中通常是环保风格的意象性场景，例如沙子、砾石、红豆、布袋，其他摆设越少，越有韵味，真所谓"淡极始知花更艳"。

上海第一百货某年初夏曾设计用以推介游泳用品的橱窗陈列，以大海、沙滩、椰林作为背景，由各式游泳衣裤巧妙折叠成年轻人游泳中的矫健身姿，再配以救生圈、遮阳伞等相关物品，可使人于烈日炎炎中联想起到海边消夏的愉快场景，有身临其境之感，顾客免不了跃跃欲试。

从某种意义上说，橱窗的天地是无限的，它容纳了时间和空间，容纳了精品与艺术，容纳了境界与追求。橱窗展示的目的只有一个，就是使消费者产生购买欲望，实现企业的促销。

3. 橱窗设计类型

一般情况下，为了使橱窗广告主题明确，有利于顾客了解商品，通常采用以下几种陈列形式：

(1) 专题陈列法。将一些专用商品、同类型的商品用一个橱窗进行单独陈列，突出表现，实质上是同类商品的综合展示。

(2) 特写陈列法。这类橱窗主要是向消费者较全面地推荐重点商品，重点渲染、集中表现某一厂家单一品牌的一种产品或某一品牌的系列产品，目的在于重点展示、树立品牌形象。

（3）系统陈列法。也称综合陈列法，是指将几种类型不同但又相互联系（在功能、用途上有着密切的关联）的产品陈列在一个橱窗内。

（4）季节和节日陈列法。在换季前或重大节日前，根据顾客在下一季节或节日的消费需要和消费习惯，选择适合下一季节或节日使用的商品，在橱窗中以新颖的方式展示出来。

（5）展示卡片或照片。由于新产品上市较快，顾客不熟悉的商品也越来越多，因此采用写有商品特点、性能、使用方法的说明卡和写实照片的方式，不但方便可行，而且也能起到刺激消费者购买欲望的作用。

二、 商店内部环境设计心理

商店是消费者购物的场所，商店内部环境的好坏是直接影响消费者判断商品质量、功能、企业信誉、购买风险的一个重要因素，也是企业内部管理水平和营销活动适应程度的直接反映。理想的内部环境设计应为顾客提供方便购物的条件，对顾客的感官有平和的刺激作用，使人们在购物现场心情愉悦，得到最大程度的满足，进而促成购物行为。

商店内部环境的设计与布置主要包括三个方面：营业场所的规划设计、店堂环境与营销气氛，以及商品的陈列与展示。

（一）营业场所的规划设计心理

一般来讲，商店营业场所的规划布局是以各自的规模、类型、建筑结构及经营特色为基础而独立进行设计的，完全一致的布局是不存在的。所以，商场应根据现有条件和自身经营特色，最大限度地使之符合大多数消费者购物的一般心理，实现最终销售和企业经济效益。营业场所规划设计一般应包括以下内容：

1. 商场面积的合理分配

商场面积一般包括三个部分，即展示和推销商品的营业区域，储存商品的仓库区域和有关管理、服务设施的辅助区域。在这三者当中，消费者接触最多、最直接的是营业区域，其面积、方位、陈列等方面直接影响着消费者对商场的认识过程和情感过程，所以，在商场面积分配时应以营业区域为中心，合理安排三者的位置。首先，在保证营业区域面积占商场面积较大比例的前提条件下，把方位最佳、光线最好的位置安排为营业区域。其次，要尽可能把货仓区域安排在邻近营业区域的位置，以保证企业能迅速、连续地满足消费者的需要，减少营业员由于搬运货物而带来的不必要的劳动强度。再次，将办公室、营业员休息室、更衣室等管理辅助区域安排在远离营业区域的位置，以保证企业管理人员能有一个安静、良好的工作环境。最后，将厕所、吸烟室、消费者休息室、接待室等服务设施的辅助区域，安排在紧邻营业区域的位置，以满足消费者追求方便的心理。

2. 商场布局方式的选择

商场布局是指营业场所内各种货架的基本摆放形式，商场布局一般分为两类：

（1）格子式布局。

这是一种十分规范的布局方式。它是利用直角通道将商场划分成若干规则的形状，各通道之间互相连接，形成迂回路线。这种设计的优点是：1）通道与出入口的合理结合，能产生促使消费者形成的消费流由入口经过布满商品柜台的曲径通向商店出口的一种动力效果；2）这种布局有利于增大销售空间，设计简便，费用较低，管理方便；3）这种布局使整个商店内摆布结构严谨规范，给人以整齐、有序的印象，而这种印象很容易使消费者对商店产生信任心理。

这种设计的不利之处在于设计呆板，布局规范化，使得发挥装饰效应的能力受到限制，难以产生由装饰形成的购买效果，也缺乏对消费者购买动机的激发，特别是对于浏览客就更缺乏吸引力了。目前，超级市场、连锁商店和某些杂货店大多采用格子式布局。

（2）自由流动式布局。

这是一种没有固定或专设的布局方式。它是根据商店建筑（如柱、角、梯等）和设备特点而形成的各种不同组合，或独立，或聚合，既有方形也有圆形和其他形状，通道也形成弯弯曲曲的不规则形。这种设计的优点是：1）这类布局的通道一般比较宽敞或在商场中央留有较大的空间，所以能利用装饰布局创造较好的环境气氛，容易激发消费者的购买欲；2）由于布局灵活性较强，企业可根据消费者心态和新商品的上市，适当调整布局结构，以利促销；3）由于空间较大，可以给消费者提供浏览和休闲的环境，也可以满足消费者购物加休闲的心理。

这种设计的不利之处在于空间浪费大，费用投入较高，从而影响整体价格水平；从经营角度看，搞好商店的安全管理和清洁卫生的难度较大，消费者容易产生混乱的感觉。目前，大型百货商场、专业商店等多采用自由流动式布局。

3. 商店通道的布局方式选择

消费者通道的设计科学与否直接决定着店内消费者流动是否合理。通常对消费者通道的要求是：1）要注意保持通道足够的宽度，在商店里售货场所之间的通道宽度为80～90厘米，从而方便消费者浏览、挑选商品和往来通过，主通道要尽量宽敞，在客流正常时不会出现拥塞或行走不便的现象；2）要根据商场结构，尽量使通道不要过长，以免消费者有走不到头的感觉；3）要避免通道上地面的色彩刺眼，花样太多，从而分散消费者更多的注意力；4）如果是进出合一的门口，要保持宽敞、通畅，以减少拥挤和堵塞，避免进出商场的消费者相互干扰。如果是进出分道的门口则应注意店内通道的走向一定要明确，不要因通道的误导，使消费者形成回流现象。

4. 其他方面布局的要求与选择

（1）收银台的设置。现代商场中，大多实行钱、货分离的购物形式，因此，收银台的设置也是布局的重要环节。按照国际经验数据，不论是自动收银机，还是人工收银台，按中等规模的超级市场计算，收款的速度一般应为每小时通过500～600人，以此安排收银台的数量。通常在百货商场中，收银台应布局在商场中央区，且有明显标志，同时，收银台前一定要相对宽敞。

（2）楼梯、电梯的设置。由于楼梯、电梯是商场中难以变换的固定设备。所以，楼梯、电梯一般不构成布局的内容，但其设置的合理与否会影响消费者的购物情绪。一般商场中，至少有两处楼梯，所以在使用中，应上下道分开，这样有利于顾客流的形成和循环。在现代化商场中，自动扶梯对促成消费者的合理循环起了积极的作用。

（3）消费者休息、问讯处等的设置。在崇尚自由、舒适的今天，商场布局中休闲、娱乐的地方必不可少，特别是在大中型商场中，应专辟休息场所。商场的问讯处、消费者接待室应设在入口处附近或靠近楼梯通道处，以方便消费者。

（二）店堂环境与营销气氛

如果说商店外观能够吸引消费者走进商店，那么，赢得消费者良好印象的第二步就是商店内部的店堂环境，店堂环境必须能烘托出使消费者流连忘返的购物气氛。构成这种气氛的主要因素有：灯光、色彩、音响、气味及其他相关因素。这些因素的共同作用产生了商店的气氛，而这种气氛又决定了消费者对商店的感觉和印象。

1. 商场内部灯光的设计心理

灯光能够直接影响店堂内的气氛，走入照明效果好或光线暗淡的商店，会有两种截然不同的心理感受：前者明快、轻松；后者压抑、低沉。灯光设计合理，不仅可以渲染商品的气氛，增强陈列效果，还可以吸引消费者的注意力，激发购买欲和提高雇员的工作效率。商场内部照明可分为自然照明、基本照明和附加照明三种类型，它们对顾客心理具有不同的功用。

（1）自然照明与顾客心理。自然照明是商场中的自然采光，通过天窗、侧窗接收户外光线来获得。自然光柔和、明亮，使人心情舒畅，是最理想的光源。商场设计中应考虑最大限度地利用自然光。但自然光受季节、营业时间和气候的影响，不能满足商场内部全部照明的需要，因此要有人工制作的其他照明相补充。

（2）基本照明与顾客心理。基本照明通常是在天花板上以安装荧光灯为主的一种照明方式，为整个营业场所而设置。这种照明灯光模拟自然光的光谱频率，光色比较柔和，只是紫光的成分比较多，一般人们也乐意接受。

照明光度的强弱要由经营品种和销售对象的特点而定。对于衣着和出行用品，光度可适当大些，以便人们仔细挑选；对于“低值易耗品”，光度可以小些，因人们不会认真挑选。以中老年人为主要销售对象的商品，应比以青少年为主要销售对象的商品照明光度大些。营业场所的里面应比外面更亮堂，以吸引人们走过更多的货架。一般来讲，照明光度强些，可调动人们的情绪，产生开朗、兴奋的感觉。但在餐饮场所，特别是伴侣会面的咖啡馆等处，灯光则要适当暗淡一些，使人们能平静地进行交流。

（3）附加照明与顾客心理。附加照明分为两种：

一是特殊照明，作为突出部分商品的特性而布置的照明，目的是凸现商品的个性，更好地吸引顾客的注意力，激发顾客的购买兴趣。特殊照明多采用聚光灯，实行定向照明，常用于金银首饰、珠宝玉器、手表挂件等贵重精密而又纤巧的商品，不仅有助于顾客仔细挑选，甄别质地，而且可以显现商品的珠光宝气，给人以高贵稀有的心理感受。国外有的商店还用桃红色作为女更衣室的照明，据说在这种灯光的照射下，女性的肤色更加艳丽，试衣者感觉这件衣服穿在身上能使自己更显美丽，大大增加了服装的销售量。在橘子、哈密瓜、电烤鸡等食品的上方采用橙色灯光近距离照射，可使被照食品色彩更加红艳，凸现新鲜感，激起顾客购买食用的心理欲望。

二是装饰照明，在店堂内为了营造一种特殊的气氛或情调而设置的照明，其主要目的在于更好地调节消费者的情绪，烘托企业形象，给消费者留下美好的印象。如采用彩灯、吊灯、霓虹灯把商店营业气氛渲染得活泼兴旺、华丽多彩。当然，装饰灯不要滥用，否则会产生相反的效果，给人以眼花缭乱的感觉。

2. 商场内部色彩的选择心理

根据心理学的研究，色彩对人的情绪会产生不同的影响，因为不同的色光对人的视觉刺激强度不同，因而会引起不同的心理活动，导致情绪的变化。

(1) 冷暖感。色彩可以使人改变对特定场所温度的感觉。在赤橙黄绿青蓝紫的七色光谱中，越是居于前面的色调温暖感越强，越是处于后面的色调寒冷感越明显。赤橙黄为“暖色”调，这是在希望有温暖、热情、亲近这种感觉时可使用的色彩；绿蓝紫为“冷色”调，通常用来创造雅致、洁净的气氛，在光线比较暗淡的走廊、休息室，以及希望使人感到比较舒畅、比较明亮的其他场所，应用这些色彩效果最好；棕色和金黄色被认为是泥土类色调，可以与任何色彩配合，这些色彩也可以给周围的环境传播温暖、热情的气氛。同样是一间以红色基调为主布置的儿童物品专营区，即使在寒冷的冬天顾客进入后也感到温暖如春，吸引人慢慢浏览商品；而如果是夏日里进去，又无空调，则更加感到热浪滚滚，不禁使人想赶快离去。

(2) 大小感。明亮度高的色彩具有放大感，而明亮度低的色彩则具有缩小感。同样尺寸的黑白两件物品放在一起，使人感觉白色物品较大，而黑色物品显得相对要小些。服装商场内男性模特儿不同颜色服装的搭配，如果裤子是深色的，那么上衣最好配浅色的，因为这样可以更加显示男士宽阔的胸背部，给人以健壮的感觉。

(3) 象征感。不同的色彩还能引起人们不同的联想，具有某种象征感。黑色是严肃、悲哀的象征，给人以庄重、雅致之感；白色是纯洁、朴实的象征，给人以神圣、恐怖之感；红色是喜庆、热情的象征，给人以热烈、危险之感；绿色是青春、生命的象征，给人以恬静、新鲜之感；黄色是富贵、华丽的象征，给人以明快、跳跃之感；蓝色是安静、智慧的象征，给人以幽雅、寒冷之感。另外，各种颜色的不同混合，也会使人产生不同的联想，引起不同的感觉。有的茶室基调以淡绿色为主，使人联想到绿色的茶园，感到气氛平和、恬静，增添了品茗的乐趣。

色彩对于商场环境布局和形象塑造影响很大，为使营业场所色调达到优美、和谐的视觉效果。必须对商场各个部位如地面、天花板、墙壁、柱面、货架、柜台、楼梯、窗户、门等以及售货员的服装设计出相应的色调，因此，色彩设计往往要遵循以下几个原则：

第一，运用色彩要与商品本身色彩相配合。目前，市场销售的商品包装也注意色彩的运用，这就要求商场内货架、柜台、陈列用具为商品销售提供色彩上的配合与支持，起到衬托商品、吸引顾客的作用。如销售化妆品、时装、玩具等应用淡雅、浅色调的陈列用具，以免喧宾夺主，掩盖商品的美丽色彩。销售电器、珠宝首饰、工艺品等可配用色彩浓艳、对比强烈的色调来显示其艺术效果。

第二，运用色彩要与楼层、场所结合，创造出不同的气氛。如商场一层营业厅，入口处顾客流量多，应以暖色装饰，形成热烈的迎宾气氛，也可以来用冷色调装饰，缓解顾客紧张、忙乱的心理。地下营业厅沉闷、阴暗，易使人产生压抑的心理感觉，用浅色调装饰地面、天花板可以给人带来赏心悦目的清新感受。

第三，色彩运用要在统一中求变化。商场为确定统一的视觉形象，应定出标准色，用于统一的视觉识别，显示企业特性。但是在运用中，在商场的不同楼层、不同位置，又要求有所变化，形成不同的风格，使顾客依靠色调的变化来识别楼层和商品部位，唤起新鲜感，减少视觉与心理的疲劳。

3. 商场内部音响、气味的设计心理

(1) 商场内部的音响心理。

音响是创造营销场所气氛的一项有效途径，影响着顾客情绪和销售人员的工作态度。音响运用适当，可以达到以下效果：第一，吸引顾客对商品的注意，如电视、音响的播放。第二，指导顾客选购商品，营销场所向顾客播放商品展销、优惠出售信息，可引导顾客选购。第三，营造特殊氛围，促进商品销售。随着时间的不同，营销场所定时播放不同的背景音乐，不仅给顾客以轻松、愉快的感受，还会刺激顾客的购物兴趣。如刚开始营业的早晨播放欢快的迎宾乐曲，临打烊时，播放轻缓的送别曲；在气候变化时，播送音乐提示，为顾客提供服务。营销场所内有各种声音，并不是都会对营业环境产生积极影响，也会有一些噪音，如柜台前的嘈杂声、机械的声响，都可能使顾客感到厌烦，有些虽然可以采用消音、隔音设备，但也不能保证消除所有干扰声响，因此，可以采用背景音乐缓解噪声。

音响的运用应注意：第一，采取间断式播放，播放的时间应在营业较轻松的时段，而不宜在营业繁忙紧张时段；第二，严格控制音量，以隐约听到为宜；第三，控制乐曲节奏的选择，营业时播放较慢节奏的音乐，快打烊时可以播放节奏较快音乐，提醒消费者加快选购。

资料链接

背景音乐与购买行为

美国学者研究了音乐的节拍对超市顾客行为的影响。他进行了 3 种处理：没有音乐、慢节奏音乐和快节奏音乐。研究的基本假设是这 3 种状态将对以下 3 个方面产生不同的影响：一是超市顾客在商场内的运动速度；二是消费者的日购买总量；三是顾客离开超市后，表示对超市的背景音乐有印象的人数。

研究发现，背景音乐的节奏影响消费者行为。商场内顾客流动的速度在慢节奏音乐中最慢，而在快音乐节奏环境中则最快。而且，选择慢节奏可以提高销售额，因为在慢节奏环境中，消费者在商场内徘徊浏览的时间加长了，因而就有可能购买更多的商品。有趣的是，购物后的询问调查表明，很多消费者根本没有留意商场中所播放的音乐。可见，音乐很可能是在消费者没有意识到的情况下对消费者的购买行为产生影响的。

虽然用音乐来影响消费者的购买行为是可能的，但这种影响却是双向的。也就是说，音乐既可能对购买产生促进作用，也可能对购买产生阻碍、干扰作用。因为对有些商家来说，放慢消费者的流动速度，可以使消费者在商场内停留的时间延长，这样就有可能让消费者购买更多的商品。然而，在其他情况下，却可能出现正好相反的情形，商家尽可能让消费者流动起来，把它作为提高销售额的方式。例如，饭店可能非常希望顾客流动加速，以在最短的时间内使座位得到最大的利用。因此，饭店中的背景音乐如果节奏太慢的话，可能导致更低的座位倒手和更低的利润。但是，如果消费者更钟爱休闲放松的就餐气氛的话，慢节奏也可能招徕更多的回头客。所以，在这里问题的关键是，音乐节奏的选择必须适合商业目标和特定的市场状况。

资料来源：孙喜林，荣小华. 营销心理学. 大连：东北财经大学出版社，2005.

（2）商场内部的微气候心理。

微气候是指在商场范围内特有的气候条件，包括气温、湿度、空气质量等。商场的微气候状况对顾客和营销人员的购销情绪有直接的影响。如果卖场气味异常，空气易污浊，商品的销售是不会达到预期数量的；气味正常，空气清新，则会吸引顾客购买这些商品。商场可采用中央空调系统，既可使整个商场温湿度均衡，又可降低成本。也可采用自然通风与机械通风相结合的方式，如春秋两季使用自然通风，而冬夏两季使用机械通风。通过通风和空气调节使商场内空气清新，温湿度适宜，可为顾客提供一个舒适、清新的购物环境。

此外，商店的气味对消费者也有相当大的影响。根据商店的环境和商品的特性，或放置散发各种香气的花草盆景，或人工制造特别的香味，无疑是对消费者嗅觉的良好刺激，使他们在购买活动中精神爽快、心情舒畅，刺激购买欲望。如同音乐使人精神放松一样，香味通常对人体生理有积极的影响，适当地散发香味，可以营造良好的购物氛围，芳香有助于净化室内空气，是购物环境中不可缺少的一味“添加剂”。

4. 商场内部装潢设计心理

商店的内部装潢主要是指对店堂内部的天花板、墙壁和地板的装潢，它们不仅构成商店内部的要素，而且也是购物环境的空间因素。它们彼此必须取得协调，追求整体的良好感觉和效果，缺一不可。

天花板不仅用于把商店内的房梁、管道和电线管遮掩起来，创造美感，还可以创造良好的购物环境。商店的天花板设计风格力求简洁明快，通常采用木天棚、石膏板天棚、金属板天棚、玻璃纤维板天棚等。木天棚加工方便，材质轻盈，适合于中小型商店的天棚装饰；石膏板天棚有平板与凹凸板之分，可组合成各种图案，与灯光配合有较强的艺术表现力；金属板天棚是一种华丽的装饰材料，造型多样，品种繁多，但价格较贵；玻璃纤维板天棚具有耐火、防腐蚀、质轻的特点，而且吸音效果较好，适合于噪声较大的大型商店。

地板是建筑中和消费者接触最多的地方，要注意其带给消费者的良好触觉印象与商品陈列效果很好的配合，同时要求耐久、耐脏和易清洗，并保证消费者的安全。地面处理可采用不同的建筑材料，如瓷砖、石材、木板、地毯等。瓷砖地板是非常耐用的材料，色彩丰富，贴装方便，是理想的地面材料，石材地板的石材种类很多，如大理石、花岗岩、石板等。大理石是高档的装饰材料，光泽度好，色彩花纹极为丰富；花岗岩石质坚硬，光洁度好；石板风格粗犷，色调沉稳，也是很好的地面材料。木地板以木质材料为主，弹性适当，纹质优美。地毯大多为化纤地毯，它的装饰性强，保温和吸音性良好，可用于较高档的商店中。

墙壁设计装潢总体要求坚固美观，其使用材料一般是灰泥，再加上适当的墙壁装饰材料。商店的墙面材料包括木质壁材、涂料、油漆、墙纸等。木质壁材可分为合成板、纤维板、木板，其中合成板富于自然色彩，表面质感较好，是高级墙面装修材料；涂料种类繁多，色彩丰富，可自由选择；油漆是一种使用方便的墙面涂层，有较好的防水性能；墙纸是贴在墙壁上的装饰材料，色彩、图案、质地极多，可随时根据需要更换。

总而言之，商店的空间装饰是顶面、地面和墙面的组合体，它能给人以完整美的空间享受，创造出一个清新怡人的购物环境。

（三）商品的陈列与展示心理

商品的陈列与展示是指柜台及货架上商品摆放的位置、搭配及整体表现形式。商品陈列是商场内部陈设的核心内容，也是吸引消费者购买商品的主要因素。虽然商品陈列方法因行业不同、经营品种不同、营业场所构造不同而有所区别，但有一点是共同的，即商品陈列本身就是广告。琳琅满目、丰富美观且摆放得体的商品，本身就是激发消费者购买欲望的有力手段。对于商场经营者来说，商品陈列应达到展示商品、引导消费、方便购买和有利保管四项主要目标。好的商品陈列，不仅要从经营者角度去考虑，而且要从顾客角度去考虑。只有这样才能真正抓住顾客的心，全面达到商品陈列的目的。

1. 商品陈列与展示心理

(1) 层次清楚，高度适宜。

第一，层次清楚。顾客进入商场后，无论其是有意识地购买特定商品，还是无计划地进行浏览，大多要对陈列的商品进行环视扫描，以作出所看到的这类商品的属类判断。当发现自己感兴趣的一类商品后，就会停下来仔细寻找、观察和挑选。因此，商品的陈列要有层次感，同类商品应尽可能地陈设在邻近的位置上，以缩短顾客寻找的时间。

第二，高度适宜。商品陈设的高度要比较容易进入顾客的视线。研究发现，普通身高的顾客无意识地张望的高度为0.7～1.7米，上下幅度约为1米。仰起头来观看陈列过高的商品或蹲下去俯视陈列过低的商品，往往会感觉不舒适。

(2) 适应习惯，便于选购。

不同种类的商品，人们有不同的购买习惯。为顺应顾客的购买习惯，商品的陈列应符合一定的规律。

第一，低值易耗商品。这类商品是人们日常生活中消耗量大、需求弹性小、价格比较低廉、一般没有明显消费层次差别的商品，诸如牛奶饮料、烟酒糖果、蔬菜瓜果、清洁用品、油盐酱醋等。这些商品使用频繁，同类商品性能接近，选择余地小，人们希望购买方便、交易便利。因此，这些商品可以陈列于最明显、易于速购的地方，如商店的底层、过道和出入口。据估计，85%的口香糖和糖果，是在无计划的冲动型购物中购买的。所以在超级市场中，往往把口香糖摆放在付款处附近。

第二，衣着出行商品。这类商品是人们生活中用于穿着打扮或出行使用的物品，常能显示一个人的气质、审美特点和消费层次，比如时装、皮鞋、提包、自行车等。这些商品有一定的使用期，款式、价格差异比较大，人们在购买时往往要进行仔细比较，常要对价格、款式、色彩、质量等进行综合性的思考，才会作出购买决定。这类商品应陈列于商场内空间比较宽敞、光线比较充足的地方，便于顾客接触或接近商品，进行比较和思考，从容地进行决策。

第三，家用贵重商品。这类商品属于人们居家使用的高档生活消费品，体积比较大、使用寿命长，诸如电视机、电冰箱、空调器、组合音响、高档家具等。此类商品的规格、性能、质量差异常常很大，价格高昂。因其使用周期长，占用空间大，售后服务要求高，人们在购买前必然要花较长的时间进行酝酿，考虑购买的时机、商家和品牌。因此，商场应选择店内比较深入、冷僻、优雅的地方，设立专门的区域，提供咨询服务，以满足顾客慎重决策、求信誉、买放心的心理需求。

（3）清洁整齐，疏密有致。

第一，清洁整齐。商品的陈列不仅要讲究层次、部位，也要给人以干净、整洁之感。货物上如有积灰应随时清除，否则会使人“倒胃口”。

第二，疏密有致。要注意商品陈列与货架的疏密得体、错落有致。货架上商品的陈列必须丰满，随时填补货物销售后留出的空间，给人以丰富、充实的感觉，但也不能塞得严严实实，以免使人感觉沉闷、压抑。货架之间的通道应畅通，宽窄要适宜，以给人留下思考的余地、想象的空间。

据有关统计，自由市场中 2/3 的购买决定是在通道中作出的。如果商品陈列合理，可以增加 10%的冲动型购物。

2. 商品陈列原则

商品陈列与展示要引起消费者的注意与兴趣。这就要求商品的陈列一要醒目，二要形象突出，三要有美感，四要有新鲜感。

（1）醒目。对重点商品、特殊商品的陈列要有新意或引人注目，重点商品是指商店某一时期重点销售的商品、应节商品、时令商品等；特殊商品是指优惠供应商品、特价商品等。心理学研究证明特殊性是引人注目的前提。商店对重点商品或特殊商品应特殊摆放或用店堂广告说明、箭头指示等以引起进入商店消费者的注意。

（2）形象突出。第一，商品陈列高度要适宜，易于消费者观望感受。消费者走进商店后，一般都无意识地环视陈列商品，对货架上的商品获得一个初步印象。因此，商品的摆放应按照不同的视角、视线和距离，确定其合适的位置，尽量提高商品的能见度，使消费者易于感受商品形象。第二，商品陈列要尽可能做到裸露摆放，如服装类商品悬挂展开或利用固定模特成穿着状的陈列方式等，便于消费者通过观看、触摸和比较，以增强对商品的感性认识，引起消费者的购买兴趣。

（3）有美感。商品在店内通过不同形式的陈列，可以充分展示商品的形态美、花色美、质感美和时尚美，从而引起消费者的注意和鉴赏兴趣。

（4）有新鲜感。商品陈列与展示的时间不宜过长，陈列应掌握多变少动的原则。所谓多变是指一种商品不论其销售如何，都要经常更换，以给人生意兴隆的感觉。而少动是指一种或一类商品的陈列位置要相对稳定，使消费者逐步习惯某类商品的固定销售位置，给消费者以稳定、方便的感觉。

3. 商品陈列与展示的基本方法

（1）主题陈列法。它是结合某一特定事件、时期或节日，集中陈列展示应时适销的连带性商品；或根据商品的用途在特定环境或时期的陈列方法。例如，中秋节食品店中的月饼专柜。它能使商店营造一个独特的气氛，吸引消费者的注意力，进而销售商品。

（2）整体陈列法。它是将整套商品完整地向消费者展示的陈列方法。例如，将全身服饰作为一个整体，用人体模型从头至脚完整地进行陈列。整体陈列形式能为消费者作整体设想，方便消费者购买。

（3）分类陈列法。它是根据商品的类型、质量、性能、特点、产地和使用对象等进行分类，并向消费者展示的陈列方法。分类陈列法是一种广泛使用的方法。它便于消费者集中挑选、比较，也有利于反映商店的特色。

（4）同类商品垂直陈列法。它是将同一类型或同一种类的商品，在货架上一层层上下垂直陈列的方法。这种方法方便消费者在不同式样、不同质地、不同型号的商品之间挑选。

(5) 关联陈列法。它是将不同种类相互补充的商品陈列在一起的方法。运用商品之间的互补性，可以使消费者在购买某种商品后，也顺便购买旁边的商品。这种方法增加了消费者购买商品的概率，有利于满足消费者的求便心理。如美国一家超市在研究如何摆放商品才能提高商品的销售率的过程中，发现将尿布和啤酒放在一起的时候啤酒开始畅销。为什么畅销呢？他们百思不得其解，然而进一步的研究使他们终于发现了秘密。原来美国家庭买尿布的多是爸爸，爸爸下班后要到超市买尿布，在买尿布时突然见到啤酒，当然要“顺手牵羊”带走“啤酒”。这家超市最后就把尿布和啤酒摆放在一起，极大地促进了啤酒的销售。

(6) 悬挂陈列法。它是指将商品展开悬挂或安放在一定或特制的支撑物上，使消费者能直接看到商品全貌或触摸到商品的方法。悬挂陈列时应注意：固定悬挂起装饰作用的陈列商品，应注重商品悬挂的艺术性；对于销售悬挂的商品来说，应注意悬挂空间的合理使用。悬挂陈列的商品还应按类别、型号、色泽等合理排列悬挂，以方便消费者挑选。这种方法可增强消费者对商品的感性认识，激发购买欲望的产生。

总之，科学的、独具匠心的商品陈列方法，可以使商品富有生命、发出光彩，收到极佳的效果。在实际的营销活动中，商品陈列的方法有很多种，营销者还应视具体环境、条件的不同而认真抉择。

资料链接

大荣公司的商品陈列技术

日本大荣公司是日本最大的超级市场总公司，它已超过三越百货公司一跃成为日本最大的零售商。“更廉价地出售更好的商品”是大荣公司奉行的根本信条，大荣公司在商品陈列技术上有许多可供借鉴的地方。

在大多数超市里，以“广泛地集中互相关联的商品”进行销售，如专门销售衬衣的商店陈列领带，专门销售男装的商店也卖衬衣、皮带和鞋子等关联商品，特别是时兴商品配合销售即搭配销售已经是常识。但大荣公司的按不同用途和不同顾客对象进行商品陈列，已经不是一种简单的搭配，而是一种大规模的配合销售。如电器商品的陈列一般商店都是将电器商品集中陈列，而大荣公司的碑文谷商店却是将电器商品陈列在各个楼面上。在陈列家庭生活用品的五楼，它和洗衣机、电冰箱摆在一起。可是，这里没有电视机和立体声录音机，它们陈列在具有趣味性和娱乐用品的六楼上。此外，在四楼的男子用品区域，也有电动刮脸刀和男性化妆品一起销售。这种把同类商品陈列在各个楼层的做法，是出于这样一种想法，即同类商品，既要按不同的顾客对象进行陈列，也要把它按不同用途陈列。

一种商品的最高售价和最低售价之间的差额叫“价格幅度”，大荣公司将陈列商品的价格幅度压缩在一定水平上。无论与哪一类商店比，其商品的价格幅度都是很小的，而且“适中价格”的商品陈列量比任何一类商店都多。同时，大荣公司还采取了一种叫“前进立体陈列”的陈列方式：面对过道处，将商品堆得高高的，以商品的丰富程度来刺激人们的购买欲望，在这堆得高高的商品中，恰恰是“适中价格”的商品占据了最大的地盘，所以一进大荣公司的商店，给人以价格便宜的强烈印象。所以，一套行之有效的商品陈列技术也是大荣公司成功的秘诀之一。

任务3 分析消费者对营销服务的心理要求

案例导入

日本有一家叫木村事务所的企业想扩建厂房，他们看中了近郊一块土地意欲购买。同时，其他几家商社也想购买这块地。地主是一位老太太，说什么也不卖。一个下雪天，老太太进城购物，顺便来到木村事务所，她本想告诉木村先生死了这份心。老太太推门刚要进去，突然犹豫起来，屋内那么干净，而自己脚下的木屐沾满雪水。正当老太太欲进又退之时，一位年轻的小姐出现在老人面前，小姐看到老太太的窘态，马上回屋想为她送一双拖鞋。不巧没有拖鞋了，小姐便毫不犹豫地把自己的拖鞋脱下来，整齐地放在老太太脚下，让老人穿上。等老太太换好鞋，小姐才问道：“老太太，请问我能为你做些什么?”“哦，我要找木村先生。”小姐就像女儿搀扶母亲那样，小心翼翼地把老太太扶上楼。于是，就在要踏进木村办公室的一瞬间，老人改变了注意，决定把地卖给木村事务所。那位老太太后来告诉木村先生说：“在我漫长的人生里，遇到的大多数人是冷酷的。我也去过其他几家想买我的地的公司，他们的接待人员没有一个像你这里的小姐对我这么好，你的女职员年纪这么轻，就对人那么善良、体贴，真令我感动。我真的不缺钱花，我不是为了钱才卖地的。”

问题与思考：一家大公司倾其全力交涉了很久也徒劳的事，为什么竟因一位女职员小小的爱心行为而在无意中促成了？

知识探究

如果说营销环境中富丽堂皇的装修、和谐雅致的色彩、独具匠心的商品展示、舒适宜人的温度等是吸引消费者的“硬件”的话，那么营销服务则是营销环境中的“软件”。良好的服务，不仅会扩大商品销售，增加企业利润，而且还会增强消费者的信赖，树立企业的声誉。因此，良好的营销服务及所产生的心理效应，对于消费行为的实现和企业营销活动的顺利进行无疑会产生重要的影响。

一、 营销服务的心理

营销服务是指营销人员在销售商品前后，为进一步满足消费者的各种需求所采取的多项措施和手段，是伴随着商品转移而提供的服务。

（一）售前服务心理

1. 售前顾客心理分析

顾客由于需要而产生购买动机，这种动机受时空、情境等因素的制约，存在着各种各样的心理取向。

（1）顾客的期望值。

顾客在购买之前，通常是对准备购买的产品有一定的期望，该期望可能是品牌、价格、质量等各种不同的因素，可能是某一种也可能是多种，而顾客期望的强烈程度就称之为期望值。当前，顾客对产品的期望值通常越来越高，尤其是心理期望更高，所以企业在满足顾客物质需要的同时，更要满足顾客的心理需要。

（2）顾客认知产品的欲望。

产品销售前，顾客最关注的是产品的有关信息，他们急需了解产品的品种、规格、性能、价格、使用方法以及售后服务等，这是决定其是否购买的基础。

（3）顾客的价值取向和审美情趣。

随着社会的发展，人们的价值取向和审美情趣往往表现出一定的趋同现象。所以，了解顾客的价值取向和审美情趣并以此为标准来细分市场是很有必要的。

（4）顾客的自我意识。

自我意识并非生来就有的，它是个体在社会生活过程中与他人相互作用、相互交往，逐渐发展所形成的。顾客希望在购买产品的过程中实现自我价值，促进自我意识的培养。所以，了解顾客的自我意识，将为进一步开展营销活动奠定基础。

2. 售前服务心理策略

（1）建立目标市场服务档案，把握顾客心理需求。

市场经过细分以后成为各种各样的细分市场，相同的细分市场具有同质性，不同的细分市场具有异质性。企业需要针对不同的顾客建立一个详细的顾客档案，深入研究顾客的心理需求，为做好更加具有针对性的服务提供依据。

（2）促使顾客接受产品。

顾客接受产品需要一个过程。通常顾客在购买之前都存在一定的戒备心理，如何消除顾客的戒备心理，使得顾客接受所销售产品，需要做到以下三点：第一是帮助顾客树立新的消费观念，不断引导顾客学习新的知识和技术，正确选购和使用产品；第二是利用广告宣传与咨询服务等手段，增强顾客注意力，利用广告促进学习，并通过店堂布置、商品陈列、美化购物环境使人得到艺术上的享受；第三是售前进行商品质量检查，确保售出商品的质量，消除顾客戒备心理，增强其对商品和商家的信任感。

（3）最大限度地满足顾客的相关需求。

顾客的需求往往不是单一的，有时除了主要需求以外，还有许多相关需求。最大限度地满足顾客的相关需求，让顾客产生一种意外的惊喜之感，会促使其购买商品。在竞争如此激烈的市场中，企业应重视售前服务，多以一些独特、新颖、与众不同的形式来吸引顾客的注意，并引导其完成购买活动。

（二）售中服务心理

1. 售中顾客心理分析

要做好售中的服务，一般要求销售人员必须充分掌握顾客在购买过程中的心理活动。

顾客在接受售中服务的过程中，大致有以下期望：

（1）期望获得详细周到的信息。

顾客在选购中，希望销售人员能给自己提供关于该产品的详细而周到全面的信息，使得自己对购买的产品有充分的了解，解决在选购中的疑惑。顾客有这样的心理需求，就要求销售人员提供的信息必须是真实可靠的信息，不能为销售自己的产品而提供虚假的、片面的信息。如果顾客获得了真实的、全面的信息，顾客就会感觉满足，进而会做出购买的决策。

（2）希望在决策中得到帮助。

顾客在选购产品时，特别是在自己难以做出决策时，特别希望销售人员能够给出可靠的建议，帮助顾客做出正确的购买决策。顾客一般希望销售人员能够站在顾客的角度，从维护顾客利益的立场上帮助做出决策，能够提供令顾客满意的决策分析，能有针对性地解决顾客的疑虑与困难。

（3）希望受到热情接待与尊敬。

希望销售人员以礼相待，热情地面对顾客挑选，不要表现出不耐烦，回答顾客提出的问题时耐心温和，维护顾客的自尊。

（4）追求方便、快捷。

顾客对售中服务的期望的一个重要方面是追求方便、快捷。具体表现在减少等候的时间，尽快受到接待，尽快完成购买过程，尽快携带产品离开商店，大件的商品能够送货到家。

2. 售中服务的心理策略

针对售中顾客的心理，销售人员往往可以采取以下的心理策略应对：

（1）积极有效推荐产品，多方位提供顾客所需信息。

为了满足顾客对有关信息的需求，作为销售人员来说首先要弄清顾客所需的信息是什么；其次，根据顾客的所需全方位地提供信息，如各种广告、产品陈列、实物介绍等。销售人员所提供的信息必须是真实可靠的信息，在推荐产品时，要能够准确判断顾客的需求，推荐符合顾客要求的产品。

（2）细心观察顾客的购买心理，适时提供咨询建议。

首先，通过顾客的外表服饰和言行举止，观察判断顾客的职业、阶层、个性特点、购买类型；其次，观察和分析顾客购买的目标、期望与偏好、对所选产品的满意程度，特别是尚存的疑虑；最后，还要在适宜的时候以适宜的方式，真诚耐心地提供咨询，强化其满意度，排除其疑虑，提出适宜的决策建议，要站在顾客的角度，帮助顾客分析并谋取顾客利益最大化。

（3）充分尊重顾客，热情周到服务。

作为销售人员要时刻把“顾客至上”的理念牢记心中。在顾客购买过程中，要热情周到地为顾客服务，使得顾客满意，在与顾客交谈过程中，要注意自己的言谈举止，保持礼貌，以示尊敬，使得顾客在购买过程中获得受人尊敬的满足感。

（三）售后服务心理

1. 售后顾客心理分析

（1）求助心理。

顾客在购买产品之后，在送货安装、维修商品、学习使用方法和要退换商品的时候，希望销售者能够给予帮助。如果企业能够帮助顾客解决这些问题，顾客通常就会表现出满意。

（2）评价心理。

顾客在购买后，会自觉地对购买的产品进行评价，即对所购产品是否满意进行评价，进而会获得满意或者不满意的心理体验。对于一些高价值产品，如果顾客感觉不满意，就会在购买后产生后悔心理，这是企业必须要注意的。

（3）试探心理。

由于主观和客观的多种因素，在完成购买初期，顾客会对所购商品出现不确定是否满意的情况，尤其是大件和新产品，有时他们来到购物场所提出退换货时，往往具有试探的心理状态，先试试商家的态度，以便做出决断。如某人想退货时，来到购物场所向销售人员说："你们这产品有点问题"，而不是直接说要退货。待销售人员回答之后，再决定是否坚定要退货。

（4）退换心理。

这种心情往往是较多出现在顾客要求退换商品或进行商品维修的时候，当购买的商品被他们确定为购买失误或产品质量出现问题时，这种要求退换商品的心理状态就会出现。

2. 售后服务心理策略

售后服务的基本心理策略，就是要针对售后顾客心理状况，调节顾客的心理，努力使其建立信任感与满足感。

（1）提供良好售后服务，提供企业信息，以解顾客后顾之忧。

许多顾客挑选商品，在其他条件相当时，售后服务往往成为决定成交与否的关键。对于高档耐用消费品尤其如此。在国外，许多商家为减少顾客的后顾之忧，在商品包装纸上印着该商家的电话号码、地址和名称，如果不满意可以凭包装退换。售后服务周到，不仅使顾客放心满意，而且，还可以争取更多的潜在购买者。

（2）运用CS经营理念，进一步完善企业服务工作。

CS是英文Customer Satisfaction的缩写，意为"顾客满意"。顾客满意作为现代企业人的一种经营手段，常被称为顾客满意战略，其基本指导思想是：企业的整个经营活动要以顾客满意为宗旨，从顾客的角度而不是企业的角度来分析考虑顾客的需求，针对顾客需求个性化、情感化的发展趋势，尽可能全面维护顾客的利益。

资料链接

褪色的西服

一位顾客在一家百货公司买了一套黑色西服，刚穿上就发现它褪色，弄脏了白衬衣的领子，他就拿着衣服到百货公司去退换。接待他的一位售货员不等他把话说完就不耐烦地说："像这样的西服我们已经卖出去十几套了，从来没有听到顾客有什么不满意，怎么就你说这衣服是有问题的？"旁边一位售货员也插嘴说："这样的价钱只能买这样的货。"这位顾客觉得售货员不信任他，认为他说谎骗人，还嘲弄他没钱买更好的衣服，他火冒三丈地与售货员发生了争吵，围观的顾客越来越多。这时经理赶到了，他静静地听顾客陈述，还不时地点头或说“对”“是的”，鼓励顾客说下去，一直等顾客说完，他才发表意见：“真对不起，我们不知道这种西服会掉色，给您带来了麻烦，您看怎么处理呢？”顾客看他这么诚恳，怒气全无，也就平心静气地说：“我想问问，这褪色是不是暂时现象？有没有方法可以防止？”经理想了想说：“这么办吧，您先穿一个星期试试，假如还褪色的话，我们一定替您换一套。真抱歉，让您为这事烦恼。”客人满意地离开了商场。一个星期后，衣服果然不掉色了。

（四）营销服务的接待步骤

按照消费者在购买活动中购买行为和心理变化的一般规律，营销人员接待消费者的工作程序也可分为相应的接待步骤。

1. 判断、了解来意，抓好接近时机

营销人员只有了解了消费者的进店意图，抓住最佳接近时机，才能收到良好的效果。一般来说，消费者进店的意图可分为三类：一是来商店随便逛逛，带有消遣的意思，并无购买意图。这类消费者进店后步态从容、左顾右盼，没有固定目标，对有兴趣的商品也会留步观看甚至询问。二是消费者有购买意图，但并无十分具体的目标。这类消费者进店后步履从容，目光不集中，神情自若，他们一般会主动寻找或向营销人员询问，以便尽快确定购买目标。三是消费者有明确的购买意图和目标。这类消费者进店后脚步轻快、目光集中，或向营销人员明确表明来意，点名要货。

一般来讲，营销人员应抓住以下有利的交谈时机进行接待：消费者长时间地凝视某个商品的时候；消费者从商品上把头抬起来的时候；消费者突然停步用眼睛盯着商品的时候；消费者用手触摸商品的时候；消费者像是在寻找什么的时候；消费者与营销人员眼神正好相对的时候。

2. 展示介绍商品，激发购买兴趣

通过接触，了解消费者购买意图后，根据消费者的不同要求，向其展示或介绍商品，展示商品要力求诉诸多种感官的刺激，突出商品特性并加以适当的介绍，通常在向消费者展示商品时要遵循以下四条原则：展示商品应做成使用状态给消费者看，以使消费者能从心理上感觉到使用情况；展示商品时一定要让消费者亲自试一试，如试穿、试吃，触摸比较、亲自操作或调试等；从低档商品向高档商品逐级展示，先出示价格低的商品，不仅能适合想买廉价商品的消费者心理，而且可使想买高档商品的消费者感到满足或产生自豪感。

同时，营销人员在介绍商品时应注意：谈吐要流畅；介绍商品时必须实事求是，不可信口开河，言过其实；介绍商品优点时要有节制，以免在后面阶段再重复已说过的论据时显得无力。

3. 根据反应诱导，刺激购买欲望

通过营销人员展示介绍商品之后，消费者对商品的外观、质量有了一定的认识，引起了购买兴趣，但由于商品种类繁多，往往反复权衡仍难下决心。此时，营销人员细心观察消费者的感知反应，根据这一反应进行诱导，力求满足消费者的主导动机，影响消费者对商品的倾向性，增进购买欲望。

通常，营销人员诱导工作的过程可以归纳如下：根据消费者对展示介绍的商品不满意的地方加以委婉的诱导说服，使之对自己不满意的理由发生动摇，继续发展购买过程的后续阶段；尽可能提供较多的同类商品让消费者进行比较选择，营销人员亦可帮助消费者分析比较不同商品的特点，权衡利弊，促使其早下购买决心；营销人员可以根据消费者的主导动机有的放矢地揭示商品的造型、色彩、价格、商标等方面的寓意、象征，以及可能给消费者带来的乐趣和好处，强调某方面特别的优点，激发消费者对商品各方面的丰富联想，从而激起购买欲望。

4. 帮助消费者确立购买信心，促进购买行动

通过启迪与诱导，增强消费者的购买欲望。因此，营销人员工作的第四步就是帮助消费者坚持这种购买欲望，确立坚定购买的信心，从而促成购买行动。帮助消费者确立购买信心的方法有：提供详细材料，把商品在市场上的流行趋势、畅销程度、其他消费者的评价意见以及营销人员自身试用或观察所得的资料信息尽量提供给消费者；介绍售后服务内容，把商品售后服务的项目、时间、地点、方法及企业信誉等方面的要点反映给消费者；广泛征询意见，营销人员可以向伴随选购者同来的客人征询意见，特别是根据商品属性及其使用对象，创造条件让有影响力的客人发表见解，促进交易成功。

5. 办好成交手续，话别送行

当消费者决定购买后，营销人员要快速办好交易手续，做到准确、快速，减少消费者等候的时间。营销人员应向消费者表示谢意，有时可适当地赞许、夸奖消费者的决定，或关照一些注意事项，并欢迎再次惠顾等。这样能使消费者在整个购买过程中，心情始终处于愉快的状态，让消费者乘兴而来，满意而归，还将满怀希望再来。

二、 顾客购买后不满意心理的分析及应对

（一）顾客购买后不满意心理的分析

满意的顾客可能再次购买企业的产品或服务，并最终可能成为企业的忠实顾客，而不满意的顾客则可能通过购后行为来消除不满意。不满意顾客寻求心理平衡的购后行为可分为寻求内部心理平衡和寻求外部心理平衡两大类。

不满意顾客寻求内部心理平衡的行为体现在两方面：一是重新评价自己的购买选择；二是再次搜寻信息来证实自己的购买选择。不满意的顾客往往对自己先前的购买选择产生怀疑，通过重新进行心理评价，肯定先前购买选择的正确性，减少或消除购后的心理不安或者不满感觉。顾客对自己购买选择的重新评价，往往需要进一步搜寻外部信息，以获得更多购物信息的支持。据此，企业在购后仍与顾客保持一定的联系，继续提供产品或服务信息，帮助顾客坚定购买信心，可减少或消除购后不满意感。

不满意顾客寻求外部心理平衡的行为体现在三方面：一是直接向生产厂家或经销商店抱怨或投诉，要求退货或者采取纠正措施；二是向亲戚朋友倾诉或抱怨，劝说他们不要购买或者不要到该商场购买该品牌的产品或服务；三是向消费者协会投诉，通过新闻媒体曝光，或者提起诉讼状告生产厂家或商家。

（二）增强购买后满意程度的营销对策

1. 促进并加强顾客的购后满意感

对于顾客购后满意感的促进始于购前阶段并延续到购后阶段，包括售前、售中及售后的全过程。企业应当在购前阶段积极引导顾客形成对企业产品或服务的合理预期。而在购

后阶段帮助顾客增加对交易公平性的理解，并继续提供相关的产品或服务信息，增强顾客对购买决策的自信心和满足感。

企业可从四个方面引导顾客对企业产品或服务的合理预期。首先，了解顾客已有的态度与认识。顾客可能已有产品使用经验，并形成某种看法或态度，这势必影响到对企业产品或服务的预期。其次，注意掌握好促销分寸。企业对产品或服务的促销应当恰如其分，避免言过其实，过分抬高顾客的预期，有时甚至应留有一定余地。再次，合理确定价格水平。由于价格与质量之间的关系，过高的产品或服务价格必然导致顾客的高预期。最后，保持产品或服务质量的稳定。顾客购后是否满意最终还是要靠产品或服务的质量来保证，只有稳定高质量的产品或服务才能使得顾客真正感到满意。

2. 减少并消除顾客的购后不满意感

为了减少并消除顾客的购后不满意感，促使顾客消极态度的转变，企业可采取相应措施。首先，在产品促销过程中或者在产品包装标签上，详细介绍产品的使用方法及其注意事项，避免因产品使用不当而产生的消费者不满；其次，加强产品的售后服务，减少或避免因售后服务不到位而导致的顾客不满；再次，重视并积极处理顾客的投诉。不满意的顾客若是无法向厂家或商店投诉，或者投诉行为得不到应有的重视和处理，则可能向亲朋好友倾诉或抱怨，或者转向消费者协会或新闻媒体投诉，甚至可能提出法律诉讼，从而给企业造成严重的名誉损失或者不必要的金钱赔偿。

积极处理顾客投诉是减少并消除消费者购后不满意的一个重要举措。企业可通过设立客户呼叫中心系统，专人负责处理顾客的投诉。另外，生产厂商可在销售区域设立服务代表或办事处处理售后服务和顾客投诉等事宜，经销商家也可在商场指定专人负责接受并处理顾客投诉。

（三）增强顾客满意度的方法

顾客满意是指顾客通过对一个产品的可感知的效果与预先的期望值相比较后，所形成的愉悦或失望的感觉状态。如果顾客的需求得到满足，他会体验到满意感，并可能成为产品的忠诚消费者，不满意的顾客则可能会到处抱怨，影响产品的口碑。因此，让顾客满意是企业经营追求的核心目标。营销人员可从以下几方面增强顾客满意度。

1. 以顾客的基本需要为契机，架起买卖双方沟通的桥梁

通过对不同类型顾客消费心理的分析，提供个性化的服务能满足顾客突出自我、满足自尊的心理需要，进而能增强顾客的满意度。它要求服务人员在为顾客提供服务的过程中察言观色，积极与顾客沟通，善于了解顾客的真实需求，并在方便的时间和地点，采取相应的措施，灵活满足顾客的独特需要。

2. 寻找双方的共性，不断地磨合，减少双方之间的心理差异

作为营销人员，要设身处地地为顾客着想，多从顾客的角度进行思考，这样可以缩小彼此的心理距离，还要注意对顾客的积极引导，对顾客的消费行为进行诚心诚意的引导，使顾客的消费意识不断得到强化。

3. 利用“心向”作用原理实现买卖双方的心理沟通

心向，是指人们在思考问题和处理问题时都会带有一定的倾向性、专注性和趋向性，营销人员在宣传产品时必须考虑消费者的“心向”作用，克服其可能存在的抗拒倾向，使其积极接受营销人员的服务。

三、 营销服务中的冲突与处理

所谓冲突，从心理学的角度讲，就是两种目标的互不相容和互相排斥，是矛盾激化的一种表现。在营销过程中，销售人员难免与顾客发生冲突。这或许是因为营业员态度恶劣，或许是因为顾客没有达到退货的目的而恼羞成怒。因此，这里我们分析一下冲突的根源以及如何排除和防止冲突。

（一）冲突产生的根源

营销人员与顾客在接触交往中发生冲突是个别现象，但也是客观存在的。营销人员很难做到不与顾客发生冲突。由于导致营业员与顾客发生冲突的因素很多，所以发生冲突的原因也多种多样。

1. 双方买卖角度造成的差距

销售人员处在卖方，顾客处在买方，两者所处角度不同，是产生冲突的根本原因。具体地讲，这种角色差距体现在：

（1）双方的出发点不同。销售人员期望把手中的商品卖出去，而顾客追求的是称心如意的商品。卖方竭力推销的商品并不被买主欣赏时，冲突也就有可能发生。

（2）双方的利益不同。销售人员希望多销售商品，卖高价钱多赚钱；而顾客则愿意以最低价格购买最满意的商品。一个希望高价以保护生产者和中间商利益，一个希望低价以维护消费者的利益，利益的差距也会导致冲突。

（3）双方的信息水平不同。生产厂家推销员或商店的售货员对该产品或同类产品的生产、销售有较全面的了解，熟知产品的性能、操作或维修，而多数顾客对商品销售状况、质量好坏并不了解，在购买高档商品时，倾向于向销售人员了解详情。这种日常式的、周而复始的答疑，会使销售人员失去耐心，与顾客发生摩擦，冲突也就在所难免了。

2. 双方的文化背景不同

销售人员与顾客存在着文化差异，风俗习惯和价值观不一样，特别是在国际交往中，双方存在着语言障碍，就可能引起冲突。

3. 销售工作中的原因

有的是由于商品质量不过关，价高质低；有的是由于节假日顾客拥挤，服务员人手不足，顾客等待时间较长；有的是顾客要求退换产品，服务员不愿接受；也有的是由于服务员违反职业道德，服务态度恶劣，以次充好，引起冲突。

（二）冲突的排除

1. 冲突的种类

冲突爆发的标志就是双方由心理上的对抗转化为行为上的对抗。其表现方式主要有以下三种：

（1）逐渐发展的冲突。这种冲突的发展是按照一定的次序和模式进行的。例如，消费者退换商品而发生的冲突多半沿着如下的模式发展：消费者指出所购货物的毛病，而营销人员却千方百计地寻找理由不予退换，以至发生争吵，所以，双方的冲突往往是在“礼貌而得体”的形式下缓慢而持久地进行。

（2）急剧发展的冲突。由于冲突的一方或双方难以控制自己，火气越来越大，最后发展到难以控制的冲突。这种冲突很快就发展到顶峰，随后下降。这时，双方都容易忽视争执的主要原因而转为对骂或人身攻击。这种冲突往往是由双方的个性及气质特征决定的。

（3）爆炸性发展的冲突。这种冲突通常要经过一段潜伏期，一方的火气越来越大，最后达到了高峰，它同急剧发展式冲突的区别在于它不需要经过争吵阶段，与对方的反应无关，其特点是来势凶猛。例如，消费者站在一旁等候多时，而一个收款员在进行交接班工作，另两个没完没了地闲聊而不去理会，就容易爆发这种冲突。

2. 冲突的排除

无论是何种原因引起的冲突，只要出现了冲突就会对企业造成损失，即冲突不仅影响企业的声誉，更直接地影响其经济收益。因此，营销人员应设法使冲突降到最低程度，具体有以下几种方法：

（1）隔离冲突双方。这是经常采用的一种方法，也是排除冲突较好和较容易的方法，如把营销人员调离，由另一位接替；或将消费者请入休息室或办公室，由负责人听取他的申诉和要求，再设法妥善地加以解决。

（2）第三方调停冲突。当消费者和营销人员发生冲突时，双方都不肯让步，这时，只有第三者参加进来才有可能缓解僵局，使双方妥协或消除误会。但须有一个先决条件，充当调停人必须使冲突双方都信任他，要做到这一点，调停人必须秉公办事，不偏不倚，调停人一般都是由商场的主任或经理担任，而且调停人介入冲突越早就越主动，也越容易奏效。

（3）强制终止冲突。有时调停是没有结果的，特别是在发展急速和剧烈的冲突中，就要采取强制终止冲突的方法。这是一种较为强有力的措施，言行要恰如其分，如“我们有义务”“我们的制度规定”等，要坚决、有力，要充分表现出这样做是为了维护制度、规定和秩序。

（4）任其发展。当冲突十分尖锐，消费者的反应如同暴风骤雨，分离他们已无希望，或分离后仍无结果时，可采用此法。所谓“任其发展”就是任其发泄不满，其他人员保持平静心态，充当听众，当发火的消费者发现大家在安静地听他大喊大叫，既不激动又没有显得不耐烦时，他的火气就可能自然缓解，从而便于解释和解决问题。当然，任其发展也是有一定限度的，应以不干扰商店正常营业为度。

（三）冲突的防范

营销人员不仅要尽力排除与顾客的冲突，更应该设法在未发生冲突之前，尽量化解矛盾，避免冲突。要想防止冲突的发生必须做到以下几点：

1. 营销人员要掌握一些处理不同意见的技巧

当双方的实际利益发生冲突时，要想“避免争吵”，可借助于适当的妥协，妥协是放弃自己的观点或修订自己的评价，使之适应对方的观点和愿望的行为。它是一种主动的让步，而不是被迫的退缩，它有利于缓和紧张状态。例如，一位消费者三番五次地调换商品，营销人员如果满足了他的要求，看来是多费了一些事，却避免了可能导致的争吵，节省了精力，而且消费者还会非常感谢营销人员，从而赢得了他的信任。

2. 提高营销人员的修养水平，增强自我控制能力

自制力通常表现为一方面善于迫使自己采取行动去执行已作出的决定，克服困难，达到目的；另一方面善于抑制自己的感情冲动，控制自己的行动。由于每个人的生理特点和个性不同，其自制力也有强有弱，但自制力是可以培养和加强的。自制力是营销人员必备

的心理品质，特别是当双方处于相互不能容忍的状态下，自制力就更为重要。如果营销人员能控制自己的情绪和言行，保持头脑冷静，准备争吵的消费者就会因失去“对话者”而逐渐平静下来，可能发生的冲突就会防止。

3. 寻找双方的共同点，缩小彼此之间的心理差距

营销过程尽管会存在一些矛盾和冲突，但顺利完成购销任务却是双方的共同利益所在，因而，共同的利益和目的就使营销人员和消费者的心理沟通成为可能。营销人员应多从消费者的角度进行换位思考，这样就能更好地理解消费者的心情，理解他们的处境，缩小彼此之间的心理距离，并根据消费者的特点和需要真心诚意地引导其进行消费活动。

当然，防止冲突的发生还有许多方法，这需要营销人员作出巨大的努力，而这一切的实现又直接依赖于营销人员心理素质的提高，只有具备良好的心理素质，才能真正实现营销过程的良好沟通。

项目小结

消费者的购物行为通常是在一定的购物环境中实现的，购物环境的优劣对消费者购买过程中的心理感受具有多方面的影响。本项目所指的购物环境是指商店内外环境设施等“硬件”和营销服务等“软件”。

根据影响方式不同，商店环境可分为外部环境和内部环境。商店的外部环境包括商店的地理位置、招牌、橱窗、霓虹灯等方面。一个商店的总体外部形象能否使消费者产生一种和谐与美的心理感受，是促成消费者产生和形成购买或进店浏览欲望的前提。因此，应当根据消费者的心理特点，对商店的外部环境进行精心设计。商店的内部环境包括营业场所的规划设计、店堂环境与营销气氛以及商品的陈列与展示。商店内部环境的好坏是直接影响消费者判断商品质量、功能、企业信誉、购买风险的一个重要因素，也是企业内部管理水平和营销活动适应程度的直接反映。因此，商店应根据现有条件和自身经营特色，最大限度地使之符合大多数消费者购物的心理，实现最终销售和企业经济效益。

营销服务是指营销人员在销售商品前后为进一步满足消费者的各种需求所采取的多项措施和手段，是伴随着商品转移而提供的劳动服务，满足消费者对购物活动的心理期望，了解和掌握消费者购物活动的心理过程，适时和有针对性地接待服务，是对营销服务人员业务素质和接待技能的要求，也是营销服务效能和效果的体现。

实训练习

一、判断题

1. 学校旁边新开了一家馄饨店。店内面积不大，但装饰的温馨、典雅，墙壁刷成淡绿色。你认为店主的色彩选择对吗？（　　）

2. 某百货商场的大型家用电器商品原在一楼经营，新上任的经理决定将之搬到商场顶层。这一决定正确吗？（　　）

二、选择题

1. 顾客普遍、经常需求的商品即日常生活必需品。这类商品同质性大、选择性不强，同时价格较低、顾客购买频繁，因此店址应设在（　　）。

A. 商业网点相对集中的地区　　B. 最大限度地接近顾客的居住地区

C. 专业性的商业街道　　D. 高收入顾客群生活地

2. 同店面的开放程度，具有不同的心理效应。经营水果、蔬菜、海鲜产品及日用品的店铺适宜选择（　　）店面。

A. 全封闭型　　B. 半开放型　　C. 窗口型　　D. 开放型

3. 在沃尔玛超市陈列牛肉干的货架上悬挂着方便包装的牙签，这是应用了（　　）的心理策略。

A. 分类陈列　　B. 主题陈列　　C. 关联陈列　　D. 综合配套陈列

三、案例分析

一位顾客来到某超市生鲜水果区购物时，看到红提柜前的人特别多，走过去一看才知道原来这儿的红提比别的超市便宜很多，当时便想买一箱回去。顾客去取红提的时候，理货员小姐告诉他超市规定该商品每位顾客限购 5 千克，由于随行的朋友还有几个，顾客便说："我们一起来的有好几个人，如果每人可以买 5 千克，那我就帮他们多买一些。"理货员听后就给他提了一箱，让顾客去计量处称重过磅。顾客到收银台处结账时，超市的负责人看到此顾客一个人提了一箱红提，便和收银员说："如果一人买一箱，就不卖，拿回去散称。"顾客当时听后便打电话喊来同行的朋友。朋友一起到收银台后，负责人语气非常生硬地说："你们不能这样买！"顾客当时便问："为什么？既然不行，为什么在计量时不提醒我？"负责人又大声说："我说不行就不行！"说完便让防损员将红提搬走，当时这几位顾客非常气愤，丢下已选购好的其他几百元的商品走出了超市，边走边大声抱怨："今后我们绝不到你们超市购物！"

请问：案例中超市负责人的做法是否合理？如果你是这位超市的负责人，会怎么处理？

四、实训

选择学校所在城市的两家同类商店（如大型超市），分析商店选址、卖场布局、商品陈列等因素对消费者购买行为和商场经营业绩的影响，并写出调查分析报告。

项目十
了解网络消费者的购物心理

问题引入

问题：“双十一”和“双十二”凭什么引爆网购热潮？你有没有在无意中买了很多没用的物品？你认为影响消费者网上购买行为的因素有哪些？从顾客需求角度谈谈目前网上营销的主要优势及不足有哪些？要想弄清这些问题，就要了解网络消费者的购物心理、购买行为及商家的网络营销策略。

学生讨论、回答问题，教师点评。

学习目标

知识目标：掌握网络消费者的基本需求、购买动机及网络消费者的心理特征；掌握网络营销的心理策略；掌握网络消费者的基本类型、影响网络消费者购买行为的因素、消费者网络消费的购买过程。

能力目标：能够根据网络消费需求特征，对顾客网络消费动机进行准确分析；初步具有影响顾客网络购买行为的潜质；熟知网上营销的技巧，能尝试设计一家既有利可图又受顾客欢迎的网上零售商店。

任务1　明确网络消费者的心理

案例导入

张颖是拥有较高收入的都市白领，她每月至少要通过网络购物花费3 000元，吃、喝、用、穿等都是从网上购买。一天不逛网店就感觉不自在，就觉得今天少干了点什么一样，这成了她生活中不可或缺的一部分，她觉得自己就像是网络上的“购物狂”。

张颖每天上班打开电脑，第一件事情就是上购物网站逛网络小店。在她的收藏夹里有很多店铺，每天的必修课是要把这些店铺逛一遍，看看有什么新货，最喜欢买的是衣服、包、护肤品、彩妆、香水等。张颖每天都会买点什么，不买就不舒服。不过在她所买的众多物品中有很多都是可要可不要的，但每次她都是觉得网上的东西便宜，就在无意中买了很多不常用的物品，其实这样一算下来反而花了更多的钱。

问题与思考：张颖进行网络购物时出于什么心理？她是否有购物需求？她属于什么类型的网络消费者？

知识探究

在当今这个信息高速发展的社会里，网络已经成为人们日常学习生活中很重要的部分。人们可以从网络中浏览信息，享受服务，享受高科技带来的便利。因此网络市场前景相当广阔，而作为网络服务主流的网上购物更是很具有开发潜力。商家要不断了解顾客网上购物的心理，分析其购物动机，才能够为有效地争取更多的用户采取相应的对策。

一、　网络消费者的基本需求

需求是指消费者在生理和心理上的匮乏状态，即感到缺些什么，从而想获得他们的状态。需求按不同的标准可分为多种，如生理需求和心理需求，物质需求和精神需求，马斯洛的五层次需求等。人们为了自身的生存和发展，形成了各种各样的需求，既有生理方面的需求，也有心理方面的需求，既有物质上的需求，也有精神上的需求。消费者上网最主要的目的则不在于满足其基本的生存需求，而在于满足其高层次享受与发展的需求。马斯洛的需求层次理论可以解释虚拟市场中顾客的许多购买行为，但是，虚拟社会与现实社会毕竟有很大的差别，表现最突出的就是顾客希望满足虚拟环境下三种基本的需要：兴趣、聚集和交流。

（一）兴趣

网络消费者大多热衷于网络漫游，对网络活动抱有极大的兴趣。这种兴趣的产生，主要源自两种内在驱动力：探索的内在驱动力和成功的内在驱动力。探索的内在驱动力，是指人们出于好奇的心理探究秘密，驱动自己沿着网络提供的线索不断地向下查询，希望能够找出符合自己预想的结果。成功的内在驱动力，是指人们通过在网络上寻找并顺利地存储和利用自己所需求的信息可以获得成功的满足感。

（二）聚集

虚拟社会提供了具有相似经历的人们聚集的机会，这种聚集不受时间和空间的限制，并形成富有意义的个人关系。通过网络而聚集起来的群体是一个极为民主性的群体。在这样一个群体中，所有成员都是平等的，每个成员都有独立发表自己意见的权利，使得在现实社会中经常处于紧张状态的人们渴望在虚拟社会中寻求到解脱。

（三）交流

聚集起来的网民，自然产生一种交流的需求。随着这种信息交流的频率的增加，交流的范围也在不断地扩大，从而产生示范效应，带动对某些种类的产品和服务有相同兴趣的成员聚集在一起，形成商品信息交易的网络，即网络商品交易市场。这不仅是一个虚拟社会而且是高一级的虚拟社会。在这个虚拟社会中，参加者大都有目的，所谈论的问题集中在商品质量的好坏、价格的高低、库存量的多少、新产品的种类等。他们所交流的是买卖的信息和经验，以便最大限度地占领市场，降低生产成本，提高劳动生产率。人们对于这方面信息的需求永远是无止境的，这就是电子商务出现之后迅速发展的根本原因。爱美的女士可以在网购时交流购买各种品牌化妆品的心得，爱运动的男士可以在网购论坛中交流购买运动装备的使用情况，这种轻松的沟通满足了平时忙于学习和工作的人们聚集交流的需要。

二、 网络消费者的购买动机

动机是一种基于需求而由各种刺激引起的心理冲动，它的形成要具备一定的条件。消费者动机的形成如图 10－1 所示。需求是动机产生的基础，只有当个体感受到对某种生存或发展条件的需要，并达到足够的强度时，才有可能产生采取行动以获取这些条件的动机。当个体受到某种外部刺激时，其内在需求会被激活，使内心产生某种不安情绪，形成紧张状态，这种不安情绪和紧张状态会衍化为一种动力，由此形成动机。此外，需求产生以后，还必须有满足需求的对象和条件，才能形成动机。比如，消费者具有御寒的需求，但只有当冬季来临，消费者因寒冷而感到生理紧张，并在市场上发现待售的冬装时，才会产生购买冬装的强烈动机。

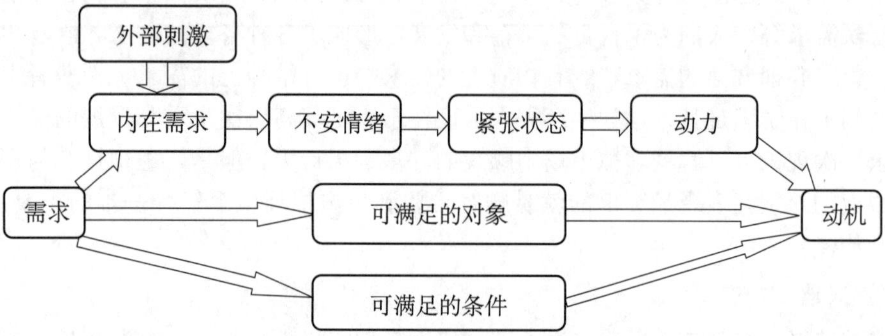

图 10－1 消费者动机的形成过程

从动机的具体表现来看，消费者除了通过网上购物实现生理和心理上的需求外，还有以下一些具体的购物动机。

（一）光顾动机

这是指消费者由于对特定的网站、图标广告、商品等产生特殊的信任与偏好而习惯性光顾并在光顾的过程中产生购买动机。这类消费者，往往是某一站点的忠实浏览者，他们不仅自己经常光顾这一站点，还会鼓动周围的消费者也去光顾它。譬如当当网，作为全球比较大的综合性网上购物中心之一，尤其是在图书销售方面做得十分优秀，当消费者有购书需求时，多数会先选择当当网进行购买，这是对特定网站、特定品牌的一种信赖，当当网恰好满足了消费者购书时所考虑的各种条件，所以消费者有了购书需求时，就会因为光顾动机而选择当当网。

（二）求新动机

根据艾瑞咨询集团研究报告，我们可以发现，中国主流的网络购物用户为高学历，中等收入，一二线城市的中青年网民，并且其中 64.1%是未婚人士，处在这个年龄段、收入层的人往往具备了一定的购买能力，并且有很强的判断能力。这个群体的消费者可以熟练地使用网络及购物网站所提供的搜索引擎，他们可以轻松地获得很多新资讯，这些资讯影响了这类消费者的购买决策。这类消费者往往有一个购买特点就是求新，走在流行与潮流的尖端。实体店的销售较于流行时尚有时会有一定程度上的时差，这时候网店就满足了这类族群的购买需求，从而引起了消费者网购的欲望。

（三）求廉动机

在网上进行购物的消费者，很多是中等收入，并且其中大部分是学生族，所以价格是他们决策的一个重要因素。由于网店没租金，库存压力较小，流通环节减少，其价格较之实体店的价格便宜了许多，这种低价也吸引了许多消费者的目光，当消费者有了购物需求时，网店的价格就引发了他进入网店购物的动机。

（四）方便动机

不论是对商家还是对消费者，时间就是金钱。传统购物方式有很大的局限性，譬如实体店有上班时间的局限性，实体店上班的时间往往从早上 9 点至晚上 10 点左右，但是网店可以 24 小时营业。传统购物还有地域上的局限性，譬如广东的顾客想购买北京的特产，就必须去北京或者去广东的大型超市，在去固定地点购物的途中，会耗费消费者大量的时间和金钱成本，但是网店就不一样了，消费者在家中就可以轻松地购买自己所需的物品，这样的便利亦会引发消费者上网购物的动机。

三、 网络消费者的心理特征

网络消费者是指通过互联网在电子商务市场进行消费和购物等活动的消费者人群。网络消费者行为是消费者行为在网络环境下的体现，是消费者在外部、内部因素以及网络环境因素的共同作用下，为了满足自身需求而采取的包括信息搜寻行为、购买行为和购后行为在内的各种行动。在现今媒介推广方式越来越发达、商品展示平台越来越多样、商品种类越来越丰富的情况下，消费者的心理情况越来越让商家难以捉摸，呈现出了新的特点和发展新趋势，这点在网络营销中表现得更为明显。

（一）个性化的消费心理

目前，市场上的商品可谓琳琅满目，丰富多彩，尤其是购物网站对商品的展示更是如此。在这种情况下，消费者秉持着个性化消费的心理，会以“自我”为中心，挑选和购买自己喜欢的商品，追求新颖独特的商品，力求自己与其他消费者有所区分，希望能够达到与众不同的目的，购物网站强大的商品展示和完善的搜索引擎系统恰恰满足了这类消费者的需求。

（二）追求文化品位的消费心理

传统的营销学理论认为，消费者的消费习惯和消费动机受到了民族文化和社会传统的影响，不同文化背景下的人们会选择不同的商品和服务，并且他们选择和购买商品的方式也会有所不同。由于电脑的普及和网络的高速发展，这样的情况已经不复存在。在网络世界里，不同地域消费者受到其他地域的文化冲击，同时他们也接收到最新的商品信息，从而在这种情况下，选择能够彰显自己文化品位的商品和服务显得更为重要。

（三）方便、快捷的消费心理

在城市范围越来越大，交通越来越拥挤的情况下，出门购物变成了一件要耗费很多时间成本的事。对于工作忙碌的现代人来说，他们的购物动机更倾向于追求方便和快捷。互联网这个媒介可以让消费者足不出户就购遍全球，网络的及时性满足了现代消费者追求便捷的需求。

（四）躲避干扰的消费心理

在实体店购物时，消费者往往惧怕销售人员过于热情的推荐和服务。如果可以选择的话，消费者更倾向于选择轻松、自由的购物氛围。网络购物的情况下，消费者可以根据自己的需求任意搜寻自己需要的商品，遇到不满意的商品或卖家可以自由地退出该网店，这点大大满足了消费者情感需求，避免了商家对消费者造成的干扰。

（五）货比三家的消费心理

价格往往是消费者做购买决策的一个重要的考虑因素，消费者往往都会抱着货比三家的心态对自己心仪的货物进行挑选。如果消费者选择传统的购物方式，即去实体店购买商品，若想做到货比三家，通常不太方便并且要耗费很长的时间。网络购物恰恰解决了消费者的这个难题，网购消费者利用网站提供的搜索引擎可以很方便地搜寻出同类商品的价格，从而比较容易做出购买决策。

（六）“孩童化”的消费心理

网络消费者的注意力很容易转移，会经常从一个网站跳转到其他站点，这是一种充满好奇却缺乏耐心的表现，这种消费习惯类似于儿童的消费性格，新事物总能唤起这类消费者的消费兴趣，兴趣不能持久保留，这是一种“孩童化”的消费心态。

（七）增强主动性的心理

在社会化分工日益细化和专业化的趋势下，消费者在面对日益增多的商品选择的同时，消费的风险感也随之上升。由于网络的出现，消费者消费的主动性增强，他们可以在网络上搜索到关于他所需商品的各种信息，如型号、性能、价格等，尤其在许多大额或高档的消费中，消费者往往会主动通过各种可能的渠道获取与商品有关的信息并进行比较和分析。

（八）直接参与生产和流通的心理

传统的商业流通渠道由生产者、商业机构和消费者组成，其中商业机构起着重要的作用，生产者不能直接了解市场，消费者也不能直接向生产者表达自己的消费需求。在网络环境下，由于网络的互动性很强，消费者能直接参与到生产和流通中来，与生产者直接进行沟通，减少了不必要的中间环节，从而减轻了市场的不确定性。

四、 网络营销的心理策略

互联网现已成为世界上规模最大、用户最多、资源最丰富的网络互联系统。随着互联网的用途由学术研究向商业应用的逐步转变，世界各地企业纷纷上网为顾客提供各种类型的信息服务。

（一）网络营销的心理优势

对网上购物的研究表明，顾客选择网上购物，心理因素是主要动因。网络营销在以下方面具有与众不同的心理优势。

1. 以顾客为导向，实现个性化营销

顾客主导——网络营销中的顾客将拥有比过去更大的选择自由。他们可根据自己的个性特点和需求在全球范围内寻找中意的商品，不受地域限制。

通过进入感兴趣的企业网址或虚拟商店（Virtual Store），顾客可获取更多的有关信息及其组合，使购物更显个性。顾客甚至有权决定是否接收广告信息或接收哪些类型的信息。以个人报纸（Personalized Newspaper）为例，顾客可事先设定他们偏爱的栏目和版面，由此而获得一份完全依据其个性设计的报纸。这种个性消费的发展将促使企业重新考虑其营销战略，以顾客的个性需求作为产品服务提供的出发点。

个性营销——企业的各种销售信息在网络上将以数字化的形式存在，以极低成本发送并能随时根据需要进行修改，庞大的促销费用因而得以节省。企业也可以根据顾客反馈的信息和要求通过自动服务系统提供特别服务。例如，可通过电子邮件向顾客传送特定的信息或致以节日的问候，这极大地满足了顾客的自主意识与受尊敬心理。

2. 具有极强的互动性，实现全程营销的理想工具

现代营销的一个重要趋势就是全程营销，即由产品的设计阶段就开始充分考虑顾客的需求和意愿。在网络环境下，这一目标将得以实现。即使是中小企业也可通过电子布告栏、线上讨论广场（Discussion Areas）和电子邮件等方式以极低成本在营销的全过程中对顾客进行即时的信息搜集。顾客则有机会对从产品设计到定价和服务等一系列问题发表意见。这种双向互动的沟通方式提高了顾客的参与性和积极性，更重要的是它能使企业的营销决策有的放矢，从根本上提高顾客满意度。

以美国电脑服务公司（Compusewe）为例，目前在该公司网络上讨论的专题达到1 300多个，内容无奇不有。其中就有一些汽车生产商提供的专题，让顾客就新车型的外形、动力、颜色和价格等发表意见，顾客的反应相当热烈。

3. 满足顾客对购物方便性的需要

网络提供 24 小时服务，不存在节假日或营业时间限制。顾客可随时查询所需资料或购物。查询和购物过程需时极短，程序简便快捷。在一些选购品或特殊商品购买中这种优势更为突出。例如书籍的购买，顾客不必遍寻各大书店，也不会因本地书店无货而求之不得。这一特点使网上购物特别受那些需要大量信息进行决策的分析型顾客或以缩短购物时间为目标的顾客青睐。

4. 满足经济型顾客的需要

网络营销能为企业节省巨额的促销和流通费用，使产品成本和价格降低成为可能。而顾客则可在全球范围内寻找最优惠的价格，甚至可绕过中间商直接向生产者订货。与电视直销或多层次传销相比，顾客不必负担高昂的广告费用或传销员的多层销售提成，因而能以更低的价格实现购买。

（二）网络营销的不利心理反应

1. 顾客对网络营销缺乏信任感

顾客鉴别、选择企业或产品的难度增大。所有企业不论大小在网上均表现为网址和虚拟环境。一些在实体世界中可有效判别和预期的产品和服务质量的感觉，例如，对零售企业营业面积、店容店貌等的感受，在网上将大大削弱。顾客必须重新学习或继续以现实途径进行辅助判别，这就增大了顾客判别的难度和成本。此外，网络商店较容易设立，因而也容易作假，顾客对此也会心存疑虑。因此许多进行网络营销的企业仍会借助实体设施来提高信誉度和知名度。

顾客权益的保障有困难。互联网是一个开放和自由的系统，目前仍缺乏适当的法律或

其他手段进行规范。因此如果网上购物发生纠纷，顾客的权益未必能获得足够保障。

2. 网络营销无法直接满足某些特定的心理需要

无法满足顾客的个人社交动机。家庭主妇或朋友间通常希望通过结伴购物来保持与左邻右舍的关系或友情。由于网上购物可替代部分人际互动关系，也就不可能满足顾客在这方面的个人社交动机。网上虚拟商店中，顾客无法以购物过程来显示自己的社会地位、成就或支付能力。同时，网络商品的价格欠缺灵活，会令某些喜欢在现场讨价还价的顾客大失所望。

（三）网络营销的心理策略

1. 努力提供个性化的产品和服务

个性化服务，也叫定制服务，即按顾客的要求提供特定服务。网络空间聚集着无数企业站点，使顾客有充裕的选择空间；网络获取信息的便捷性，使顾客能方便地要求企业量身定制产品。互联网被设计成可以传输多种信息（如文字、声音、图像等信息）的媒体，使得为达成交易进行的信息交换能以多种形式存在和交换，可以充分发挥营销人员的创造性和能动性。企业通过运用个性化的网页的欢迎信、对顾客兴趣的追踪等与顾客建立亲密友好的联系，创建个性化的销售信息，记住顾客的喜好；借助互联网，迅速获取关于产品概念和广告效果测试的反馈信息，对消费者行为进行跟踪，进而为顾客提供不同的产品或服务；利用互联网的一对一和交互式功能加强与顾客之间的沟通，了解顾客需求及其变化，提供附加值高的信息，引导顾客在网上参与产品设计，共同创造和满足个性化需求。

资料链接

深圳电信效益型网络营销案例

深圳电信是中国电信系统内的优秀单位，其网上客服中心网站作为深圳电信业务服务平台，也具有行业领先性。为了进一步提升某网站的用户满意度和网站使用率，深圳电信需要从第三方的客观角度，即用户的角度找出影响用户使用网站的不方便因素，全面提升网站的用户满意度，达到人气旺盛、增加网上渠道业务量的目标。深圳电信同时通过网站平台开展了大规模的“我为电信献良策”有奖调查活动。由于电信用户对某网站的较高忠诚度，活动每周都收到大量反馈意见，显示网站建设及运营的细节问题给用户带来的各种困扰。在对用户体验问题进行深度挖掘并给出解决方案的同时，针对深圳电信业务的网站特点总结了一份“网站易用性建设规范”，作为其长期参考的管理文件。

2. 重视开展互动式营销

企业进行网络营销的最终目的，除了希望挖掘更多的潜在客户即网上交易的消费者，同时也希望更有效地提升企业自身的形象和销售业绩。网络营销区别于传统营销的最显著特点是网络的互动性。企业通过电子布告栏、线上讨论广场（Discussion areas）、网上虚拟社区、E-mail营销、博客营销等模式，以极低成本在营销的全过程中对消费者进行及时的信息传播。消费者则有机会对从产品设计到定价和服务等一系列问题发表意见。卖方可以随时随地与买方互动式地进行交易，而买方也可以以一种新的方式与卖方互动交流，且这种交流是双向的。这种双向互动的沟通方式提高消费者的参与性和积极性，更重要的是它能使企业的营销决策有的放矢，从根本上提高消费者满意度。

3. 提高员工素质，重视销售过程中的实时沟通

网络营销要求员工特别是营销和网络管理人员不仅具有先进的技术知识，还要在市场营销方面具有独当一面的能力，有强烈的服务意识和人员沟通能力。网络的双向交互特性为经营者与顾客之间的沟通和交流提供了快捷、低成本的手段。保持与顾客的接触，理解他们的期望和所关心的事情，并提供相应说明和建议。企业主动去了解顾客对产品的使用情况或积极地对顾客的疑问表示关心，都传达了一种合作的诚意，从而逐渐转化为顾客的品牌信任和品牌忠诚。提供满意的客户服务是许多企业网络营销成功的关键所在。网上顾客服务可以通过电子邮件、电子论坛、FAQS（经常被提出的问题）三种形式进行。其中，电子邮件的优越性体现在它的方便快捷、经济和无时空限制上。企业应保证对消费者发送的邮件做出快速回应。在电子论坛，顾客可以自由发表评论，互相交流购买经验，企业也可以从这里获得全方位的真实评价，也便于企业主管人员主动参与讨论，解答常见问题，帮助顾客获得常见问题的解决方法，节省企业许多时间。如著名的亚马逊网上书店会主动给顾客相关题材的书籍目录，还会以电子邮件的形式通知顾客何时到货。企业应尽可能提供完善的售前、售中及售后服务，及时更新信息资源，收集客户反馈。

4. 优化配送，满足价格重视型顾客的需求

网络营销中的产品分为可以直接在网上传送的商品和实体产品两种，前者如图像、软件、咨询服务等可通过网络直接传送，但对于实体产品，仍要借助于传统的送货方式。顾客选择网上购物时其中一个不便之处是需要等待一段时间才能拿到自己的物品。因此，不断优化配送以保证商品在最短的时间内由最近的分销网点送到消费者手中也是提高消费者满意度的一个重要方面。此外，在货物运送中，若出现已订购的产品由于种种原因未发送或未及时发送，将会对公司的信誉造成毁灭性的影响，因此，企业需要对库存和订单进行跟踪，及时更新数据库，了解库存状况，使数据库信息同步显示市场现状并做出相应处理。

5. 消除顾客对网络购物安全性的疑虑

网络购物的安全性包括相关的法律、政策、技术规范以及网络安全，加速商品防伪、网络系统工程的建设和提高网络营销网站的信誉程度，这是网上交易的关键。近年来，IT界与金融业一起，推出不少更有效的安全交易标准，主要有：

（1）安全超文本传输协议（S-HTTP）：依靠密钥对其加密，保证 web 站点间交易信息传输的安全性。

（2）安全套接层协议（SSL）：由 Netscape 公司提出的安全交易协议，提供加密、认证服务和报文完整性。

（3）安全交易技术协议（STT）：由 Microsoft 公司提出，STT 将认证和解密在浏览器中分离开，用以提高安全控制能力。

此外，还可以通过网上培训、网上讲座等对顾客进行网上购物的宣传教育，使顾客对相关产品有一个全方位的了解。企业需要不断完善技术，确保顾客网上购物的安全性。

任务 2　了解网络消费者的购买行为

案例导入

戴尔公司的直线订购模式

戴尔是世界上最早实施电子商务网上直销的电脑公司。戴尔最初实施电子商务网上直销战略是在网络刚刚开始发展阶段，电脑也刚刚进入人们的生活。当时美国最大的电脑生产厂家要数苹果和 IBM 了，他们应用的都是传统的销售模式，戴尔的网上直销模式给人以新的购买方式，并凭借自己的创新营销模式很快由一家小公司变为全球最大的电脑销售公司。

戴尔公司设计、开发、生产、营销、维修和支持一系列从笔记本电脑到工作站的个人计算机。显然，每一个系统都是根据客户的个别要求量身定制的。戴尔公司透过首创的革命性“直线订购模式”，与大型跨国企业、政府部门、教育机构、中小型企业以及个人消费者建立直接关系。戴尔公司是首个向客户提供免费直拨电话技术支持以及第二个工作日到场服务的计算机供应商。这些服务形式现在已经成为全球行业的标准。

戴尔公司与技术开发和缔造者建立的一对一直接关系，为顾客带了更多的好处。直线订购模式使戴尔公司能够提供具有最佳价值的技术方案：系统配置强大而丰富，性能表现绝对是物超所值。同时，也使戴尔公司能以更富竞争力的价格推出最新的相关技术。从每天与众多客户的直接洽谈中，戴尔公司掌握了针对客户需要的第一手资料。戴尔公司提供广泛的增值服务，包括安装支持和系统管理，并在技术转换方面为客户提供指导服务。通过 Dell Ware 项目，戴尔公司设计并订制产品以及服务，销售包括外围硬件和计算机软件等在内的广泛产品。戴尔公司的直销渠道包括电话和网络。

问题与思考：戴尔公司成功的重要因素是什么？其直销模式的精华是什么？

知识探究

网上商店与传统商店一样，经营者希望每时、每刻、每秒都能吸引更多消费者，以便卖出更多的商品，网络经济是典型的买方市场，只有注重分析和研究网上商店的目标群体的消费心理、掌握消费者网上购物的特征，才能选择恰当的、合适的销售手段或促销手段激发消费者的购买行为，提高网上商店的经营效率。

一、 网络消费者的基本类型

（一）简单型

简单型消费者需要的是方便直接的网上购物。他们每月只花几小时上网，但他们进行的网上交易却占总交易的一半。零售商们必须为这一类型的人提供真正的便利，让他们觉得在网站购买商品将会节约更多的时间。要满足这类人的需求，首先要保证订货、付款系统的安全、方便，最好设有购买建议的界面。另外，提供一个易于搜索的产品数据库是保持顾客忠诚的重要手段。

（二）冲浪型

冲浪型消费者占常用网民的8%，而他们在网上花费的时间却占了32%，并且他们访问的网页数量是其他网民的4倍。冲浪型网民对常更新、具有创新设计特征的网站很感兴趣。

（三）接入型

接入型消费者是刚触网的新手，占36%的比例，他们很少购物，而喜欢网上聊天和发送免费问候卡。那些有着著名传统品牌的公司对这群人应保持足够的重视，因为网络新手更愿意相信生活中他们所熟悉的品牌。另外，这些消费者的上网经验不是很丰富，一般对于网页中的简介、常见问题的解答、名词解释、站点结构之类的链接会更加感兴趣。

（四）议价型

议价型消费者占总体的8%，他们有一种趋向购买便宜商品的本能，eBay网站一半以上的顾客属于这一类型，他们喜欢讨价还价，并有强烈的愿望在交易中获胜。在自己的网站上打出“大减价”“清仓处理”“限时抢购”之类的字眼能够很容易的吸引到这类消费者。

（五）定期型和运动型

定期型和运动型消费者通常都是为网站的内容所吸引。定期消费者常常访问新闻和商务网站，而运动型消费者喜欢运动和娱乐网站。目前，网络商面临的挑战是如何吸引更多的消费者，并努力将网站访问者变为消费者。对于这类型的消费者，网站必须保证自己的站点包含他们所需要的和感兴趣的信息，否则他们会很快跳过这个网站进而转入另一个网站中。

二、影响网络消费者购买行为的因素

网络个人消费者在购物时，会受各种因素的影响，如网络页面、网上产品价格、购买是否便捷等，利用好这些因素，会加快消费者的购买进程。如果利用不好，可能导致购买行为的终止。因此，企业应重视消费者购买过程的影响因素，并将之充分利用，促使购买行为发生。

（一）网页界面的设计

对于从事网络经营的企业来说，网页界面是网络企业与网络客户相互交换信息和执行各种交互活动的媒介。因此，网页界面设计的好坏会对网络客户的第一印象产生重要影响。很难想象一个界面设计混乱、不协调的网站会吸引网络客户的注意并进入浏览、购物。

（二）商品的陈列

在网络商店中，商店实体和商品的说明介绍以及其他相关资料是分离的，客户无法像在传统的商店购物那样，通过与商品实体的直接接触来了解商品的质量和适用性。网络商店对单个商品的介绍只能依赖于文字说明和图片信息，这些资料是否详细将会极大地影响网络客户的购买决策，一个文字说明太少而且图片模糊不清的商品是很难激发起客户的购买欲望的。

（三）商品的特性

由于互联网客户群体的独特性，并不是所有的产品都适合通过互联网开展网上销售和网上营销活动。网上销售商品要注意以下三个问题：首先，要考虑商品的新颖性，即必须是时尚类商品。追求时尚与新颖是许多网上客户进行网上购物的主要原因，这类客户注重商品的款式、格调和社会流行趋势，讲求新潮、时髦和风格独特，力争站在时尚潮流的浪尖，而对商品的价格高低不予计较。其次，是商品的个性化。表现为企业根据网络客户的个性化需求为网络客户对商品在功能、外观、结构上进行重新设计和组配，剔除冗余功能与结构，增添新的个性化功能，并根据个性化要求优化外观结构，以实现客户追求的高度个性化效果。最后，是网络客户的商品购买参与程度。在网络时代，许多企业已开发了多种模拟体验软件，客户在互联网上可通过模拟软件的引导，体验身临其境的消费感受，如网络游戏等。

（四）产品的价格

从消费者的角度来说，价格不是决定消费者购买的唯一因素，但却是消费者购买商品时肯定要考虑的一个非常重要的因素。网上购物之所以具有生命力，重要原因之一是网上销售的商品价格普遍低廉。消费者对于互联网的价格预期是，比传统渠道的价格要低。原因在于互联网可以减少传统营销中的中间费用和一些额外的信息费用，可以大大削减产品的成本和销售费用，所以线上售价应比线下低一些，这也是互联网商业应用的巨大增长潜力所在。

（五）购物的便捷性

购物便捷性是消费者选择网络购物的首要考虑因素之一。一般而言，消费者选择网上购物时考虑的便捷性，一是时间上的便捷性，可以不受时间的限制并节省时间；二是可以足不出户，在很大范围内选择商品。

（六）安全可靠性

由于在网上消费，消费者一般需要先付款后送货，一手交钱一手交货的现场购买方式已发生了变化，网上购物中的时空发生了分离，消费者有失去控制的离心感。因此，为减低网上购物的这种失落感，在网上购物各个环节必须加强安全和控制措施，保护消费者购物过程的信息传输安全和个人隐私保护，以及树立消费者对网站的信心。

三、消费者网络消费的购买过程

消费者的购买行为是消费者为满足某种需要而发生的购买商品的一切行为活动，是消费者心理的外在表现。网络消费者的购买过程，也就是网络消费者购买行为形成和实现的过程。与传统的客户购买行为类似，网络客户的购买行为早在实际购买之前就已经开始，并且延长到购买后的一段时间，有时甚至是一个较长的时期。网络消费者的购买过程与传统购买行为不同之处是多了两个过程，一个是下订单过程，另一个是授权支付这一过程。网络消费者的购买过程可以粗略地分为以下 7 个阶段。

（一）需求唤起

需求唤起是消费者网络购买的第一步，消费者的需求产生于内在的生存或发展的需求，当市场上有适合的产品满足消费者的需求时，消费者就会产生购买动机，这是消费者在购买时不可或缺的基本前提。传统营销诱发需求的因素有很多，包括内外部多重刺激，如饥饿时对食物的需求、运动时对运动装备的需求等，并且传统购买过程中还伴有对消费者视觉、听觉、嗅觉、视觉的各种刺激。但是对于网络营销来说，诱发需求的动因只能局限于视觉和听觉。文字的表述、图片的设计、声音的配置是网络营销诱发消费者购买的直接动因。这要求从事网络营销的企业或中间商注意了解与自己产品有关的实际需求和潜在需求，了解这些需求在不同时间的不同程度，了解这些需求是由哪些刺激因素诱发的，进而巧妙地设计促销手段去吸引更多的消费者浏览网页，诱发他们的需求欲望。

（二）搜索信息

不论是传统购买渠道还是网络购买渠道，消费者都要经历收集信息的过程。一般而言，收集信息的渠道有两个。一个是内部渠道，指的是消费者个人对于信息和商品知识的储备，包括其购买商品的实际经验和对市场的观察等。另一个就是外部渠道，指的是消费者可以从外部搜集信息，包括个人渠道和商业渠道等。其中个人渠道的信息来自消费者的亲戚及朋友等的消费体验，这种渠道信息对于消费者是否购买该商品起了非常大的决定作用。商业渠道信息来源于商家或厂家对于商品的各种推销活动，例如展览会、上门推销、广告宣传等。与传统购物信息的收集不同，网络购物的信息收集带有较大主动性。在网络购物过程中，商品信息的收集主要是通过网络进行的。一方面，消费者可以根据已经了解的信息，通过网络跟踪查询；另一方面，消费者不断地在网上浏览，寻找新的购买机会。

（三）比较选择

为了使消费需求与自己的购买能力相匹配，比较选择是购买过程中必不可少的环节。消费者对各条渠道汇集而来的资料进行比较、分析、研究，了解各种商品的特点和性能，从中选择最为满意的一种。一般说来，消费者的综合评价主要考虑产品的功能、可靠性、性能、样式、价格和售后服务等。由于网络购物不直接接触实物，消费者对网上商品的比较来自厂商对商品的描述，包括文字的描述和图片的描述。网络营销商对自己的产品描述不充分，就不能吸引众多的顾客。而如果对产品的描述过分夸张，甚至带有虚假的成分，则可能永久地失去顾客，如何把握网络商品描述的这个“度”，是摆在网店经营者面前的一个问题。

（四）下订单

与传统购物相比，下订单与授权支付是网络购物过程所独有的阶段。在传统购物中，消费者只要做出了选择，就会交钱拿到产品，但在网上由于是通过网络媒介，所以网络消费者在完成了对商品的比较选择之后，还要进入到下订单阶段。网络消费者在决定购买某种商品时，一般必须具备三个条件：第一，对厂商有信任感；第二，对支付有安全感；第三，对产品有好感。所以，树立企业形象，改进货款支付办法和商品邮寄办法，全面提高产品质量，是每一个参与网络营销的厂商必须重点抓好的三项工作。这三项工作抓好了，才能促使消费者毫不犹豫地作出购买决策。

（五）授权支付

企业与消费者达成交易之后，双方如何进行货款的收付呢？传统的购物是交钱获得产品，而网络要找一个中介机构来完成这一过程。从消费者的角度来说，一种是离线的传统支付方式“网上交易，网下支付”，消费者将支付的权力交给了邮政、银行；另一种是在线的电子支付，如“一网通”等，将支付的权力交给了网络第三方企业。这两种支付方式各有利弊，由消费者自由选择。

（六）收到产品

在网上购物，即使已支付了货款，也不能立刻拿到货物，这中间往往要经历一段邮寄时间，产品才能到达买者手中。方便、快捷、便宜的电子邮件紧紧连接着厂商和消费者。企业要尽量缩短这个时间，并确保产品完好到达消费者手中，消除消费者的不安感。

（七）购后评价

影响购后评价的因素有很多，譬如物流速度和态度、商品的质量、店家的态度等，目前很多购物网站都推出了五星评比体系来进行消费者购后评价的反馈包，一个好的购后评价可以给网络卖家带来益处。对于网络卖家而言，消费者的差评也可能打消许多潜在顾客的购买动机。因此，网络卖家应该根据消费者的购后评价不断地进行管理和服务上的培训，最大限度地降低消费者的不满感。

消费者的整个购买过程都与企业的产品、价格、渠道、促销、信用相联系，他们当中的任何一个因素，都会使潜在顾客做出是否购买的决定，因此，要把消费者的购买过程与网络企业的营销策略紧密联系，促成潜在购买行为的发生。

资料链接

武汉赛富通网络营销解决方案

通常，一个企业要想有效实现网上销售，必须经过三个步骤。第一，把自己搬上互联网；第二，让更多的潜在客户找到他；第三，订单。重点在第二步，如何让更多的潜在客户找到企业，企业要去做一些广告推广，在推广的时候，有四种模式可供选择：新浪、网易等门户推广；阿里巴巴、慧聪等 B2B 推广；赶集网、58 同城等分类信息推广；百度、谷歌等搜索引擎推广。赛富通 SEM 充分整合百度、谷歌、QQ、搜狗、雅虎、必应 6 大主流搜索引擎，帮助企业在 6 大主流搜索引擎同步推广，无限关键词，点击不收费，外加 3 600 条标题广告全面覆盖。根据用户搜索习惯、包年推广的 SEM 搜索引擎整合营销服务模式，使无论什么类型的客户，无论用什么搜索引擎都能找到你。

每个搜索引擎有竞价、快照、底层三个广告位，赛富通占据了快照和底层 2 个广告位，30～100 个关键词在百度、谷歌、QQ 排名，一年可以投放 3 600 个关键词标题广告，24 小时实现展示，符合上万种客户搜索习惯，让潜在客户第一时间找到你，实现精准营销。

项目小结

随着互联网在中国的普及应用，网络购物正日益为消费者所了解和接受，网上购物将快速渗透至人们的生活和工作当中，成为人们日常消费的重要方式和渠道。网络交易、虚拟商店等，迫使企业必须了解网络消费者的消费心理和购物行为，才能有效地设计网络营销的策略。本项目在分析网络消费者的心理部分主要介绍了网络消费者的基本需求、购买动机及网络消费者的心理特征，在分析网络消费者购买行为部分主要介绍了网络消费者的基本类型、影响网络消费者购买行为的因素、消费者网络消费的购买过程等。互联网正从根本上影响着顾客的消费行为与消费心理，改变着人们的生活习惯和生活方式。所有的网络企业，不管它是向网络消费者市场开展营销还是只向生产者提供产品，都要研究网络消费者购买决策的影响，研究网络营销存在的问题，这样才能更好地做好网络营销。

实训练习

一、选择题

1. 以下不属于网络消费者的基本需求的是（　　）。

A. 兴趣需求　　B. 聚集需求　　C. 交流需求　　D. 生理需求

2. 以下不属于网络购物的劣势的是（　　）。

A. 信誉度问题　　B. 成本过高问题　　C. 网络安全问题　　D. 配送问题

二、实训

根据自己网络购物的体验，设计一份关于网络消费心理与购买行为的调查问卷，帮助自己经常光顾或喜欢的购物网站完善他们的网络营销策略。

参考文献

1. 单凤儒．营销心理学．北京：高等教育出版社，2009.
2. 张晓其，柳欣．营销心理学．北京：中国财政经济出版社，2007.
3. 陆强华．连锁经营．北京：中国工人出版社，2000.
4. 齐常华，林楠，岳文．消费心理学．北京：清华大学出版社，2010.
5. 孙喜林，荣小华．营销心理学．大连：东北财经大学出版社，2005.
6. 尹健．营销心理学．北京：高等教育出版社，2007.
7. 徐琴．营销心理学．合肥：中国科学技术大学出版社，2012.
8. 陈思．营销心理学．广州：暨南大学出版社，2015.
9. 童明．营销心理学．合肥：中国科学技术大学出版社，2009.
10. 李文同．消费者心理与行为学．郑州：河南人民出版社，2010.
11. 贾妍，陈国胜．消费心理应用．北京：北京大学出版社，2010.
13. 杨海莹．消费心理学．北京：高等教育出版社，2006.
14. 吴柏林．广告心理学．北京：清华大学出版社．2011.
15. TIM J. SMITH. 定价策略．周庭锐，张恩忠，赵智行，译．北京：中国人民大学出版社，2015.
16. 陶化冶．广告创意与表现．大连：大连理工大学出版社，2014.
17. 张丽娟，刘清华．广告原理与实务．北京：北京交通大学出版社，2013.
18. 马谋超．广告心理．北京：中国市场出版社，2008.
19. 彭彦琴，江波．公关心理与实务．广州：暨南大学出版社，2002.
20. 冯丽华．营销心理学：第2版．北京：电子工业出版社，2009.
21. 王永．营销心理学实用教程．北京：化学工业出版社，2014.
22. 龚振，荣晓华，刘志超．消费者行为学．大连：东北财经大学出版社，2002.
23. 戴维・波普诺．社会学：第11版．李强，等，译．北京：中国人民大学出版社，2007.
24. 杜炜．旅游消费行为学．天津：南开大学出版社，2009.
25. 孙九霞，陈钢华．旅游消费者行为学．大连：东北财经大学出版社，2015.
26. 申纲领．消费心理学．北京：电子工业出版社，2010.
27. 江林．消费心理与行为．北京：中国人民大学出版社，2002.